当代社科研究文库

文化概论

冯　辉◎编著

中国言实出版社

图书在版编目（CIP）数据

文化概论／冯辉编著．--北京：中国言实出版社，2014.8

ISBN 978-7-5171-0637-1

Ⅰ.①文… Ⅱ.①冯… Ⅲ.①文化—概论—世界

Ⅳ.①G11

中国版本图书馆 CIP 数据核字（2014）第 131861 号

责任编辑：马晓冉

出版发行　　中国言实出版社

　　　　　　地　　址：北京市朝阳区北苑路 180 号加利大厦 5 号楼 105 室

　　　　　　邮　　编：100101

　　　　　　编辑部：北京市西城区百万庄大街甲 16 号五层

　　　　　　邮　　编：100037

　　　　　　电　　话：64924853（总编室）64924716（发行部）

　　　　　　网　　址：www.zgyscbs.cn

　　　　　　E - mail：zgyscbs@263.net

经　　销　　新华书店

印　　刷　　北京天正元印务有限公司

版　　次　　2014 年 8 月第 1 版　2014 年 8 月第 1 次印刷

规　　格　　710 毫米×1000 毫米　1/16　14.25 印张

字　　数　　258 千字

定　　价　　42.00 元　　ISBN 978-7-5171-0637-1

自 序

　　本书属于高职高专秘书专业的文化普及性教材,我本人与文化史专家及文化理论专家相比,没有研究成果,只是在史学与理论专家们研究的基础上,汇总了文化史与文化理论方面的研究成果,并把这些研究成果放进文化理论框架中加以综合性论述,旨在起到文化传播的作用。在此特别应该感谢的是中国人大复印资料《文化研究》月刊为文化研究的理论专家与爱好者们开辟了论鸣与科研的阵地。

　　在研究文化与宗教的关系时,让我印象最深的书籍是《易经》《道德经》《圣经》《古兰经》这些原著;世界通史中的宗教、艺术部分;任继愈总主编的《佛教史》《基督教史》《伊斯兰教史》;吕鸿儒的《宗教的奥秘》;朱维之的《圣经文学十二讲》,朱韵彬的《圣经文学通论》等,如果不去读这些经典著作、史学论著与论述,我写不出《文化与宗教的关系》的论文。在这些基础上编写的教材,才能起到很好的文化传播的作用,在此特作说明。

　　这部教材是被"逼"出来的。1981年10月我于河南大学中国现代文学研究生毕业,被分配到省社会科学院情报所搞研究工作。过去教过三年中学,很喜欢教书,外向性格的人适于同人们交流感情,能够站在讲台上热情洋溢的给同学们灌输知识,是我深感愉快的事情。于是我又回到了学校教书,1988年,由于我的老师的引荐,我调往中州大学中文系。以教外国文学为主,兼教大学语文、应用写作、财经文书、法律文书等课。

　　20世纪90年代初,社会上开始流行"孔子与儒学文化热",系主任孟昭泉为秘书专业开设了中国文化课,并建议我由开外国文学,进而再开一门外国文化课。1992年我开始涉足文化书籍时,最先引起我兴趣的书是复旦大学副校长、教授庄锡昌先生主编的《世界文化之谜》三册(文汇出版社,1989年)及他编著的《世界文化史通论》(浙江人民出版社,1989年);孙鼎国主编的《西方文化百科》(吉林人民出版社,1991年),还有(美)伯恩斯,拉尔夫的《世界文明史》(四册,商务印书馆,1987年)等。之后曾因访问学者一事同庄先生有过通信联系,他曾建议我看《世界文化丛书》(计划出版40部)(周谷城、田汝康主编,庄锡昌任常务编委)。我当时买到18部(庄先生说其余20部还待出版)。我读后受益匪浅。这些富有各国特色文化的书籍博大精深,追根溯源,展示了迷人独特的文化传统、民族精神,以及这些文化传统精神对其民族的神秘而又深远的影响。由于复旦大学《世界文化史》是多卷本,我们学校的秘书专业只能选用简本作为教材,我只好放弃这次难得的学习机会。

我经过一番备课,参照许多书籍与工具书,自编一套《外国文化史》讲义,1994年开设了外国文化史课,学生用书是征订南开大学中文系(用于给社会开办的秘书班)印行的庄锡昌先生的《世界文化史通论》一书。

1995年7月,在郑忠信教授的帮助下,我与南开大学的俞久洪先生取得了联系。在南开大学作访问学者的一年时间里,我参加了由俞久洪先生主编的《外国文化史》简编教材的撰写(参编近代文化三章),这部书1997年由天津社会科学出版社出版。

我们的系主任孟昭泉教授退休后,2003年我又接讲了中国文化概论课,在参考多种版本的《中国文化概论》(如张岱年等主编的权威版),张凯的《中国文化史》(专题角度)的基础上,先自编出时间系列的《中国文化史》讲稿(参考了各种中国通史、中国思想史、哲学史、建筑史、美术史、音乐史、科技史,等),把发展过程归纳集中,分阶段梳理清爽。很遗憾的是:对现当代的各科,由于我们图书馆缺乏系统的各科史学书籍,获得的一些知识与信息仍然显得不系统或散乱,只有放弃,先梳理到清末为止。写出的《中国文化概论》的教案,也只能一半讲文化理论常识,一半讲中国传统的四大专题文化(即经济文化、政治文化、科技文化、精神文化)。还不知道该怎么把理论与史学糅合在一起。

我一边给文化与传播学院秘书专业讲中国文化概论,一边继续给经贸学院旅游专业开外国文化史课,专注于文化课的教学与研究。两次放弃了同仁预约的《外国文学》《大学语文》教材的编写。

由于喜爱这门课,浏览于中外历史、宗教史、哲学史、思想史、科技史、音乐史、建筑史、美术史,加上过去中外文学经典与文学史的学习基础,我陆陆续续写了一些有关文化方面的论文,并用于本书各章。

我们学校后来归属高职高专。这个学校成立于1980年,原是郑州大学的分校,后改为郑州市走读大学(在一片荒草地上建起了新学校),专科本科兼有,

1986 年改为中州大学,并由老校长王洪延从北京全国人大会上,带回了陈云的清瘦苍劲的亲笔校名题字。这使得全校师生欢欣鼓舞,深感改革开放的春风雨露带来的欣慰与动力。"为社会培养普及型实用人才",已成为学校的发展方向。2001 年学校面向全国招生,建起了北校区。中文系改为文化与传播学院后,主抓教学工作的校领导在两个新兴专业中选定了秘书专业为全国试点专业。秘书教研室计划开设《文化概论》课程,教研室主任韩冬梅强调给学生们讲一些中外文化的基本常识。这对秘书专业的学生走向社会是极有帮助的。他们不仅是办公室的文员,更应该具有文化大脑,站得高看得远,视野开阔,能为企事业的领导部门出谋献策。

于是我在编写的讲稿《外国文化史》与《中国文化史》《中国文化概论》(梳理一番各种史学的主要观点与实例)的基础上,最后编定了这部《文化概论》的试用教材。其理论框架是受到以群主编的权威版《文学的基本原理》(作家出版社上海编辑所,1964 年)的启发。

过去我陆陆续续还开过中专语文(中州大学曾开办过为时两年的中专班)、中国现代文学、中国当代文学、文学概论、20 世纪国外戏剧概观、中外艺术简史、21 年来共计开设过 14 门课程。开始一直颇有怨言,以为开这么多课,不利于专、精、深的教学与研究,21 年过去了,现在才深深感到这些博杂的教学内容,反而为《文化概论》的编写打下了良好的基础。在省社科院情报所的六年半,也锻炼了我的筛选综述科研成果的能力。生活中充满了辩证法,自认为坏的事情有时反而会引出好的结果。

从 1982 年以来的 27 年中,我在科研与教学的领域中,走了一条从倒金字塔(由研究 30 年中国现代文学的路程到研究文科情报,与教研中外历史,文化史)—由专到杂—到正金字塔—由杂到专(对文化知识融会贯通)的治学之路。时时有进入了"柳暗花明又一村"的境界,深深体会到"活到老学到老"的内心的充实感。

苦闷的时候,自己仿佛是在蹉跎岁月,有种在大海里漫游,快要淹死,又不知该往何处去的感觉。累的时候,就想放弃这种没有目标的漫游,有人说:"文化是个筐,啥都往里装。"自己有时也怀疑这门学科是否能够建立?

美国著名的文化人类学家怀特曾说过:"文化学是科学的最新尝试","只要它的研究主题能够向前,向上,持续发展,则它注定会做出伟大事业的"(见《文化的科学》,山东人民出版社,1988 年)。他的话语令人感动,给人力量。让许多在这个领域中跑马拉松的人们看到了希望,增添了勇气。

　　虽然国外早在一百年前已把文化作为一门科学进行研究,但国内大学开《文化概论》这门课的并不多,1995年访学前,我从全国高校访问学者专业目录中选择这个专业的指导老师时,只有复旦大学历史系与南开大学中文系两个学校有外国文化史专业。15年后的今天,网上已有《中国文化概论》《西方文化概论》《中西文化概论》,也有为专科开设的《中国传统文化》,书店也有《文化论》的书,但都理论艰深。自己就想给学生编出一部普及性的文化教材,于是有了这部书的编写。由于文化涉及知识庞杂,出现错误在所难免,望各位专家老师同仁,赐教指点。

　　本书"第十一章文化的分类"中大部分内容,是我一年前交给2007级秘书专业两个班的小论文撰写任务,相当于编写工具书的名词解释,要求把每一种文化的定义、起源、特点、分类、主要内容、发展、意义等概述出来。2009年下半年期末又作为考卷中的论述题(小作文),占40分。在为时4学时的实践课上,两个班的18名同学分别讲述了他们的论文,有的还展示了他们制作的课件。其中的一些篇目被编入这部教材中,一些同名文章整合为一篇。由于理论难度大,选中的篇目主要是对参考文献的摘要性整理,或是摘要加综合式的报导所写的专题文化的发展概况。路燕同学的《非语言文化》一文是她在思考、分析与理解之后的独到见解;外语学院08级商务日语班的陈妍妍同学平时爱好写散文,我让她撰写了《翻译文化》一文;还有来自广西壮族的蒙莹莹同学撰写了《客家文化》一文,当她在讲台上给全班同学讲解她的论文时,我们才知道她的母亲就是客家人,她还给大家唱客家人的山歌,讲述了客家人的饮食、建筑、语言等风俗习惯与特色、客家人的贡献,令人大开眼界,耳目一新。王露同学擅长写优美独特的散文,在《昆曲文化》中选择了许多演员剧照。潘君同学也是广西壮族人,她的《民居文化》,雨声中的壮家风情一节写的是她从小住过的村庄,文中还有作者从网上下载的7幅奇异独特的民居图片。张源源的《中国传统服饰文化》在网上下载了各朝代的服装,各具特色。很遗憾,因为版权问题,不得不把图片全部删去。徐梁是学校记者团成员,曾在《中国青年报》发表过一篇文章,三年级就做了《中国旅游报》河南记者站的兼职记者。学生会成员曹国辉曾多次在《郑州政协报》发表人物通讯,我也选用了他们的文摘。李春宝同学爱好书法,《中国书法之美》写的是他自己的体会,感受与理解;高职高专强调培养实用型人才的教学目标,也给大家的这次有意义的产学研结合活动创造了有利的条件。因为文化知识繁杂,对于各种分类文化的摘要,非专业人员很难把握内容是否准确,文责自负。还望各科专家及内行高人批评指正。

此外,在教材编写过程中,我曾多次向河南电视台的翟欣老师请教音乐方面的理论知识,并请她与数字艺术研究生石晗、刘侠医生、杨露工程师,我们院的谢春红老师在百忙之中摘要、撰写了有关文化分类的词条,在此也一并表示深深的感谢!

冯辉

2010. 1. 25.

目 录
CONTENTS

附 录

绪　论

　　学习《文化概论》可以使我们站得高,看得远,可以使我们了解文化的发展规律,科学地预测未来的发展趋势,可以使我们区别世界的先进文化与落后腐朽错误反动的文化,有利于指导我们的事业的发展方向与个人的文明行为。了解与传承人类文化中的先进文化的精华,有利于指导我们创建有中国特色的社会主义新文明。有利于大学生加强文化理论的学习与提高思想修养的水平。积极投入到整个社会物质文明与精神文明的建设之中。

　　明白了学习这门课的重要性,我们还可以从以下几点深入理解学习《文化概论》的意义。

一、从文化的特点上讲

　　文化是物质财富与精神财富的总和。人类创造的物质财富包含人类创造的一切实用价值与智慧,精神财富则包括人类概括的精神领域与理论知识的非物质文化的范畴,理论学科又包括:经济学、政治学、宗教、哲学、教育、自然科学、心理学、文学、艺术、体育学、军事学,等等。任何国家和民族的发展都离不开科学,也离不开人文科学,人类需要各种丰富的物质,更需要各种精神食粮。如果说历史记述事物发展的过程,哲学探讨事物内在的规律,经济,科学是人类发展的基础,文学艺术(包括民间各种艺术的创造活动)则是形象化的历史,哲学,经济与科学的反映。

　　中外文化中的物质创造与精神创造的各项成果,都是各国历史与现实生活的反映,各国人民智慧与经验的结晶,了解各项文化成就的历史,发展与未来,对于发展我国与各国人民之间的友谊,了解各国人民的风土人情,精神状态和发展变化,吸取世界各国的先进文化,提高中华民族的文化水平,繁荣社会主义文化都具有十分重要的意义。

二、从学习文化的价值上讲

文化具有认识价值、教育价值、审美价值、借鉴价值、消遣娱乐价值、商品交换价值等。各门科学(包括自然科学与社会科学)都具有认识价值(包括知识价值),使人们认识其定义、特点、性质、内容、形式、功能、价值作用等;特别是人文科学更能使人们认清人自身的特点,人的各种需求,人的价值;认清人类社会,历史,经济活动,创造活动的种种规律与发展趋势,认识人类社会由野蛮、蒙昧的原始文明,怎样漫长而又历经艰辛地一步步走向今天高级、智慧的现代文明!

各门学科又都具有教育价值,自然科学教育人类掌握自然界的各种规律、特性、习性,怎样让自然科学为人类社会服务,怎样使人类适应与改造这个客观环境。社会科学则教育人们怎样认识这个世界,理解与改造,创造有意义的人生与社会;怎样创建和谐的人际关系,自然与人的关系,国家与国家之间的关系,民族与民族之间的关系;怎样才能使这个人类社会更加趋于完善与更加合情合理,达到真善美的统一与和谐,创建更高一级的文明和谐的社会。

人类的活动从生存需求的饮食,服装,装饰,居住环境,医疗条件与设施,到安全需求的交通,建筑,环保,生态平衡;从尊重需求的社交礼仪,到团体需求的各种文化活动(包括各种娱乐、消遣、旅游、参观、访问、博览、比赛、节日等);一直到人类自我实现(创造,发明,创建)的最高层次的活动,都向审美层次提出更高的要求,正如俄国文艺理论家车尔尼雪夫斯基所说的:美是生活。美学观几乎遍及人类社会的各个领域,各个行业。

借鉴价值则包括各个领域人们的互相学习,互相借鉴,甚至包括对历史的,现实的,各国的,各地区的,跨文化的交流与借鉴,吸取宝贵的经验与教训,使人们少走许多弯路,使人类更加聪明,更加富有智慧,文明程度也向更高层次发展。

商品价值不仅指物质价值的交换,也指精神价值的交换。如文字、书籍、文物、音乐、舞蹈、书法、文学(包括影视)、艺术(绘画、雕刻、书法、装饰、民间民俗的艺术创造),等等。

这种商品交换价值的意义早在古代就已存在了,而且因为交通的不便,其价值也更高,日本商船的商人在唐代来到中国搜求白居易的诗集,回国后以高价卖给王宫贵族,一首诗即一金,百首则百金(见百度百科网)。中世纪一部羊皮卷写的圣经,可换取一座葡萄园(见杨子竟《外国图书馆史简编》,南开大学出版社,1990年)。

当今的民间民俗的艺术创造活动也十分活跃:云南的雕版画,各种编织业,就地取材,精加工,细加工,出口创外汇,小事情有大意义,紧连世界大市场。

2006 年 5 月 20 日,剪纸艺术遗产经国务院批准列入第一批国家级非物质文化遗产名录。2007 年 6 月 5 日,经文化部确定,河北省蔚县的王老赏大弟子周兆明为该文化遗产项目代表性传承人,并被列入第一批国家级非物质文化遗产项目226 名代表性传承人名单。2007 年 6 月 8 日,上海市李守白剪纸大师工作室获得国家文化部颁布的首届文化遗产日奖。(见百度网剪纸艺术)

北京剪纸艺术家陈玉梅于 1998 年创办的"玉梅剪纸",是以帮助残疾人、失业失地妇女等弱势群体人员再就业为目的的一家公司,其产品销往美国、菲律宾、俄罗斯、新加坡、日本等多个国家和地区。她的作品《绿色和平》《双清图》《奥运北京》在剪纸大赛中皆获优秀奖。有五幅作品被中国农业博物馆,联合国国际科学与和平促进会收藏(网上,玉梅剪纸)。

天津泥人张(创始人是天津人张明山)彩塑是一种深得百姓喜爱的民间美术品,它创始于清代道光年间,至今已有 180 年的历史。它是继元代刘元之后,我国又一个泥塑艺术的高峰,其作品艺术精美,影响远及世界各地。"泥人张"彩塑创作题材广泛,或反映民间习俗,或取材于民间故事、舞台戏剧,或直接取材于《水浒传》《红楼梦》《三国演义》等古典文学名著。所塑作品以形写神,达到神形兼具的境地,所捏的泥人历经久远,不燥不裂,栩栩如生,在国际上享有盛誉。(百度百科网。泥人张)。

年画,据《风俗通义》记述,在先秦两汉年节宗教信仰有祀门神之习俗。由于东汉蔡伦发明了纸,唐以前多为手绘门神。隋代后期,随着木刻书籍的产生,木版年画亦应运而生。到宋代,木刻取代了画像。清代木刻年画进入了巅峰时期,产地遍及全国,并涌现出大批专业画工和雕刻家。一千多年来逐步形成了苏州桃花坞、天津杨柳青、山东潍坊杨家埠、陕西凤翔、河南开封朱仙镇、湖南邵阳滩头、四川绵竹、广东佛山、福建漳州、山西临汾、河北武强、云南大理,等等名满天下的木版年画(见中央政府门户网站 2006 年春节网)。

刺绣,又称丝绣,是中国优秀的民族传统工艺之一。据《尚书》中的章服制度,就规定"衣画而裳绣";另在《诗经》中也有"素衣朱绣"的描绘。宋代刺绣服装,已逐渐在民间广泛流行,促使了中国丝绣工艺的发展。明代刺绣先后产生号称"四大名绣"的苏绣、粤绣、湘绣、蜀绣。上海的露香园顾绣,就是当时最出名的刺绣。顾氏家族世袭相传,清代已蜚声海外,吸引了不少国外商人来上海,大量订购顾派刺绣品。清末苏州吴县的刺绣艺术家沈云芝(沈寿)独创的仿真绣法,开创了中国刺绣艺术一个新的时代。1993 年香港、新加坡开始有人专门收集刺绣。近年中国传统刺绣艺术品拍品,价格竞现高攀。(网上。苏州江南绣庄。中国刺绣介绍)

还有各地的旅游景点的开发,一方水土养一方人。有自然景观与人文景观,后者像红色景区旅游的开发,出土文物景点的开发(如兵马俑坑),等等,它们既有教育,认识,审美价值,也有消遣娱乐价值,更有造福地方的商品价值。

三、从文化交流上讲

古人说得好,人以镜为鉴,可以观其形。人以文为鉴,可以知得失,一个民族,一个国家,都不可能与外界完全隔绝,都需要互相学习,互相借鉴,特别在科技日益发达,电视,通讯,网络,把全世界连在了一起,地球村中每日报导世界发生的各种大大小小的事情,使人类的视野更加开阔,人们联系的距离缩小了,拉近了。

早在古代我国人民就与外国互通往来,汉代开辟的丝绸之路通往罗马,地中海诸国;东汉佛教的传入及唐代佛教的兴盛与东传,唐玄奘的《大唐西域记》的印行及佛教典籍的翻译;日本七世纪的仿唐制的"大化革新",建立了统一的封建王朝,开始向封建社会过渡,结束了奴隶制时代,日本语言文字也在中国汉字基础上发展起来,日本八世纪的《古事记》,《日本书纪》全是用汉文言文写的。产生于十一世纪的长篇小说《源氏物语》(女作家紫式部著,已用日语写作)中就引用了大量的诸子名句,唐诗与白居易的诗。《源氏物语》与后来 18 世纪中国的《红楼梦》何其相似,同样表现了封建制度与一夫多妻制下的贵族的生活,感情需求与悲剧。堪称东西双璧,姊妹篇。

欧洲文艺复兴初期,意大利商人马可·波罗元朝时来到中国经商,入仕,回国后写下了有名的《马可·波罗游记》,在欧洲引起了轰动,引发了哥伦布对东方的兴趣,远航大西洋,却意外地发现了新大陆并以为这就是欧洲地图上的印度,称新大陆的居民为印第安人(印度的居民)。明朝郑和的船队早于哥伦布到达印度、非洲等地。

鲁迅曾经说过,中国发明了火药,外国人拿去发明了枪炮,中国发明了指南针,外国人拿去航海。中国的四大发明通过 7 世纪后兴起的阿拉伯人传向西方,促进了西方文艺复兴的繁荣与传播,世界的进步在于文化交流与科技交流。

不仅是古代,从明代中叶 16 世纪利玛窦传教士等人到我国传教并带来了西方近代文化,从近代的鸦片战争到现代的五四运动,从 30 年代到新中国的建立,我们都出现过介绍,翻译,学习和研究外国的经济,政治,科学,文化的热潮。

五四时期对外国文学的译介即为一例,仅林琴南就翻译了二百多部外国文学作品(与人合作),出版发表的就有150多种,其中有60多种是世界名著,鲁迅,郭沫若,茅盾,冰心等新文学巨匠,最初接触外国文学都是通过他翻译的外国小说,不少现代文学家同时也是翻译家,如鲁迅翻译的果戈理的《死魂灵》(又译《死农奴》),郭沫若介绍惠特曼的诗作,翻译歌德的《浮士德》,冰心翻译泰戈尔的诗作,茅盾翻译苏俄的文学作品与文艺理论,等等。

十年动乱之后,我国面临改革开放的新时代,当打开国门时,我们看到了自己的停滞与落后,看到了世界发达国家正以惊人的速度向前发展。要想改变我国的落后面貌,必须改革开放,必须面向世界,面向未来,争取早日实现现代化,三十年过去了,我们的国家引进了发达国家的高科技与科学的管理方法,加上我们自力更生的积累与发展,我们才有了今天的第三次工业革命的阵容,赶上了世界现代化的进程,成功地举办了北京奥运会,跨入到世界强国之林。

我们青年一代身负未来重任,更要具有开阔的胸襟,放眼全世界,应该具有丰富的科技文化知识与专业知识。如列宁在《青年团的任务》一文中指出的那样:"只有确切地了解人类全部发展过程所创造的文化,只有对这种文化加以改造,才能建设无产阶级的文化"(见《列宁选集》第4卷,人民出版社,1976)。我们只有跟上现代化的步伐,才能建设有中国特色的社会主义,建立一个与世界同步发展的经济市场化,政治民主化与法制化,信息一体化,文化多元化的现代化社会。

四、东西方文明互补是世界文明发展的趋势

1. 世界文明发展总趋势

马恩《共产党宣言》的总结至今还在发生着影响:15世纪哥伦布发现新大陆之前是西方从属于东方,15世纪之后是东方从属于西方。但21世纪将是东西方文明互补的时代。

世界文明史告诉我们:当中国、印度的封建王朝已达繁荣之时(如唐朝与笈多王朝),西方除了古希腊罗马文化辉煌之外(分别于前1世纪及公元5世纪灭亡),欧洲许多国家还处于氏族争战时期,直到8—9世纪后才纷纷建立封建国家。12—13世纪的十字军东征使西方看到了东方的富庶,先进的科技与文化。14—16世纪开始了文艺复兴运动。15世纪之后,欧洲向新大陆扩张并开始资本主义原始积累。18世纪再次掀起一场席卷全欧的启蒙运动,之后又进行了三次伟大的工业革命,马克思列宁主义与社会主义的诞生,开创了世界历史的新纪元,积大地影响

了全世界。之后,世界进入信息一体化,信息资本主义(后资本主义)与社会主义共存的现代化时期。

2. 西方文明的优劣

史学家与专家们指出:虽然创造了三次工业文明(18 世纪下半叶的蒸汽机革命,19 世纪下半叶的电力革命,20 世纪的电子革命)的辉煌,但也存在着严重的弊端。如生态危机,未来的人类或走向毁灭,或走向生态文明。科技危机,"科技万能"使人类的自主意识丧失。增长危机,集中在经济的增长,速度加快,规模扩大上,忽略了精神文明的发展。分配危机,世界分配两极分化,发达国家人均收入 50 倍于世界人口五分之三的贫困国家的人均收入。1990 年联合国有关部门预言:假如现行模式不变,则国与国间收入的世界分配将会恶化。战争危机,西方至上论和征服意识是未来战争的主要导火线。(以上见蔡德贵,刘长明《东西方文化的千年牵手》,《复旦学报》社科版,2002.2.)

3. 东方文明的优劣

东方四大古国(埃及、巴比伦、印度、中国)与中古三大文化中心(中国、印度、阿拉伯),最早进入奴隶社会与封建社会,虽然都有过辉煌的时期,对全人类作过巨大贡献;但农业文明终究失败于工业文明,东方各国都相继沦为殖民地半殖民地社会。日本首先发展资本主义,并走在亚洲与世界前列,20 世纪后半期亚洲四小龙与印度,中国相继进入世界现代化的进程,取得了可喜的进步;但东方文明也存在着弊端,如经济落后,精神文明虽发达,却容易循规蹈矩,抱残守缺,重继承,轻创新。不敢超越经典、圣人的法则与祖训,没有风险意识,缺乏冒险精神。容易自我封闭,弱势群体占多数,简单盲从随大流。长期封建社会的基础,习惯成自然,集体无意识仿佛已积淀成了带规律性的"天性"意识行为;但二律悖反,集体主义精神又成为走向成功的有生力量。

鉴于以上东西方各自的弊端,文化互补就成了必然趋势。

4. 东西方互补的趋势

东方各国早在 19 世纪已开始向西方学习先进科技与先进思想。西方在经历了两次大战危机之后也有了清醒的思考与反思。1988 年,诺贝尔奖获得者集聚巴黎,并发表宣言:21 世纪的人类应该向 2500 年前的孔子汲取智慧。如东方文化(印度、中国)中固有的天人合一思想有利于人类走出生态危机,回归大自然,保护大自然。此外东方文化中的中庸和谐思想有利于人类走出科技危机。

5. 美、中、日三种文化代表的范例

中国工程物理研究院的孙国际的《创新文化》(《文化研究》2002.11.)指出

美、中、日三种文化的不同特点:美国文化特质,"人文化",注重个人的独立精神与创造精神,有利于管理科学的创新与科技的创造发明发现。具有鼓励"冒尖","先出头"的特点。

中国文化特质,"从文化",具有顺从意识,团结凝集力强,互相协作,重稳定大一统,与几千年的农业文明发达与封建制度传统文化的积淀有关。有谦虚美德,因而能像西方学习,迅速走向世界现代化进程,跨入世界强国之林。

日本文化特质,"众文化",认准的事情就会齐心协力去做,古代仿唐制成为统一王国。近代又学西方最早走上资本主义,善于接受西方文化与儒家文化的精华。日本文化是东西方文化互补的典型代表。

6. 中国新文化的创建

以集体主义与爱国主义的理想和道德,天下大同思想,马克思主义,毛泽东思想,邓小平理论,"三个代表",科学发展观为基本内容的精神文化为指导,以现代化经济改革与科技领先的物质文化为基础,以科学发展观指导的民主与法制为保障,建立有中国特色的社会主义的新文化。

第一章

文化的定义

一、文化的定义

《辞海》给文化下的定义是:"物质财富与精神财富的总和"。张岱年,方克立主编的《中国文化概论》一书认为:"文化的实质性含义是人化或人类化,是人类主体通过社会实践活动,适应利用改造自然界客体而逐步实现自身价值的过程。"(北京师范大学出版社,2004,2.)

如果把二者集中起来,文化的定义可以概括为:从外延上讲,文化是物质财富和精神财富的总和。从内涵上讲,文化是人类通过社会实践活动,适应,利用,改造客观环境(包括创造发明,创新,发现)以实现自身价值的过程。

具体讲,文化是人类经济、政治、宗教、哲学、科学、教育、伦理道德、心理学、法律、历史、文学艺术、体育、军事等各门学科的成就与结晶,也包括从人类诞生以来创造的远自旧石器文化,近至于当今所有的民俗文化,传统,习俗,行为,各民族的精神、气质、个性的特质,等等所有"人化""人类化"的内容与形式。

文化是一个大系统,包括各种子系统,大系统与子系统,子系统与子系统之间常常又互相制约,互相影响或者互相借鉴与互相启示。"文化学"也成为学者研究的热门话题,并成为一门独立的学科。

"文化"一词,拉丁文为 cultus,法文,英文为 culture,意大利文为 cultura,原意是开发,开化的意思(见《西方文化百科》P1,吉林人民出版社 1991 年版,孙鼎国等主编)。

我国"文化"一词在《易经》中最早出现:"刚柔交错,天文也。文明以止,人文也。观乎天文,以察时变;观乎人文,以化成天下。"(见徐子宏译《周易全译》贵州人民出版社1991年,第122页)。人文在这里指"文治教化",如典籍、礼仪、风俗对人们的教化,如同李斯所说有"移风易俗"的功能和作用。西汉刘向《说苑·指武》中指出:"圣人之治天一,先文德而后武务,凡武之兴,为不服也,文化不改,然后加诛"。这里是说"文治教化"如果不起作用,就用法律或武力治服。

19世纪中叶,西方兴起了新的人文学科,如社会学、民族学、人类学,把"文化"作为专门术语的是"人类学之父"英国学者泰勒,他在1871年出版的《原始文化》一书给文化下了一个定义"文化是一个复杂的总体,包括知识,信仰,艺术,道德,法律,风俗,以及人类在社会所得的一切能力与习惯"。19世纪下半期,西方已开始掀起了文化研究热,我国也随着洋务运动,维新变法,辛亥革命,五四运动的兴起,伴随着对西方科技、文化的翻译,介绍与研究,提出了"中学为体,西学为用"的新思想。不少学者也对东西方文化作了比较性的研究。20世纪80年代初改革开放以来对文化的理论研究也进一步加强,加深。

1952年美国学者克鲁伯和克拉克合著的《文化,关于概念和定义的探讨》一书,统计了1871年—1951年80年间的文化定义有164种(见庄锡昌《世界文化史通论》P26,浙江人民出版社,1989年)。

美国人类文化学家怀特给文化下的定义最简洁:"文化是人类创造的符号的总和。"(见《文化的科学》,山东人民出版社,1988)

物质财富是符号的具体形式,精神财富则通过线条与色彩(建筑,绘画,剪纸);音响(音乐),表情(戏剧,影视,人际交流);动作(舞蹈,体育,武术);形象,梦幻,联想(语言,文学作品,戏剧影视),信仰(宗教),逻辑思维(或抽象思维,包括哲学社会科学、自然科学等理论)等各种不同形式的符号表现形式。它们都包括在"文化"这一总概念之下。

"文化"本是世界历史,中国历史中经济,政治,文化的三大板块之一,文化板块又包括建筑,绘画,音乐,文字,文学,书法等各种艺术成就的介绍。

20世纪80年代以后也不断出现《世界文化史》《中国文化史》等一类的文化史书籍。地方大学开设了秘书,广告,摄影,播音主持等许多新专业之后,文化传播,大众传媒的学问正普遍正式登上大雅之堂,成为新兴学科。

对"文化史"的研究,"文化理论"的研究也日渐受到重视,正如美国人类文化学家怀特指出的那样:"文化学是科学的最新尝试,只要文化研究主题能够向前,向上持续发展,则它注定会做出伟大事业的。"(见怀特的《文化的科学》)

二、文化与文明的区别

在国外,文化与文明通常被作为同义词使用,如"古埃及文明","古埃及文化"几乎同义。具体运用时,二者有区别,文明可以指一种行为,我们可以说一个人的行为是否"文明",但不能说是否"文化"。

可见,文化比文明的涵盖大,文化主要指历史、精神、物质、团体活动等方面,是高一层次或深一层次的内容与形式,文明是人类行为文化的表现形式,与精神活动相比,是低一层次或浅一层次的内容和形式。如古埃及金字塔、神殿这些古老文明的创造典范,也是古埃及文化的表现形式。

第二章

文化的起源

一、文化的起源

根据科学的研究与判断,地球的年龄约 46 亿万年,生命大约起源于 39.5 亿年(中央人民广播电台新闻,1996.11.11)。这是科学家们利用放射性同位素碳测定的方法考察而得出的结论。什么是碳测年代? 即按化石中的碳元素存在量的多少而确定年代的方法。碳元素的化学性质稳定,在空气中不起变化。还有多种科学方法,如古地磁测定法。

1911 年考古学家发现的最早的古猿——埃及原上猿,生存年代大约距今 3500 万年—3000 万年左右。考古学家们一致公认埃及原上猿是人猿的共同祖先,而后分出两支:一支即猿类,一支即人类。国际学术界一般公认人猿的最初分离是从印度的腊玛古猿开始的(距今 1400 万年),经历了南方古猿(埃及)—直立人—智人—现代人(已接近今天的人类),几个阶段。

吴汝康教授的《古人类学》曾指出:"19 世纪上半叶以前,很少有人想到人类历史会超过几千年之久,当时欧洲流行的仍然是上帝造人的说法,根据 17 世纪英国厄谢尔大主教的年历,第一个人是在公元前 4004 年被创造出来,牛津大学副校长莱特福特牧师更宣告,确切时间是在上午九时"(见文物出版社 1989 年版)。我们现在知道这种说法是不符合人类逐渐进化的漫长的历史过程的(除非是外星人类的介入,给人类带来新的智慧与思维。于是人们进行科学的猜测:把外星人视为上帝)。

恩格斯《劳动在从猿到人转变过程中的作用》(1876)一文中把人类发展过程分为:攀树的猿群—正在形成的人—完全形成的人。〔见马恩选集第 3 卷,恩格斯

《自然辩证法》(摘要),人民出版社,1975 年〕。这三大历史阶段是符合 3000 多年人类发展的科学轨迹的。哲学史家们指出:早在古希腊,哲学家阿那克西曼德就认为生物是从太阳蒸发的湿的元素中产生的,人类是从水里的鱼变化而来的,这是最早的朴素的进化论思想的代表性观点。

上古时代的埃及人,印第安人崇拜的各种动物图腾(印第安语:他的亲族)。也被当时的人们认为是人类的远祖,与人类有血缘关系。

18 世纪末 19 世纪初法国的生物学家拉马克(1744 年—1892 年)首先提出人类进化的系统理论问题(用进废退,获得性遗传),但他生活在司汤达《红与黑》小说中所描绘的波旁王朝复辟时代,教会势力重占上风,他的进化学说被视为亵渎上帝,在备受冷落中死去。

达尔文继承了他祖父与前辈思想家们的进化论思想,进行了长期的研究与实地考察工作,完成了进化论这一伟大学说。他的杰作《物种起源》(1859),《人类的起源与性的选择》(1871)用大量的事实,论证了生命的起源和进化的过程。被恩格斯称为 19 世纪人类的三大发现之一。

人类的起源伴随着文化的起源,猿向人进化的漫长岁月中,在同大自然、毒蛇猛兽搏斗过程中创造了旧石器文化(约 300 万年—1 万年前)与新石器文化(约 1.8 万年—2000 年前)。

当原始人类从树上走向地面开始寻找食物,并为自身的生存而努力地使用,发明,打制石器工具时,人类的文化诞生了。文字产生之前的文化被史学家称为史前文化。

中国是世界人类发源地之一,云南的元谋人(距今 170 万年,1961 年发现,中国地质科学院用古地磁方法测定,属直立人,已有使用火的遗迹),陕西蓝田人(约 80 万年前,1963 年发现),北京人(50 万年前,1927 年发现),内蒙古河套人(20 万年前,1922 年发现),北京山顶洞人(10 万年前,1933 年发现)都已证明了这一论断的正确。

据最新考古发现:中国最早的旧石器文化代表是山西芮城县西侯度文化(距今 180 万年)已有用火的遗迹,从而把人类用火的历史提早到 180 万年以前(见中国百科网:华北地区人类化石和旧石器文化)。

非洲是世界上旧石器文化遗址最早的地区,被视为人类的发源地,代表是东非肯尼亚的科比弗拉,埃塞俄比亚的奥莫和哈达尔地区的遗址,距今约 300 万年—200 万年(见中国百科网。非洲旧石器时代考古)。

欧洲旧石器时代最早的遗存距今 95 万年—90 万年。美洲最早的旧石器遗存物距今 5 万年,代表是维尔德山的 400 多个古人类遗址(见中国新闻网)。美洲的印第安人则被考古学家与史学家公认是蒙古人种或中国人种,在大约 1 万年前沿着冰封的白令海峡从亚洲迁徙到了美洲。1961 年美国科学家发现印第安人与美籍华人的血液中有同一种蛋白质分子(转铁蛋白),1986 年中国学者也发现中国人与印第安人有同一类型的异常血红蛋白。证实了这一结论是正确的。

还有一部分来自 1 万年前的欧洲及太平洋岛屿的人种,包括西伯利亚的高加索人种。(见新华文摘网。冯国荣,侯德彤《中学西渐的历史线索及相关研究课题》。2005 年第 3 期)

澳洲最早的居民到达这里距今有 6.2 万年前。17 世纪殖民者开始入侵,18 世纪后期,首批英国移民来到这里时,澳洲仅有 30 万人,500 多个部落,仍然处于旧石器阶段,处于采集阶段,有梭镖与飞镖,用木头制成,没有陶器,只有树皮与木头做的碗。食品主要是植物与动物,当一个人打喷嚏时,所有听到的人要立即拍打自己的身体。(见网上吴新智《寻找人类祖先的足迹:智人》)

二、人类起源与发展

原上猿(埃及古猿):距今 3500 万年—3000 万年。

腊玛古猿:距今 1400 万年—800 年。

南方古猿:距今 400 万年—100 万年。

早期猿人(能人):距今 230 万年—180 万年。

晚期猿人(直立人):距今 180 万年—20 万年。

早期智人(古人):距今 25 万年—4 万年前。

晚期智人(新人,或现代人,解剖结构上接近今天人类):距今 4 万年—前 1000 年

人类的金属时代(铜器时代):前 4000 年—前 1000 年。

铁器时代:前 2000—前 200 年。

第一次工业革命:公元 18 世纪下半期—19 世纪上半期。

第二次工业革命:公元 19 世纪下半期—20 世纪上半期。

第三次工业革命:公元 20 世纪初期—至今。

三、使用基因与肤色来判断人类的起源与分布

考古学家与史学家把人类分为四大类：

1. 黑色人种——产生于非洲，因为埃及原上猿（3500 万年）与南方古猿（400 万年—100 万年前）皆出现于非洲，国际考古学界和人类学界普遍认为，非洲有可能是人类最早的发源地。

2. 白色人种——产生于欧洲（距今 95—90 万年），最早 5 万年前向澳洲，美洲迁徙。

3. 棕色人种——大约 10 万年前走出非洲，5 万年前走向东南亚，并散布到东北亚及澳洲的广大地区。

4. 黄色人种——大约 3 万年前已走向东南亚，中国南方，大约 1 万年前，进入美洲，在几千年前向中亚，北欧，印度洋，太平洋诸岛扩张。（豆瓣网：远东人种起源）。

1987 年美国加州大学遗传学家坎恩等人通过研究来自非洲、欧洲、亚洲、巴布亚新几内亚等地 148 位妇女身上的线粒体 DNA，发现各大洲人种中以非洲人变异最多，从而证明非洲人历史在各大陆为最长。计算发现，非洲现代人历史达 200 万年，而欧亚大陆现代人历史只有 13 万年，由此断定，今天世界的人类有一个共同的女性始祖，遗传学家称她为"夏娃"，大约 15 万年前生活于非洲，大约 10 万年前，她的后裔走出非洲，迁移到世界各地，他们才是我们真正的祖先。

几年前，中国科学院的遗传学家们研究了中国 28 个人类群体的 DNA 的 Y 染色体上的遗传标记后，得出了与国际最新流行的理论相一致的结论：全世界的人都来自非洲。从各色人种的遗传标记的突变点新旧不同来判断，非洲的黑色人种最古老，欧洲的白色人种第二，印度的棕色人种第三，亚洲的黄色人种第四。

该文总结说：300 万年前，非洲的古猿演变成了直立人，他们在 100 多万年前，走出非洲，在亚洲成了爪哇猿人（印度尼西亚的爪哇岛）和北京猿人（距今 50 万年），在欧洲先是成了海德堡人，后来进化为尼安德特人（欧洲人）。这些直立人在不同地区独立进化，发展成今天的现代人。（见凤凰网．2009.2.19）

可以设想：黑色人种的肤色与赤道的直射有直接的关系。而分布在其他各地区的直立猿人也随不同地区的气候，日照与土壤、水分、各种矿物质的地理条件发展成不同肤色的人种。当年上山下乡的知青夏天被晒黑，到了冬天就又捂白了。黑种人常年甚至多少代人都生活在赤道附近，晒黑之后使后代也继承了获得性遗

传(这种演变近似于长颈鹿的获得性遗传变异,因吃树叶而前腿长,后腿短)。

《读者》2009年8期《关于进化论的7个误解》一文中讲了一个著名的例子:"英国胡椒蛾在工业化时代变成了黑色。进化论认为这是蛾子适应被煤烟熏黑的树干的结果,并预言除去污染后,浅色的蛾子将再次繁盛——事实正是如此"。可见环境对生命的遗传有何等重要的影响。

但也有学者认为中国人并非源于非洲,南京师大地理科学学院沈冠军教授根据"洞穴次生碳酸盐岩釉系定年,研究了广西通天岩,白莲洞等晚期智人洞穴地点,发现这些原认为2万—3万年前的遗址,实际年代应在10万年前左右,出现现代人的时间,不晚于西亚与南非",因此,在学术争议中占上风的"非洲起源说"可能并不成立,而云南九乡风景区的张口洞遗址,测定为30万年前存在着人类活动。

可以设想,中国人种遍布国内6000多处(百度百科网·旧石器时代),而且最早的旧石器文化代表,山西芮城县西侯度人与云南元谋人(皆距今180—170万年前)已远远早于上述"非洲起源说"的时间。只能说古猿最早产生于非洲,而不能说黄色人种产生于非洲。

四、旧石器文化与新石器文化的区别

1. 旧石器文化——早期,石器粗糙笨拙;中期出现了刮削器和尖状器;晚期的骨角器发达,出现了渔叉,投枪,石矛,骨针,出现了贝壳珠串的装饰品,洞窟岩画,雕塑等艺术品,非洲出土的加工木头的工具发达,有手斧,薄刃砍斫器,还有带锯齿的石片和雕刻器。如山西芮城县西侯度村遗址(1959发现),有32件石制品,带有切割刮削痕迹与火烧的痕迹。

2. 新石器文化——开始制造更为精巧的磨制石器,发明了陶器,出现了农业与畜牧业,农业文明的诞生是旧石器与新石器最大的区别。

仰韶文化(前4115年,河南渑池仰韶村,1921年发现)已出现了各种石器的刀斧锤锄,矛,箭,纺轮,出现了农业,手工业(玉器,骨角,象牙饰品),陶器,纺织与畜牧业,定居的村落遗址还发现了牛马猪羊狗等遗骨化石,出现了玉片,贝壳的早期货币,及早期宗教的卜骨化石。

此后还出现了口传文化:传说中的"有巢氏","燧人氏",神农氏,女娲补天,后羿射日,嫦娥奔月,愚公移山……炎黄二帝的阪泉之战,黄帝与蚩尤的涿鹿之战,尧舜禅让,大禹治水等民间传说,应该就是仰韶文化时期——氏族社会末期向奴隶社会过渡时期的社会生活的反映。

五、史前的物质文化

包括:1.原始农业。2.原始畜牧业。3.原始渔业。4.原始交通业(造船,轩辕氏造车)。5.原始手工业(陶器,玉器,骨器,象牙等装饰品,编织等),杭州良渚文化(前4150),1936年发现,玉器已很精美,出土的有近万件,被人称为成熟的史前文明。仰韶文化遗址中已出现了彩陶,有黑陶,红陶,有各种花纹的图案,山东的大汶口文化(前4040—前2240),1956年发现,出土有彩陶,蛋壳陶。山东龙山文化出土的一只20厘米的高足杯,重量不足40克,厚0.3厘米—0.1厘米,有"黑如漆,亮如镜,薄如纸,硬如瓷"的赞美(见李浴《中国美术史纲》,辽宁美术出版社,1986年)。日照东海峪等地出土的龙山文化黑陶器"高柄镂空蛋壳陶杯",无釉而乌黑发亮,胎薄而质地坚硬,其壁最厚不过1毫米,最薄处仅0.2毫米,重仅22克,其制作工艺之精,堪称世界一绝,被国家定为国宝并收藏。6.原始建筑业。浙江余姚河姆渡遗址(距今7000年前),已出现了木构建筑,建筑各构件之间使用了榫头,建筑下面是架空的。西安半坡村遗址(属仰韶文化)建筑已有防水,防潮,通风,采光等一系列措施。7.原始纺织业。传说在黄帝时代(前26世纪)黄帝的妻子嫘祖发明了养蚕与纺织,在浙江吴兴新石器时代的遗址中,发现竹篮中的丝织品,其中有绢片,丝带,丝线等。

六、史前的精神文化

1. 原始的数学。中国经济网—华夏文明:《仰韶彩陶文化·彩陶中的数学之萌芽》指出:庙底沟遗址出土的彩陶上出现了弧形、三角形、圆形等。我国古代也有关于几何画图工具的传说:"伏羲执矩,女娲执规",黄帝"为规矩准绳,使天下方焉"。大禹治水"左准绳,右规矩"。可以设想,与古埃及因丈量土地而产生数学一样,原始数学的产生是农业文明发展的需要与必然结果。

2. 原始的天文学:张今教授《东方辩证法》一书(河南大学出版社,2002年。)认为:中国公元前6000年的伏羲八卦是天文记事的开始,卦的左半是测日影的日圭,右半是测日影的标杆与刻度标记。八卦即八个气节。这也是先人常年观察四季运转,气候变化对庄稼播种,生长,收获规律的总结。对后来的黄帝历法的制定有一定的影响。张今教授还在这部书中提供了这样的信息:1991年10月,美国《国家地理》杂志第180卷第4号上刊登了在美洲易洛魁印第安人部落里发现的两张鹿皮画：《轩辕酋长礼天祈年图》和《蚩尤风后归墟扶桑值夜图》。28 星宿中的轩辕星是轩辕氏部落的图腾标志，图样是龟与龙，蚩尤部落的图腾是蛇。

　　可以设想由中国大陆走向美洲大陆的印第安人也带去了伏羲八卦至黄帝时期的天文历法。

　　3. 原始的巫术、医术。查阅历史，人类原始部落时期几乎都有自己的巫术时期，巫师是沟通天人联系的中介。即使是后来有文字记载的巫文化历史时期也依然保留了上古的遗风：如古埃及新王国时期的巫术之风；中国殷商时代的楚国巫文化的盛行，屈原的楚辞中的《九歌》也有所描绘，如《山鬼》生动真实地再现了古人忠诚的信仰，山鬼拜神而不得的幽怨与凄美。《西门豹治邺》也记载了巫术晚期先进的知识分子的觉醒、讽刺与嘲弄，不亚于一次革命(见《史记·滑稽列传》岳麓书社，1990 年)，西门豹的革命也是对孔子："敬天命，远鬼神"，"子不语乱力怪神"，《尚书》："皇天无亲，唯德是辅"的正道正统思想的一次大胆无畏的切身的体验(见《尚书》全译，江灏等译注，贵州人民出版社 1991 年)，战胜残暴凶恶愚昧欺骗迷信的一次伟大感人的壮举。唱响了一曲人道主义热爱生命的赞歌。如果说《山鬼》出于真心的信仰与期盼，《西门豹治邺》中的巫师则已属于野蛮专横的欺骗与残害。

　　民间传说中的：神农氏尝百草，一日遇数毒。应是中医学的萌芽与尝试时期，《黄帝内经》虽然成书于战国后期，总结了上古黄帝(前 26 世纪初)以来两千多年的医学知识。何尝不是人民口头相传，经验不断积累的结果呢？

　　4. 原始艺术。音乐——西安半坡文化遗址与浙江河姆渡遗址已出土有多孔的陶制吹奏乐器埙，有管形、橄榄形、鱼形等。

　　舞蹈——葛天氏部落的三人执牛尾，踏足而歌，有《载民》《玄鸟》《遂草木》《奋五谷》《敬天常》《达帝功》《依地德》《总禽兽之极》，主要歌颂祖先，丰收，天地之德，题目是文字产生之后记载下来的。(见吴钊，刘东升的《中国音乐史略》人民音乐出版社 1985 年)。

　　雕刻——欧洲史前石雕《维伦道夫的女象》(前 25000—前 20000)显示出对母性及繁殖人类的崇拜。

　　洞窟壁画——法国拉斯考克斯洞穴是法国西南部一个复杂的洞穴，属旧石器时代壁画(15000 年前)。1940 年 9 月 12 日发现，1955 年首次向公众开放，每天参观客流量达到 1200 人，人体呼吸所释放的二氧化碳严重损坏了洞穴壁画。1963年，为了保护这一旧石器壁画艺术，法国政府停止向公众开放。

　　阿尔塔米拉洞穴是西班牙的史前艺术遗迹，洞内壁画举世闻名，有红、黑、黄，褐等色彩浓重的动物画像:野马、野猪、赤鹿、山羊、野牛和猛犸等,形象千姿百态。据考证,壁画颜料取于矿物质、炭灰、动物血和土壤,再掺合动物油脂而成,色彩至今仍鲜艳夺目,神态逼真,栩栩如生,达到了史前艺术高峰。受到西班牙人的高度爱护。(以上见百度图片,搜狐社区:《全球五大史前洞穴壁画:奇异的远古文明》)。

我国也陆续在江苏连云港,云南,广西,内蒙古,甘肃,新疆,黑龙江,西藏,四川等地发现了岩画,多表现人物,狩猎,战争,舞蹈等,最晚也出现于氏族部落末期。

5. 原始宗教——宗教文化是人类精神深层文化的表现。原始宗教产生的原因有两种:一是社会根源,原始社会群体与大自然搏斗中产生了"半人半神"的英雄,他们被推举为众人的首领,成为酋长与长老,他们也利用神灵宗教来约束他们的部落民众。二是认识根源,由于对风雨雷电,生老病死,以及梦幻的不理解,而产生了原始宗教。主要有自然崇拜(如风雨雷电之神,日,月之神,江,河,海之神);灵魂崇拜(如埃及人制作木乃伊是为了让灵魂有所寄托),祖先崇拜,图腾崇拜(源自印第安语,意即:他的亲族)。图腾崇拜可能是人类祖先在观察动植物的生长,繁殖,死亡过程中发现了和人类相似的规律和习性,认为人类的繁衍也许与这些生物有血缘关系,埃及人各部落都有自己的图腾标志:鹰,蛇,狮,蝎等,印度人崇拜牛,中国人崇拜龙(蛇),狮,虎,龟,牛,等。

6. 结绳记事与实物书信——一部史书记载了这样一个故事:公元前6世纪,当波斯国王大流士一世和没有创造文字的原始部落的西徐亚人(黑海北岸的大草原上的原始部落)作战时,对方使节送来了实物书信:一只鸟,一只鼠,一只蛙,五只箭。意思可能是:你们应该像鸟、鼠、蛙一样立即逃跑吧,否则我们就要同你们作战了。(崔连仲的《世界古代史》,第148页。人民出版社,1983年)。

现代版的中国结也可使人联想到史前文化期的结绳记事所表达的感情述求。

七、文字产生以后的文化

文字是由图画文字与象形文字逐步演变发展起来的,最早的图画与象形文字大约产生于公元前3500年—前3000年,考古学家发现的文字有六种最古老:

1. 古埃及的象形文字。

（见百度图片，古埃及的象形文字，搜狐圈子）

（见百度图片，网易首页，古巴比伦的楔形文字）

2. 巴比伦的楔形文字。

3. 希腊克里特岛的线形文字。

a₂	a₃	au	dwe	dwo	nwa	pte
[ha]	[ai]	[au]	[dwe]	[dwo]	[nwa]	[pte]
pu₂	ra₂	ra₃	ro₂	ta₂	twe	two
[phu]	[rya]	[rai]	[ryo]	[tya]	[twe]	[two]

（线形文字）

4. 印度的哈拉巴文字。

5. 中美洲墨西哥的玛雅文字。

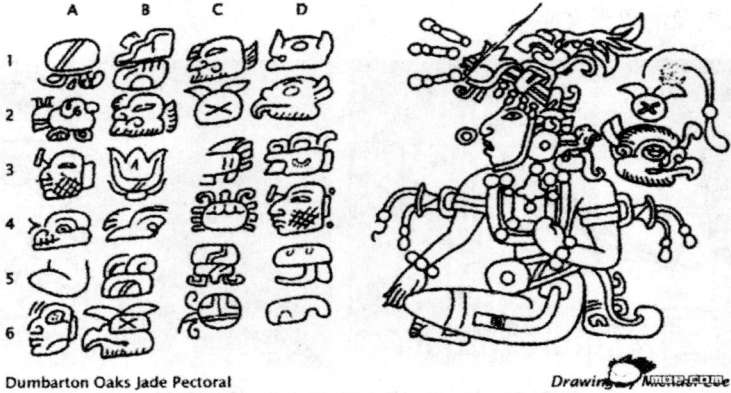

（百度图片。东方隐《你们认识玛雅文字吗?》2008 - 7 - 26）

6. 中国的甲骨文。

（百度图片。口袋地理。殷墟博物苑。中国的甲骨文）

拼音字母的出现较晚,按照古希腊人与古罗马人的看法,有 5 个民族可能是拼音文字的创制者:1. 腓尼基人(今黎巴嫩与叙利亚的古代先民,当时是地中海的海上强国,因商业贸易发达,为书写方便,改繁难的象形文字为拼音符号代替)。

（见百度图片。中国生物技术信息网，《差点儿灭罗马帝国的腓尼基人何在》，青年参考，发布者：亦云 2004 - 12 - 04）

2. 埃及人；3. 亚述人（两河流域的一支部落，曾建立过一百多年的强大帝国）；4. 希伯来人（即犹太人）；5. 古希腊的克里特人。

八、文字产生的意义

文字是人类交流需求的必然发展阶段，文字的产生使人类文化前进的步伐开始加快，人类由野蛮的蒙昧混沌时期开始向文明时代迈进。有了文字，人类才得以表达思想，交流感情，人类的生产经验与自然科学知识，各民族的生活风俗习惯，各种生活经验与教训，等等才能得以总结、积累、传播。美国史学家与人类学家摩尔根把文字的出现当作文明时代开端的重要标志。

第三章

文化的特点

一、文化的特点

文化的定义是人类物质财富与精神财富的总和,文化的特点自然也十分广泛。从人们对文化的研究中,可以发现文化的特征最常见的多达上百种:

有民族性与世界性;传播性与选择性;阶级性,斗争性与缓和性;历史性与现代性;时间性与阶段性;继承性与批判性,破坏性,连续性与间断性,循环性;科学性;真理性与规律性;必然性与偶然性,开拓性与创造性;规范性与非规范性;模仿性与创新性;稳定性与动乱性,人文性与野蛮性,良性与恶性,顿悟与渐悟;主动性与被动性,主要性(主导,主流,中心)与次要性;重要性与边缘性;积极性与消极性,先进性与落后性,乐观性与悲观性;惰性,禁忌性;对象性(任何文化都是人所创造的对象),载体性(任何文化都通过一定的载体而存在),结构性与模式性(任何文化都有一定的结构与模式);功利性,娱乐消遣性(愉悦性),开放性与封闭性;内向性与外向性;特殊性与普遍性,差异性与共同性,多元性与一元性,复杂性与单一性,多样性与统一性,局限性与整体性;同质性,认同性,趋同性,兼容性,协作性,渗透性,融合性,混溶性,包容性,互补性,互动转型性,双向性;不容性,反对性,叛逆性,反动性,等等。下边重点举例说明。

二、文化的民族性与世界性

文化的这一特点十分突出,学者们普遍认为它有三层意思:其一,从文化出现的顺序上看,先有民族文化,后有世界文化。其二,从文化的关系上看,民族文化是基础,跨民族交流的先进的世界文化又促进了各民族文化的发展。根据各民族文化的发展的先进与落后的状况可以预示世界文化发展的方向。其三,从文化的内容上看,任何一个国家或民族的文化又都分为两部分:民族性文化与世界性文化。当今的学者何星亮提出这一点。何文指出:一些西方学者早已提出,科学技术及其物质文明是世界性的。伦理、制度、礼俗是民族性的。〔见《文化的民族性与世界性》,《云南社会科学》(昆明),2002.5. 人大复印资料《文化研究》2003.1.〕

我认为大体上这样分是可以的,但若从伦理、制度看也不绝对是民族性的。这是因为人性(善恶、需求,欲望与理想)一样,所以各国遵从的美德,家庭、社会伦理秩序也有许多相似之处。如苏格拉底、柏拉图、亚里士多德的真、善、美、正义、勇敢、节制,与中国孔孟、墨子所倡导的仁爱、智勇、礼仪、诚信、节俭、兼爱、大丈夫养浩然之气,士可杀不可辱(富贵不能淫,贫贱不能移,威武不能屈)皆有相似之处。

社会制度也都有原始社会—奴隶社会—封建社会—资本主义—或社会主义社会的相似的阶段性发展。都有母系社会—父系社会,一夫多妻制——夫一妻制的发展(但也有特殊性,如中国云南的摩梭族至今仍处于母系社会阶段。阿拉伯人至今还是一夫多妻制,一个男人可以娶四个女人。见陈建民的《当代中东》,北京大学出版社,2002年)。

因此文化又有它的选择性特点。人类总是选择对自己,对家庭,对社会有利的文化。所以人类才能不断进化,不断发展。《圣经》中的祭司撒母耳统治时期,犹太人见周围的民族都建立了国王统治的国家(奴隶制社会),他们的民众也向撒母耳提出了这样的政治要求。

再从精神文化上看,人类的三大宗教:佛教、基督教、伊斯兰教,一开始都是民族宗教,发展壮大之后,他们不断向外传播,现今都已成为世界性宗教,因为它们都有一个共同的特点:都劝人为善,讲博爱,救济困苦中的人们,成为民众寻求精神寄托的所在。

如果说民族性最强的文化,应该是礼俗部分:礼仪、民俗、传统节日、地方语言、丧葬祭祀的形式、禁忌、生活方式、饮食、服饰等。而服饰文化也常受外来影响,中国近代以来流行西服、牛仔裤(源于美国西部),因为长袍不方便,所以才改革,才引进。而阿拉伯人仍穿长袍,因为沙漠风多、燥热,长袍走路往体内灌风,防风防晒,有许多好处,因此民族特色十分突出。

禁忌的民族性更强,同一民族的不同地区就有语言、行为、宗教、习俗方面的诸多禁忌,如前几年郑州还流行过本命年穿红裤头、红腰带可以避邪的说法。这常常是不同的自然环境、生活习惯、文化传统积淀的结果,其变化也十分缓慢,地区传统文化越强,禁忌也越多。而禁忌又是人们寻求生存安全的一种需求与象征性信息,也是一种戒备心态。它是精神文化中较难改变的习俗文化。只有经济与科技高度发达之后才有可能改变这种状况。但科技与经济高度发达的美国却仍然存在宗教复兴的现象,这种禁忌归根结底与人的复杂的精神现象有密切关系。

三、文化的科学性

人类的智慧从攀树的猿群走向地面,由爬行变为直立行走,就已经开始显示了人类文化的科学性特征,旧石器、新石器工具的创造,人类的手指活动促使脑的变化。

火的发明,开始尝试熟食的美味,人也变得更聪明,于是有了农业,种植业,养殖业,定居的城市,交流的商品,产生了货币。

人类开始有了复杂的经济头脑,政治管理的权术与各种制度,如《圣经》中的摩西十诫、国家的建立随之产生。人类有了体力劳动与脑力劳动的分工,有了文字的创造,有了纸草文书,泥版文书,羊皮书,青铜器铭文,甲骨文,竹简文字等多种书写工具的出现。

于是有了历史的记载,有了天文学、哲学、数学、物理学、化学、医学、建筑学的分工与研究,为了实际的建设与需要。有了音乐、舞蹈、绘画、雕刻等美的享受与需求。有了文学,人类得以表达更加复杂的感情与愿望,理想与追求。

知识的积累使人类逐步发现了自然界及人类社会的各种规律,并学会掌握与驾驭这些规律,人类有了自己真正的科学。从日心说—万有引力—相对论发现了天体规律;从地圆说发现了新大陆;从显微镜的发明发现了细胞—遗传基因;从电的发现与利用—电力革命,电子的发现—信息革命—智能机器人;从原子能—各种能量的发现与利用—磁悬浮列车—航天飞机—人造卫星—空间站—火星探测器;从分光镜的发明发现太阳574条暗线—认识到太阳、恒星与地球元素有相同之处;从各种化学元素周期律的发现—人工化合—化工革命;从巴斯德发现微生物—药物学、免疫学的开创—人类寿命开始延长,等等;从巴甫洛夫的条件反射说—弗洛伊德的精神分析学—发现了人类的潜意识—前意识(闸门)—意识的精神活动层面。

人类几乎掌握了太阳与地球,月球之间的运行,生成与物质构成的规律与秘密,生命科学、太阳系之外的宇宙间的秘密还有待于人类的继续发现。

文化的科学性贯穿了人类生存的始终。文化是人类的创造,又推动着人类前进!

四、文化的间断性与连续性

每一部中外历史,文化史都可以明显地看到这一点,人类文化发展由低级到高级螺旋形发展,虽有倒退或重复,但总的呈上升趋势,中间也有间断性,出现中止,停滞或倒退现象。

科技史告诉我们:公元前3—前2世纪希腊科学家提出了日心说、地心说、地圆说、原子论,有的是哲学猜测(如原子论),有的则经过天文观测与计算。希帕卡斯(前2世纪)自制和发明了天文观测仪器,计算出月球直径是地球的三分之一,月球和地球的距离是地球直径的33倍,和现代计算数值只相差10%左右。但他却错误地判断地球是中心,这一观点与上帝创世的观点相符合,因此被中世纪基督教会错误地支配了1000多年。

阿里斯塔克(前310—前230)这个被后人称为"古希腊的哥白尼"则提出日心说,指出太阳比地球大,二者的比例约为7:1,地球在内的所有行星都按圆形轨道绕日而行(现在知道是椭圆形轨道)。

被称为"地理学之父"的埃拉托斯特尼(前276—前193)绘制的世界地图是当时最准确的地图,已分出纬度与经度,他根据两地日影的差距算出地球圆周,与现代计算的数值误差不到200英里,他根据印度洋与大西洋潮汐相似的原理,推测两洋相通,第一个提出从大西洋向西航行可到达印度的"地圆说"。

但这些科学论断被中世纪欧洲埋没了1000年,直到文艺复兴时期哥白尼重新提出日心说(30年观测与计算)并被公众所认同。

15世纪哥伦布在"地圆说"的鼓舞下,不信走向大西洋的尽头会掉下地球的妄言,大胆尝试首次航行大西洋,并发现新大陆,完成了震惊世界的地理大发现。科学家道尔敦(1766—1844)在化学当量定律(化学反应中的重量比例关系)与定比定律的基础上确立了科学原子论(1803)。

上述事实说明文化有时因统治阶级提倡与反对而具有间断性特点(当然也有自然造成的,如火山爆发掩埋了庞培城所造成的文化中断)。这一特点也与事物发展的否定之否定规律有联系,不同的是有时第一个被否定的事物可能是真理,有时可能是谬误。

中世纪神学家托马斯·阿奎那的经院哲学体系在文艺复兴时期被否定,被批判,但到了19世纪又出现了新托马斯主义。美国20世纪末21世纪初又重提"上帝创世说"以反对进化论(见刘健统《科学技术史》,国防科技大学出版社,1986年)。都说明了唯物论与唯心论的较量与论争远远没有结束。

人类科学中的未知数及未能解释的宇宙许多神秘现象包括人自身精神领域中的复杂现象都是造成这种状况的重要原因。也是唯物论与唯心论之争至今长达2000多年的一个重要原因。

除了文化的这种间断性特点之外,更多的文化具有连续性特征。如古希腊文化接受了古埃及与巴比伦文化的影响,古罗马文化是对古希腊文化的继承与发展。犹太教、基督教、伊斯兰教三教同源但又各有发展的继承性与独创性。

中国各朝代文化对前人的继承中显示出哪个朝代推崇儒家学说,哪个朝代就能实现文明教化,清朝统治者接受了元蒙以武力征服统治不能长久的教训,也要利用儒家文化来统治中国。在儒教文化圈内的日本、韩国、新加坡甚至把儒家理念引进经商、从政的活动中去。佛教、犹太、基督教的文明能延续至今,因为它们能合情合理的顺从民心,从善从仁,博爱平等,维护社会秩序与生存安全,才沿用至今,而一些霸权文明都消失了,灭亡了,因为它们违背民意,只能称霸于一时或多则几百年,不能称霸于永远。

第四章

文化发展中最常见的规律

人类历史的发展过程中表现出明显的或潜在的规律性,MBA 智库百科网中总结的管理定理就有四百多条。传统学科多达几十种,每个领域都有自己的各种规律,定理,法则。少则几十条,多则几百条。

当今世界信息爆炸,新兴学科,交叉学科多达数千种,由上海社会科学院情报研究所金哲等人主编的《世界新学科总览》(重庆出版社,1986 年)还只是介绍了470 门当代世界哲学社会科学新学科。其中的基本原理,法则至少上千条。自然科学的门类及规律,公式,定理,法则,更是成千上万条。

文化的研究对象涵盖了整个世界的人类创造的物质财富与精神财富的总和。文化是大系统,成千上万门类的自然科学与哲学社会科学都属于文化的各种子系统。

我们这里要讲的只能是人类生活中最常见的一般性规律。

民俗文化中的生活现象也有许多带规律性的东西,如:三个臭皮匠,顶个诸葛亮;"团结就是力量";"一个和尚挑水吃,两个和尚抬水吃,三个和尚没水吃";"众人拾柴火焰高";"车到山前必有路";"多行不义必自毙";"有理走遍天下,无理寸步难行";多的不胜枚举。

文化最常见及人所共知的一般性规律就有十几种:如 1. 对立统一规律;2. 易经的阴阳根本律;3. 五行相生相克律;4. 佛教的因果律;5. 儒家的中庸之道;6. 否定之否定规律;7. 量变到质变规律;8. 进化论学说;9. 两种文化说;10. 物极必反规律;11. 矫枉过正的规律;12. 文化兴衰规律;13. 必然性与偶然性;14. 共生与共鸣现象;15. 文化势差现象;16. 文化转移说;17. 黄宗羲定律;18. 东西方文化互补现象,等为大家所熟知的规律,还有人所共知的美国心理学家马斯洛的五大需求、马克思主义基本原理等等。

一、对立统一规律

古希腊哲学家赫拉克利特(前530—前470)是古代朴素的唯物论者,辩证法大师,他认为万物皆流,万物皆变,在运动上有明显的规律性,他看到了对立面的相互转化,转化的原因在于对立面的斗争,斗争是由事物发展的矛盾性引起的(见全增嘏的《西方哲学史》,上海人民出版社,1995年)。我们每一个人对于社会与个体都存在对立统一的矛盾性,人类的欲望大于环境条件,就会导致利益争夺,甚至战争;人类满足社会环境的条件优越时;就会达到社会的统一稳定与人际关系之间的和谐。任何事物都会有正负作用,又称:二律悖反,事物发展的"双刃剑",有时好的事情会引出坏的结果(如好心没好报),坏的事情有时会引出好的结果(如塞翁先马焉知非福)。人们怎样努力促使事物向好的方面发展,就要掌握事物的发展规律。如大多数药物都有毒性,"是药都有三分毒","以毒攻毒",人们怎样改变或减少其毒性又能治病,就成为医药学界努力的方向。又如经济繁荣的背后常常潜伏着周期性的危机,如第一次与第二次世界大战的爆发,引起许多经济学家研究怎样化解这种矛盾,于是有了凯恩斯主义的诞生。

又如列宁领导的十月革命的成功,第一次在世界上消灭了剥削制度,开创了社会主义的建设与经济新体系,并影响了全世界。依靠集体力量,前苏联曾与美国同为超级大国。任何事物都存在着矛盾性,事物发展也由其内因与外因条件所决定,还有矛盾的普遍性与特殊性,矛盾发展的不平衡性与平衡性,矛盾的主要与次要方面,怎样解决好各种关系,才能促使事物的协调发展,是人们一贯追求的目标与理想。对立双方能达到统一和谐是因为矛盾双方的同一性与斗争性的关系中,同一性占主导地位,双方的利益,目标有一致的地方,必须联合,互助,才能达到共同的目标。对立双方不能达到统一是因为矛盾双方的斗争性占主导地位,必须经过斗争才能使事物得到发展,就必须坚持斗争性,如城市环保,如果不坚持同破坏与阻碍生态环境保护的矛盾进行斗争,我们的后代子孙将会付出惨重的代价;制定出切实可行的规划,坚持可持续发展,是当今社会发展的当务之急;也是长远的目标。怎样促使坏的事物向好的方向发展与转化,就必须抓住事物的规律性与寻找事物的内因与外因,抓住事物的特殊性,然后拿出治理的科学的方案,达到事物的正常运转与符合规律的发展,与违背规律的阻碍与破坏的行为作斗争,使事物良性循环而非恶性循环。按照科学发展观办事,我们的改革开放与现代化建设就会稳步发展。

二、易经的阴阳根本律

这一规律最早的提法源于《易经》的："一阴一阳之谓道"。阴阳鱼的标识成为道教的标识。也成为韩国国旗的标识。观察宇宙万物,其中的无机物中:有放射性与非放射性的元素,活性化合的元素与惰性不化合的元素;大气中有阴电与阳电;有机物中:植物与动物有雌雄之分;人类有男女之分。由此才有了宇宙间生命的繁殖与延续,才有了万物生机勃勃的胚胎,萌芽,生长,繁荣与发展。故阴阳规律是宇宙万物生成,运动,变化的根本规律。当然,也有无性繁殖,属特殊规律,指不经过生殖细胞的结合由亲体直接产生子代的生殖方式。如分裂生殖、孢子生殖、出芽生殖、营养生殖(植物的营养器官:根、茎、叶的一部分,与母体分离后,能发育成新个体,如马铃薯的块茎、红薯苗、柳枝,此外还有人工传授花粉、人工授精、试管婴儿、克隆技术等)。

三、五行相生相克律

最早源于《易经》,与佛教始祖释迦牟尼同时代的古印度哲学家也提出了"五行说",认为它们是世界物质的基本元素。五行:金木水火土。相生即相互滋生,相互助长;木生火,火生土,土生金,金生水,水生木。相克即相互克制,相互约束;木克土,土克水,水克火,火克金,金克木。相生相克是相互依存的关系,没有相生,事物无法生存与生长,没有相克,事物无所约束,无法维持世界上各种物质与事物之间的协调发展,自然界与社会人生不依人的主观愿望为转移,始终保持着相生相克的动态平衡,事物才会正确正常的发生与发展,消亡与再生。英国史学家阿克顿说过:绝对的权利导致绝对的腐败。舆论监督就会成为防止腐败的最好的办法,政治体制的民主与法制不断的进行改革,则会使社会管理更科学化,更合理化,更细化与更人性化。

四、佛教的因果律

因果报应是佛教基本原理之一,人们每说一句话,每思考一个问题,每做一件事,都是种因,善因结善果,恶因结恶果。佛祖释迦牟尼观察与总结了这一原理。劝人为善,才能达到清净的乐土与境界。

有人认为,好人反而不得好报,恶人反而得意,不承认因果律,怀疑这种说法的正确性。佛教则进一步指出因果报应的迟早关系,有三种:1. 现世报。2. 来世报。3. 后世报(指后代子孙)。故有:善恶到头终有报,只争来早与来迟。尽管这里有虚幻的色彩,但佛教的目的当然是劝人为善。人人为善自然是社会和谐发展的最高理想。反之,我们这个社会岂不是一个没有秩序,弱肉强食,掠夺争斗,充满了战争与仇杀的混乱不堪的低级的动物世界吗?

何况人类代代生息繁衍,传统习俗与意识,也会影响下一代的成长;社会的好坏,环境的优劣,善恶的教育,人格的形成,无不与人的成长过程,道路的选择有密切的关系。所以佛教中人的人生三世报的说法从客观上也起到了劝人为善,不作恶事的作用,对建立和谐社会也有重要的意义。

五、儒家的中庸之道

中庸之道是儒家遵奉的道德标准。孔子认为:"喜怒哀乐之未发,谓之中;发而皆中节,谓之和。中也者,天下之大本也;和也者,天下之达道也。致中和,天地位焉,万物育焉。"可见中庸是最高的道德标准。只有这样做,才能建立和谐社会。

中庸之道从人与自然,人与社会,人与人之间的关系中,始终坚持:"中和","中节",人们才能不违背自然规律,社会才会上下有序,人与人之间才能和谐相处。所以孔子认为"君子中庸,小人反中庸","小人而无忌惮",小人是不按规律、规则、公德办事的人,行为上常常犯规,因为不约束自己,常常和社会发生冲撞,小到为了个人的欲望做出越轨的事情或犯罪的事情,像那些打砸抢分子;大到为了争权夺利,争夺资源去发动战争!像那些法西斯希特勒分子;他们的下场是可悲的,他们会失去民心。古今中外,概莫能外。所以中庸又是维护天下大道的正确的办法。而这个天下大道,就是孔子理想中的"四海之内皆兄弟"的大同世界与小康社会。物资少,民众多,统治者专制腐败打仗争夺的情况下,思想家们总以中庸节制忍让开导民众,以至于成为民众的精神领袖与精神支柱,成为两千多年的优良的文化传统,沿袭至今,仍为一般人所推崇。西方古希腊哲学家柏拉图的理想国中也提出让知识分子做国王,因为他们是理智的,为民众考虑的,亚里士多德也提出中庸哲学,认为由中产阶级统治国家不会发生战争与争夺,因为他们知足并恪守中庸之道。

《中庸》开篇就说"天命之谓性,率性之谓道,修道之谓教。道也者,不可须臾离也,可离非道也"。这个"道"就是人生与社会所遵从的自然规律,社会公德,做人的规矩与法则。

在《论语》中孔子反对"过犹不及",凡是过火或者达不到,都不是正确的解决办法。孔子反对走极端,走极端不但解决不了问题,反而把事情搞得更糟。如社会上经常发生有人想发财,或偷,或骗或铤而走险,抢钱杀人,走上犯罪道路,最后被判处死刑。如果总想犯罪的人看了《礼记·中庸》,或看了老子的《道德经》,明白天下大道,这个天下不是为哪一个人而设定的,谁不按法律与自然规律,社会规律办事,选择犯罪都会是危险的。这样的人如能选择以善为本,自食其力,学学老子:"一曰慈,二曰俭,三曰不敢为天下先",学学儒者:"穷则独善其身,达则兼济天下"。他们的前景会是另一番天地。相比之下,中节(自我节制),中和(以和为贵),显得多么重要。

总之中庸是达到人际关系,社会关系和谐与稳定的一种认识论与方法论。也是儒家思想的最基本的原理之一。中国的历代统治凡是坚持这一真理统治天下,天下则统一稳定。反之,则天下大乱。

中庸之道并不是不敢向恶行为做斗争的老好人思想,而是在原则问题上不让步。孔子一生坚持民本思想,仁爱思想,反对战争与掠夺,主张"四海之内皆兄弟"的大同社会与小康文明,但他所处的时代则是纷争与战争不断,于是在《中庸》中发出感叹:"中庸其至矣乎!民鲜能久矣!"在战争动乱年代,人们认为中庸是迂腐的,很难办到的事情。虽然他的主张得不到实现,但仍然到处宣传自己的政治主张,四处碰壁,甚至被人嘲讽为:"惶惶然若丧家之犬"。

可见以仁爱的救世之术,在战争掠夺的统治者面前,坚持中庸之道多么困难。你能说中庸之道是老好人思想吗? 真正的老好人思想应该是那些"明哲保身,但求无过"的人,但他们与那些总是扰乱、破坏社会的人与罪犯们相比,不知又要好多少倍。所以《中庸》中又发了一番感慨:"是故居上不骄,为下不倍。国有道,其言足以兴;国无道,其默足以容。《诗》曰:'既明且哲,以保其身'。其此之谓与!"这也是中庸之道中的中节,中和,面临战乱,自身不保,还说什么呢! 这正是人生两难选择中的最佳选择。当然,人们更可以组织起来,用正义战争反对非正义战争。这还要看社会民众普遍的觉悟、要求与愿望如何! 故儒家做人的标准是:"穷则独善其身,达则兼济天下"。

儒学影响了中国 2000 多年,至今仍然不衰,甚至传遍海内外,形成了儒家文化圈(日本、韩国、朝鲜、新加坡、越南、台湾、香港、海外华人),截至 2013 年 9 月全世界已创办了 400 多所孔子学院;因为儒学总结了自黄帝尧舜以来的中华民族的传统文化精华,为人类提供了宝贵的精神财富,做人的标准与智慧,经验与教训,以及仁爱的终极关怀:"老者安之,朋友信之,少者怀之"(《论语·公冶长》,见《诸子集成》第 1 卷,《论语正义》第 110 页,河北人民出版社,1986 年)"恻隐之心,仁之端也。羞恶之心,义之端也。辞让之心,礼之端也。是非之心,智之端也"(《孟子·公孙丑上》,见诸子集成第 2 卷,第 139 页)。人有这四种美德,"足以保四海"。在统一稳定的条件下,要创建精神文明的和谐社会,儒家的进步思想不能不学,它的确让人受益无穷。

六、否定之否定规律

这一定理是 18 世纪的启蒙思想家卢梭(1712—1778)提出的,在研究历史的同时,他在人类发展的进程中发现了平等——专制——反抗——平等,否定之否定的社会发展规律,因为卢梭的这一发现,俄国的思想家普列汉诺夫认为卢梭与美国的史学家摩尔根同为历史唯物论的先驱。(见卢梭《论人类不平等的起源和基础》后记,第 214,222 页)

如从社会制度看,人类社会每前进一步,就是一次革命,一次对腐败社会的革命。原始社会——部落争战——奴隶社会——封建社会——资本主义社会——社会主义社会,每一次伟大的社会制度的改革就是对前一个社会制度的否定。只有对不科学不合理的事物与社会进行否定,才会促进合理的,科学的事物与社会发展。

七、质量互变规律

从自然界来讲,这方面的例子不胜枚举,钻木取火,摩擦生电,结水为冰,动能转化为电能,电能转化为热能……

从做人的道德行为上讲,也随处可见:"多行不义必自毙";"勿以恶小而为之,勿以善小而不为";法国的存在主义哲学家萨特也强调了人类面对善恶行为的选择非常重要,选择了善会得到善的结果,选择了恶会得到恶的结果。

所以家庭父母的教育与社会及学校的教育则为人们的选择提供指导与借鉴。"近朱者赤,近墨者黑",毛泽东也说过"一个人做点好事并不难,难的是一辈子做好事不做坏事"。所以把握好由量变到质变的关系,就成为个人自控与社会调控的关键的一环。

18 世纪的哲学家早已提出"两利相权取其重,两害相较取其轻",也是在两难选择中指导人类促使事情向好的方面转化。如有的人会因为长期经商失败而产生"一念之差"，持枪抢银行杀人而被判死刑。有的人也会因为长期努力刻苦的去追求一项目标总是失败而放弃努力，有的人也会因为持之以恒而达到成功，如"六六六粉"的试验成功，就是试验了666次才成功的著名实例。

八、进化论学说

19世纪中叶，古生物学、地质学、胚胎学、比较解剖学、细胞学等学科所提供的丰富资料，为科学进化论的产生准备了条件。1831年达尔文以自然科学家的身份参加了"贝格尔"号军舰的环球旅行。在历时五年之久的航行考察实践中，使他获得了地质、古生物、植物、动物等多方面极为丰富的实际知识。达尔文进化论的核心是：关于人工选择和自然选择；遗传变异，适者生存的学说。这一学说被人们用于解释社会现象：自由竞争，弱肉强食，适者生存。被人称为社会达尔文主义。

物种是可变的，一个物种可以变成新的物种。这一点，早已被生物地理学、比较解剖学、比较胚胎学、古生物学和分子生物学等学科的观察、实验所证实，我们现在甚至可以在实验室、野外直接观察到新物种的产生。所有的生物都来自共同的祖先。分子生物学发现了所有的生物都使用同一套遗传密码，生物化学揭示了所有生物在分子水平上有高度的一致性，最终证实了达尔文这一远见卓识。

近二三十年来，古生物学和进化发育生物学的研究表明，生物进化过程很可能是渐变和跃变两种模式都存在的。（见雅虎知识堂网）

地球上原来无生命，大约在30多亿年前，在一定的条件下，形成了原始生命，其后，生物不断的进化，直至今天世界上存在着170多万个物种。（soso问问网）

达尔文的进化论被恩格斯称为19世纪的三个伟大发现之一（细胞，能量守恒，进化论），他花费30年时间写的《物种起源》是具有划时代意义的经典之作。1985年被美国《生活》杂志评选为人类有史以来的最佳图书。

九、两种文化说

这一学说是列宁提出的。任何时代都存在着进步文化与腐朽文化的较量。列宁认为：旧社会是不可能像一具尸体装进棺材，埋进坟墓的，它的腐朽的思想还在继续散发着臭气，毒害着我们。例如：全世界都在同恐怖的黑社会组织；贪污受贿，吸毒贩毒；杀人抢钱，赌博谋财害命；道德沦丧引起的性病，艾滋病；因掠夺资源挑起的战争动乱;因封建迷信懒惰引起的贫困堕落,愚昧无知,黑暗落后;暴力与犯罪;等黑暗反动恶劣腐朽的行为进行着不断的斗争。据统计,我国公安干警为了祖国的稳定,人民的安全,英勇献身的每年多达 400 多人。谱写了一曲曲惊天地泣鬼神的英雄赞歌!坚强的捍卫着我们今天的统一稳定繁荣昌盛与千载难逢的盛世。

十、矫枉过正的规律

文艺复兴时期意大利卜迦丘的《十日谈》,英国乔叟的《坎特伯雷故事集》在反封建反教会,反对禁欲主义的同时,也流露出纵欲主义倾向,显示出矫枉过正的规律。

我国五四时期,青年男女在追求男女平等,爱情与婚姻自由,反对封建守旧腐朽观念的同时,有意识地公开同居,做大胆叛逆的新青年,像鲁迅的《伤逝》,杨沫的《青春之歌》,丁玲的《莎菲女士的日记》等小说中所表现的这一特点与叛逆精神既是如此。现在看来很正常了,但在当时封建遗老的眼中是"大逆不道",有杀头与沉湖的危险。

我国改革开放之后引进西方科技文化与先进的管理方法的同时也引起了一时间的官倒腐败,性混乱,离婚率升高。新中国曾向全世界宣告已消灭的娼妓与性病、艾滋病,贩毒吸毒,倒卖人口等丑行又沉渣泛起。道德沦丧的坏行为激起广大民众的憎恶与反对。扫黄禁毒,重建精神文明,净化空气等一系列过程,都证明了社会主义体制的优越性。

十一、文化兴衰规律

德国中学物理教师斯宾格勒(1880—1936)在《西方的没落》一书中,英国的史学家汤因比(1889—1975)在《历史研究》一书中,都相继提出了历史上的各种文明发展都呈现了一个从萌芽,发展,繁荣,到衰落的过程。有的文明长达几千年,有的长达几百年。成为一个带有普遍性的文化兴衰规律。这一观点对史学界与人类文化学界都有深远的影响。

如古埃及的前王朝文化包括巴里达文化(前 4500 年),涅加达文化(前 3600 年—前 3100 年),相当于我国的仰韶文化期。应为氏族社会末期,共计 1500 年。奴隶制王朝有史可考的共计 31 个王朝(前 3100 年—前 332 年),共计约 2768 年。

最后被希腊人占领,建立了著名的亚历山大港,成为地中海上古文化的文化中心。创造了金字塔文明的世界四大文明古国之一的古埃及文明,经历了将近四千年多年的历史,终于消亡了。先后成了古希腊,古罗马的殖民地,公元7世纪又成为阿拉伯人的最后占领地。近代相继沦为土耳其,法国,英国的殖民地,1971年正式成立阿拉伯埃及共和国。现在的埃及主要的居民是阿拉伯人,官方语言是阿拉伯语。

又如古巴比伦文明从最早的苏美尔文化(前4300年—前2700年属氏族部落末期),中经许多奴隶制王国,到最后的新巴比伦王国(前626年—前538年)被波斯人占领,共经历了约3762年的时间而走向灭亡。巴比伦人的《吉尔伽美什》是学者们公认的世界上最早的史诗。7世纪又成为阿拉伯人的领地,其首都巴格达在中世纪成为有名的阿拉伯文化中心与贸易聚散地。

古希腊文化与古希伯来文化(即圣经文化)是西方文化的两大源头。这两个古老的王国也同样经历了萌芽,发展,繁荣,到衰亡的过程。

希腊的克里特岛文明是希腊最早的文明,与埃及前王朝末期已有了贸易交流。前3000年已进入城邦国家时期。此后经历了克里特 - 迈锡尼文明(前2000年—前1300年),奴隶制城邦时期,特洛伊战争时期(前12世纪—前9世纪),奴隶制全盛时期(前6—前4世纪),希腊化时期(前4—前1世纪)。此后被罗马人占领,结束了灿烂辉煌的古希腊文化。古希腊文化前后经历了三千年的时间。

古希伯来人(即犹太人,以色列人)所在地即今天的巴勒斯坦,这块狭长的楔子形的小国家位于地中海东岸。前3000年已出现了迦南文化,有了城市并使用铜器。前2000年犹太人从两河流域迁徙到迦南地,被当地人称为希伯来人(即"河那边来的人")。前11—前10世纪建立了统一的奴隶制王国,所罗门王时期达到了希伯来文化的全盛期。前8世纪—前6世纪相继被亚述人,巴比伦人,波斯人占领,前4世纪—前1世纪相继被希腊人,罗马人占领。希伯来人从此流散世界各地。他们的王国虽然被消灭了,但他们的《圣经》却传遍全世界。据统计:基督教已分布于150多个国家和地区(《世界民族概论》,1993年,第64页),不能不说是一个世界奇迹;一个独特的世界文化现象。

上述的几个古老的文明虽然都消失了,但他们创造的文化奇迹至今还在影响着今天的世界。

中国炎黄五帝尧舜禹时期(约前3000年—前2100年),夏商周(约前22世纪—前256年)氏族末期到奴隶社会,经历了近3000年的历史。封建社会两千多年,呈现了分久必合,合久必分的发展趋势。秦(前221)统一天下15年(秦国已有

500 多年的历史),汉 426 年,三国 60 年,晋 155 年,南北朝 169 年(各朝少则 20 多年,多则上百年),隋 37 年,唐 289 年,五代 53 年,宋 319 年,元 162 年,明 276 年,清 295 年。

尽管中国的封建社会具有超稳定结构,但终因落后的农业文明战胜不了先进的西方工业文明的枪炮,而走向衰亡,在辛亥革命的炮声中走向灭亡。但以儒道精神为中心的传统文化中的进步文化,至今还在影响着我们的社会,以及日本,韩国,朝鲜,新加坡的治国与经商理念。

东欧剧变,苏联解体,也使剩余的五个社会主义国家(中国,古巴,越南,朝鲜,蒙古)引起足够的重视与警戒。从 1917 年十月革命胜利到苏联解体,苏联社会主义经历了 72 年的历史。社会主义的历史阶段如此短暂,让人怀疑我们的理想社会是否超前? 是否应在信息资本主义高度发达之后才能进入社会主义阶段?

中国共产党肩负起历史的重任,很好的向全世界证明了具有中国特色的社会主义的优越性! 经过几代人的努力,坚持改革开放,积极采取各项措施,反腐倡廉,坚持为绝大多数人的利益服务,使中国在向现代化迈进同时,也取得了令全世界瞩目的伟大的成就!

十二、必然性与偶然性规律

任何文化的发生、发展与消亡都有其必然性与偶然性的规律,如拿破仑与希特勒都有侵略、称霸世界的野心但都因战线拉得太长,都是在侵略莫斯科之后而失败的。两国都因侵略莫斯科而伤了元气。这两大历史事件如此相似,仿佛都具有偶然性,或者具有"循环性"的秘密存在,但任何发动侵略战争的人都会失败,"多行不义必自毙",两国军队走出自己的国家去攻打别国,都因战线拉得太长而走向失败,同时又都是侵略别国必败的必然性所决定的。因为凡事都有作用力与反作用力的规律存在。

任何侵略战争都会失败,最长的十字军东征历经 200 年,仍以东征失败、罗马教皇威信丧失而告终。两次大战席卷全球,引起全世界人民与各反战国的同仇敌忾,正义战争终于战胜了非正义战争。侵略者可以征服一个国家和地区的土地,但征服不了正义与民心。亚非拉都有沦为殖民地半殖民地的历史,有的长达四五百年,但到 20 世纪末基本都已独立。因为这是人类的良心与民心所向。

十三、共生共鸣现象

生物界,不仅存在着环环相扣的食物链,而且也存在动物之间的相互依存,互惠互利的共生现象。例如:在海洋与陆地之中,许多庞大的动物几乎都不伤害帮助它们清洁身体的小动物(小鸟、小鱼)。

《读者》2009 年 21 期风之桦的《甲型 H1N1 的前世今生》一文指出:"流感病毒和人类这一对寄主和宿主,彼此处于长期的共生状态,在人类掌握了更多克病招数的同时,病毒也总能通过突变,在不经意间向我们发动突然袭击,在英国作家威尔斯的科幻小说《世界大战》中,流感的威力甚至波及了入侵地球的外星人:正当他们在地球上纵横捭阖,无往不胜之际,小小流感病毒的出现顿时使其丧失了战斗力。正是这种小说家的警告促使人类早作预防。"该文指出:"流感病毒平均每年有 10 次突然变异,30 年就有 300 次,大概在 300 次突变中,就有一次变成强毒型","重组病毒一旦流行,注射疫苗也无补于事。""此次病毒正处于科学家的严密监控下,人类将成为最后的胜利者。"该文指出:"据估计,我国有望在 2009 年10 月前生产出 2600 万剂,可供 1300 万人注射的甲型流感疫苗,届时将对易感人群和高危人群实施接种,并进行必要的国家储备。"

科学史不少事例也都显示出共生现象,如万有引力定律、进化论学说、能量守恒定律、细胞学说等发现都不是一个人单独完成的。

牛顿之前的开普勒、惠更斯(发现向心力)、胡克、哈雷等人已有所发现,不同的是牛顿解决了数学论证的问题。

达尔文之前的布丰、沃尔夫、基尔迈耶、歌德、奥肯、贝尔、拉马克、洪堡及与达尔文同时的华莱士、赫胥黎都分别提出了进化论学说。拉马克(1744—1829)首次建立了生物进化的系谱树,人类起源于高级猿类并提出用进废退与获得性遗传两个著名的法则,但他生不逢时(正值波旁王朝复辟时期),宗教神学敌视他的学说而受到冷落,在贫困中死去(刘健统《科学技术史》,国防科技大学出版社,1986年)。这一任务历史地落在了达尔文的肩上。遗传学之父孟德尔也如此,他的遗传学研究与种植试验,在他生前虽受到冷落,后人却在同样的研究中发现了他的成就,找到了理论依据,并产生了强烈的共鸣。

而能量守恒定律的发现者则更多,从 18 世纪末的汤普逊、托马斯·杨,到 19世纪 40 年代的焦耳、迈尔、格罗夫、卡尔文、柯尔丁、赫姆霍兹、克劳胥斯、莫尔、赛占恩等科学家都对确立能量守恒转化定律作出了贡献。

美国文化人类学家怀特在《文化的科学》一书中也认为:这一现象,"不过是对已经存在的概念的综合,而这些既有概念自身也都是以往经验的成果和综合"。共生现象产生的原因也在于此,他指出:"当这种因素出现之后,文化互动的进程必定要促成这综合"。"这种状况颇为类似铀235的连锁反应,如果金属体的体积低于一定尺度时,连锁反应便不可能发生。但当达到一定尺度即'临界点'时,连锁反应便是不可避免的。"(第198页,山东人民出版社,1988年)发明与发现也同样,只有在一定的基础、条件、水平都具备的情况下才有可能发生。

马克思主义也如此,如果没有哲学史上许多哲学思想的积累,如果没有三大来源(古典哲学、古典经济学、空想社会主义)的基础,不会有马克思主义的三个组成部分的形成,至少不会这么快的建立与完成这一庞大的理论体系。马克思主义其实是人类先进文化的结晶与集大成者。如果没有19世纪三四十年代的工人运动的经验,没有自莫尔《乌托邦》到圣西门、付立叶的空想社会主义的思想基础,也许产生不出《共产党宣言》。

19世纪末垄断资本的形成造成中小资产阶级的恐慌,焦虑及绝望感,文化史学者们也强烈地意识到这一严重趋势,德国中学物理学教师斯宾格勒敏锐地感到了《西方的没落》,发现了西方资产阶级也会出现精神衰败,他总结了历史上的文化都有从萌芽,发展,壮大,到走向衰亡的周期,英国史学家汤因比也发展了这一思想。

人类精神分析学家弗洛伊德的:意识——前意识——潜意识的学说,也引起了一系列精神分析学家的重视与共同的研究。在人类精神领域中有了新的发现与突破,有了伟大的分界线(潜意识与意识),与更深入的研究。这和20世纪哲学界,医学界,文学界对人类精神研究都向内转有密切关系,由研究外界联系向研究人自身转化,是研究更加深化,细化的结果。文学上人们已经不愿意再去看巴尔扎克的细腻描写人们的活动的场景,环境,住所,复杂的人际关系,而是直接深入探索人的内心世界。以及更加频繁的潜意识的心理流动的繁杂的内容。

总之,文化共生现象是具备了一定的条件的产物。

共鸣也表现在许多领域:如山中叫声的回音;动物间的叫声,一只狗,一只狼的叫声会引来群体的响应与叫声;音乐的共鸣引发人们的感情的喜怒哀乐的变化也十分强烈;文学作品中感情的共鸣更是如此,引起的共鸣越强烈,作品的影响也越大。

十四、文化势差现象

任继愈提出"文化势差"现象:不同的文化接触后,先进的必然影响落后的。他指出:有些人看到败坏社会风气的现象,很着急,提出利用传统的封建文化来抵制资产阶级文化,从文化势差的道理来看,用封建传统文化抵挡不住资产阶级文化,更无法消除封建文化自身糟粕的影响,唯一的出路是利用文化势差,用方兴未艾、朝气蓬勃的社会主义文化战胜腐朽文化(徐怀谦《创建新文化不能白手起家——任继愈先生谈"文化势差"》,《山西发展导报》1997.7.18),吸取发达国家的先进科技与科学管理方法,为"四化"建设打好基础。

在世界文化发展趋势上,文艺复兴之前是西方从属于东方,文艺复兴之后是东方从属于西方,20世纪90年代初苏联、东欧社会主义解体,与其官僚体制的腐败、道德沦丧密不可分。中国只有接受他们的教训,消除弊端,加快城乡现代化建设,加强精神文明建设,提高科技水平,提高文化素质,才有希望立足于世界强国之林,才能体现出社会主义的优越性。

十五、文化转移说

有人提出文化转移说,"没有文化转移就不会有文化的发展"。反对"文化发展的直线推进论"。(韩民青《世界文化的发展与中国文化的重新崛起》,《中国文化研究》,1997.2.)

邓小平——这位文化转移的推动者成了真正的新的历史巨人。单纯的直线发展不带有普遍的规律性。因为事物是复杂的,曲折的,改革开放也存在着不断纠正偏离先进文化的错误而使事物科学化、合情合理化的发展。

"三个代表"重要思想把毛泽东思想、邓小平理论加以高度全新的综合,为21世纪的发展目标与文化发展方向奠定了坚实的基础。新中国成立后的60年,前30年与后30年发展的事实充分证明了文化转移是促进文化发展的一个规律,没有文化转移就没有文化的发展。温家宝同志站在文化发展的高度指出经济体制改革要注意黄宗羲定律也是同样的道理。总结历史,不违背人类生存与发展的规律,按科学办事,从根本问题上采取措施,寻找办法,才能推动经济体制的改革与文化的发展。

资本主义也经历了几个转移的阶段:原始积累的自由的资本主义—垄断的资

本主义与帝国主义—信息资本主义(后资本主义,国家资本主义)。现实发展告诉我们:信息资本主义及各大国之间及各种势力的平衡,避免了因独霸世界而引起新的世界大战。东西方文化互补已成为今后发展的趋势,人才也成为各国争夺的对象。目的也在于选择更有利于自身发展的文化战略。

我们今天的人类正在赶上一个千载难逢的好时期:世界市场经济一体化,信息现代化,工业体系自动化;绿色环保与可持续发展已付诸实践;世界各国文化多元化。世界性的民众旅游与消费已在兴起。各国积极应对经济危机带来的负面效应。地球村的居民们正在努力使客观环境朝着对人类更有利的方向发展。美国对火星的探测与研究使人类对文明的更高层次的发展充满了信心。

十六、黄宗羲定律

提出这一定律的是清华大学史学专家秦晖教授,他从研究农村税费改革入手,并带领学生多次组织对6省8县(市)的19个村庄(社区)进行实地调查研究,在1994年第2期《改革》杂志上发表了《农民负担问题的发展趋势:清华大学学生农村调查报告之研究(四)》一文,第一次提出了"黄宗羲定律"。2000年,农村税费改革全面推广时,秦晖又在《中国经济时报》上发表了《并税式改革与黄宗羲定律》,许多报刊,国内主要网站纷纷转载,当时温家宝副总理在2000年12月28日在安徽召开农村税费改革试点总结会议前夕,在这篇文章上做了批示,强调:"要跳出'黄宗羲定律',农村税费改革就必须坚持'减轻,规范,稳定'的原则,控制税赋的绝对额,长期稳定不变,就必须在财政上力行'量入为出'而杜绝'量出制入'。这篇文章很值得进一步研究"。此后,"黄宗羲定律"很快风靡全国,为人们所熟知。(见谷歌网上秦晖《摆脱黄宗羲定律仍需努力》)

黄宗羲(1610—1695)与顾炎武,王夫之,方以智为明末清初四大思想家。黄宗羲的父亲曾是万历进士,东林党人,因弹劾魏忠贤下狱致死,清军入关后,黄宗羲曾组建"世忠营"抗击清兵,失败后闭门著述,天文地理,诸子百家,无不精研,著作甚丰,著名者有《易学象数论》《明夷待访录》《南雷文定》《诗案》《明文海》《宋元学案》等。

"黄宗羲定律"源出于《明夷待访录》。黄宗羲研究了唐宋明的几次税费改革,认为每次改革只能维持十几年,最多二三十年,主政的皇帝大臣一旦更换,新的苛捐杂税又会纷纷出台,老百姓苦极则反。

秦晖教授认为一千多年来的税费改革总跳不出:"自减轻税负始,却以加重赋税结束"的圈子,称之为"黄宗羲定律"。

2004 年之前,农村经常出现地方摊派的各种税款,加重了农民负担。温家宝同志多次强调要跳出"黄宗羲定律"的圈子。由于国力强盛,2004 年国家干脆取消了农业税,2006 年全部免除西部义务教育的学杂费,2007 年扩大到中部、东部地区,对贫困生提供教科书并补助寄宿生生活费。2008 年 9 月 1 日,城乡义务教育全部免除学杂费,这是几千年史无前例的大事情。也是国家重视教育的重大举措。惠及 40 万所农村中小学的近 1.5 亿名学生和 2.59 万所城市中小学的 2821 万(娄底新闻网。文章来源:新华社,2008.8.4)。2009 年 9 月北京义务教育费开始全免(西部网)。

温家宝同志在《2009 年政府工作报告》中指出"对义务教育阶段教师实行绩效工资制度,提高 1200 万中小学教师待遇,中央财政为此投入 120 亿元。地方财政也要增加投入"。截至目前,我国减免的税收已有 5000 多亿元。这是我国改革开放以来做出的巨大努力与历史性的重大贡献,也是国力增强的标志。

秦晖的网上文章《摆脱黄宗羲定律仍待努力》(见价值中国网,2009.5.16.转载《投资者报》2009.3.9.的文章)指出为了跳出黄宗羲定律的怪圈,国家干脆连农业税都免了。"这决心不可谓不大,但基层财政失去税源后,许多原先以税支付的公共服务如果不是国家财政包下来,就会纷纷改以收费方式提供。这样税费改革就有可能转回到与初衷相悖的原点:由并税除费开始,以免税收费终结,这几年没有出现这种情况,或者说局部出现了但尚能得到遏制,是因为国家财政包了下来;但公共服务的需求并非常数,随社会的发展它会不断增加,而我国财政尤其是中央财政高速增长的状态很难一直持续,一旦将来财政状况变化包不下来,造费运动会不会大起呢?"

一旦如此,黄宗羲定律又会重新出现。

秦晖又说:"今天已经不是农业社会,我国非农业人口已经占到 40% 以上而且还在增加,我国国民经济的主体已经不是农业,主要税源也与三农无关了。但非农税负仍然有公正与否的问题。"

"国家财政,尤其是中央财政的高速扩张和积累率,投资率的提高,使我国居民消费 GDP 的比例不断下降,近年来已经降到全球最低之列。仅从农村来看国家财政的扩张包下了很大一部分公共服务,是农村摆脱'黄宗羲定律'的最重要条件,甚至可以说是唯一条件(因为在制约征税和监督用税两方面成效并不大)。但从全国看,这样的'汲取能力'是否恰恰是'黄宗羲定律'的表现呢?"

作者举了两个例子:一是知名报人童大焕两年前提出的因"三峡建设基金"的

"电力涨价",一是知名网评家"十年砍柴"就"燃油税"出台之后的交通收费中,再征收各种"道路使用费""汽车排污费"等是否为"重出"费用,虽然这是从环保考虑的。

于是秦晖进而提到政治体制的改革将是今后发展的根本原因。他认为美国没有黄宗羲定律的问题。因为他们做到了"征税需纳税人同意,用税需纳税人监督。"

中南财经政法大学博导叶青提出建议:1. 要对农民实行公民待遇。2. 要从政体上改变,把"城乡分治"改为"城乡同治"。3. 要发展农村经济,从制度上保证小康建设,只有经济发展了,农民负税率才会下降。

新浪财经网崔克亮在《政府机构改革也应跳出'黄宗羲定律'》一文中指出:"中国行政经费浪费惊人,以 2004 年为例,中国公车消费财政资源 4085 亿元,干部公费出国消耗财政费用达 3000 亿元,全国一年的公款吃喝在 2000 亿元以上"。三者计 9000 亿元。"若财政收入以 3 万亿计,几乎接近三分之一"。

政治体制改革任重而道远,内容复杂,任务繁重,的确是能否彻底跳出"黄宗羲定律"的怪圈的根本性及关键的一环。2010 年 1 月 19 日的《文摘报》(光明日报主办的)的《地方税务"寅吃卯粮"须警惕》报导了"由于财政收入未达指标,"如何开动税务及其"组织收入",就成为当地压倒一切的中心任务,税务找县里主要企业,让每家负责一部分"。果然跳不出"黄宗羲定律吗"? 今后会怎样? 国家有盛世,也会有衰世,怎样延长盛世的周期,还须要全国上下共同的努力,真正达到科学发展观支配下的可持续发展,及向发达国家的水平迈进! 坚持民主与法制,建立健全审计及监督机制,我国就有希望建国一百年时达到全面的现代化!

十七、东西方文化互补现象

西方马克思主义者德国"法兰克福学派"第二代中坚人物哈伯马斯(1929.6.18—,德国当代著名哲学家,思想家)认为:体系形成之后会走向封闭与老化(或僵化),新生的途径与"非我的"或"对立的"文化体系沟通,对立的双方互相取长补短,达到新体系的重新构建(见吴彦平,草木《世界文化的多元化与一国两制》,淮阴师专学报,1997.1. 人大复印资料《文化研究》1997.7.)。

这是哈伯马斯对东西文化互补现象的观察与总结。他的理论一方面摧毁了"欧洲中心论",使西方文化体系解构,与第三世界体系沟通,走向重构,另一方面为马列主义和第三世界的发展提出了面向世界的问题。并为世界文化的发展提出了一个多元共存的问题(同上)。

最后,还有美国心理学家马斯洛(1908—1970)的人类五大需求说:生存需求、安全需求、尊重需求、团体需求、自我价值实现的需求(创造、发明、创建等活动)。马克思主义的基本原理:政治经济学、辩证唯物论与历史唯物论、科学社会主义,等等,都是被社会实践所证明的人类文化发展的最基本的规律。

第五章

文化兴衰的原因

　　根据考古学家发现:目前所知世界上最早的古猿化石是埃及的原上猿(约3500万年),人猿分离后的人科是印度的腊玛古猿(约1400万年),175万年开始进入旧石器文化期,1.8万年前开始进入新石器文化期。人类经历了旧石器—新石器—青铜器—铁器—蒸汽机革命—电力革命—计算机革命的发展时期,从约公元前4000—前3000年文字产生到今日现代化社会,六千年来的人类文化有了巨大的飞跃与发展。

　　文化是物质文明与精神文明的总和,如果考查一下文化的原因,也可以说是全方位的:经济的,宗教的,政治的,战争的,历史的,科学的,哲学的,精神的,心理的,语言的,社会的,风俗民情的,等等都可以成为文化发展繁荣与衰亡的原因。

　　综合文化人类学家,历史学家,社会学家,思想家们的论述与探讨,基本上有地理气候说,地力耗尽说,逆境说,外力推动说,循环说,文化转移说,文化重构说与文化层面说,马克思主义观等九大观点对文化兴衰原因可以加以概括。本文试从这九个方面加以论述。

一、地理气候说

　　这一观点早在古希腊的亚里士多德和18世纪启蒙思想家孟德斯鸠就曾提出过(见伯恩斯,拉尔夫的《世界文明史》第一册,P28,商务印书馆,1987年)。很显然,这是首要的条件,因为不适于人类居住的地方,如月球,地球的南极与北极,至今没有文化存在(科考队必须有一定的条件才能入住)。

　　文明古国最早兴起的都是河流文明,进而有古希腊,古罗马的地中海文明,其地理环境和条件有利于人类的生息与发展。空气稀薄的高山,没有水源的沙漠不利于人的生存,无文化繁荣的条件。沙漠中的游牧文化也必须有绿洲,水源,草原,才有可能发展。

我国新疆罗布泊地区的西部沙漠中有名的楼兰古城已被沙漠侵蚀即为一例,两千年前的汉武帝时期,这里还是西域的一个古国,汉武帝元封三年(前110)楼兰归汉。唐朝边塞诗人岑参有"吹之一曲犹未了,愁杀楼兰征戍儿"(《胡笳歌送颜真卿使赴河陇》)。不知何时起这里由于沙漠的侵蚀,人们无法生存,只剩下被沙漠覆盖的断壁残垣。

二、地力耗尽说

有自然与人为的两种,一是自然形成的。沙漠地区早在多少亿年前曾是一片绿洲,地球被各种动物占领着,中美科学家联合研究认定地球上动物首次出现的时间距今不超过5.8亿年(见《大河报》2005.2.26.中国新闻栏)。几亿年后这些动植物在地下变成了储量丰富的石油,恰恰因为这里的土地曾被充分的利用过。二是人为造成的。有的学者认为:"地球上的大沙漠和贫瘠地区不是自然形成而是人为的,是人类过分的放牧与耕种所造成的"(见伯恩斯,拉尔夫《世界文明史》)。如中国一千年前的鄂尔多斯大草原不见了,被沙漠吞没。因水资源不合理利用,我国西部玛纳斯湖,罗布泊,居延海已变成盐碱荒漠(于凤琴《来自湿地的报告》。中国绿色时报2004.2.2.新华文摘。2004.8.转载)。

何博传《山坳上的中国》一书惊呼,我国的沙漠,戈壁沙化土地占1/7,海南岛是热带森林区,解放初天然林占35%,20世纪80年代只剩1/7,如不控制人为破坏,继续砍伐森林,占用土地,加上沙漠侵蚀,到2000年会有比宁夏还大的地方沦为不毛之地(贵州人民出版社.1989年)。时至今日,我国的退耕还林,退土还山,植树造林的实施,才使他的警告没有成为现实,但沙尘暴的肆虐,依然向我们敲响了加强环保的警钟。

又如我国一个牧区只能承载20万头吃草动物的草原,现在有120万头吃草动物。2003年河套地区兴建一个号称"世界第一"的羊绒厂,一年就需要70万吨的羊绒,已注册的中小厂有三千多家,没有注册的小厂还有上万家,2001年,阿拉善滴雨未下,山羊吃完草又吃草根,饥饿的山羊开始互吃羊毛,大批的骆驼被饿死,阿拉善就要成为第二个罗布泊了(马静《哭泣的草原》。《读者》2003.14.摘自《百姓》2003.2.)

有人估计:一英寸土壤的形成,大约要三百年的时间(见《世界文明史》第一册)。人们要珍惜土地才对。美国海洋生物学家卡森的《寂寞的春天》(1962)一书中指出化肥,农药,杀虫剂对生态环境将造成破坏,人类如不及时防范,便有可能自毁于科技成就中(上海译文出版社.2008.8.)。为这本书再版作序的美国戈尔副总统指出:"1992年,我们国家共用了22亿磅杀虫剂,等于人均8磅,许多杀虫剂有致癌性,这对人也是可能的"。令人欣慰的是,他告诉大家:"现在人们已在研制无毒农药"(见《寂寞的春天》引言)。这无疑是环保的最有力的措施之一。美国麻省理工学院梅多斯在《增长的极限》一书中则指出18世纪工业革命以来,人类沿用的生产方式一直是消耗资源和能源,人类将耗尽地球,总有一天会走上绝路(转引自冯天瑜《世纪之交的文化断想》人大复印资料《文化研究》1997.8.)。美国科罗拉多大学科研人员对全球33个人口密集的大型三角洲地区的图像进行研究后发现,其中2/3受到地陷海升的双重威胁。分为5个等级,中国的黄河三角洲、长江三角洲和珠江三角洲都在受威胁最严重的一级。在过去10年中,全球33个大型三角洲地区中有85%曾受严重洪涝灾害,导致26万平方公里土地受淹。(见《读者》2010.2.《报刊拾零》)

节约能源,环境保护,湿地改造,防止沙尘暴,已向全世界敲响了警钟。早在20世纪70年代初,联合国专门小组已发表著名报告《只有一个地球》,1992年联合国大会提出保持环境,由不可持续转向可持续发展的方式(见冯天瑜文)。当今人类的"绿色经济","绿色消费"及中国的西部大开发,退耕还林,退土还山都是环保的具体措施。

三、逆境说

英国史学家汤因比提出这一理论,他认为,一个文明社会能成功地应付来自环境的挑战,可能会走向繁荣与发展,反之则会导致衰落。如犹太人从两河流域迁往迦南地(今之巴勒斯坦),灾荒年向埃及迁徙,受到埃及人压迫,摩西又带领60万人出埃及回到故土。随着古罗马人(前1世纪)与阿拉伯人(7世纪)对巴勒斯坦的占领,犹太－基督教文化流散世界各地。中世纪又成为欧洲的宗教,15世纪末又传向新大陆,亚,非等地,成为世界第一大宗教(13亿)。民族的迁徙与圣经文化的兴衰,包括自然的,宗教的,战争与政治的,精神的,心理的多方面的原因。

中国的长城、大运河堪称世界文化奇迹,它们既是秦朝,隋朝强盛的标志,军事政治强大与经济贸易繁荣的前提条件,又是两个王朝灭亡的原因之一。在改造大自然,为民造福,改变贫困面貌方面,还有秦朝的都江堰与郑国渠,抗战时期延安的大开荒运动,河南林县的红旗渠(被称为世界第一人工天河),改革开放后的三峡工程,南水北调,西气东输等等,都是战胜逆境的著名实例。

人类除了战胜自然界的逆境,更多的还是战胜人为的逆境,如政治压迫造成农民起义与宗教改革,改朝换代;二万五千里长征,各国的反侵略战争,两次大战后社会主义的建立,战争引起人民革命,民族独立等等,都说明了战胜人为的逆境是推动文化发展的重要原因之一。

四、外力推动说

这一规律可以从"逆境说"中分离出来,其区别在于:"逆境说"中的人们对自然的与人为的逆境可以选择:迎接挑战或是逃避。外力推动或冲击说则无可选择,完全来自外部力量。

先看"逆境说":如人猿分离的区别与选择,我们可以作科学的推断:猿走上地面,猎取食物,打制石器工具,并发明了火,成为创造发明的人类。而躲在树上的猿,只取野果以躲避毒蛇猛兽。但它们因躲避自然界的恶劣环境的挑战,结果却失去了成为人类的机会。当今的人们也许会因为懒惰,胆怯,或者不敢冒险,没有战胜困难与恶劣环境的勇气与智慧,而失去了发展的机会。虽九死而犹未悔,常常是成功者的经历,勇气,坚毅的韧性与经验之叹!他们虽然经历坎坷,千辛万苦,千难万难,甚至完全处于无奈之困境,但却勇于迎接来自人为的与自然界的各种挑战,达到最后的胜利与成功,从古到今,这样的例子不胜枚举。

外力推动或冲击说则无可选择,完全来自外部力量,如陨石来到地球上,6500万年前小行星撞击地球造成恐龙等大型动物的灾难性毁灭(林道之《生命与气候共同进化》。大科技,2002.3. 读者,2002.10. 转载)。

又如我国古代大禹治水走遍九州大地,河南登封阳城夏都王城遗址与嵩山脚下的启母石的民间传说,绍兴的大禹陵;圣经中大洪水与诺亚方舟的故事;古巴比伦史诗《吉尔伽美什》(目前发现的世界第一部史诗)中的大洪水,等等,都保存了大约6000年前(公元前4000年)全球性大洪水的历史传说。没有大洪水对人类的冲击,也不会有战胜大洪水的行为与优美的民间传说。

2008年的四川大地震,全国总动员的大救援与帮助灾后重建,世界各国的救助,惊天地泣鬼神,充分体现了"多难兴邦"的人间定理(人有恻隐之心)。

前 10 世纪,古罗马有一支来自小亚细亚(今土耳其的南部)的氏族部落伊拉达利亚人,给意大利半岛带来了新的文化。"这种文化深受古巴比伦和希腊的影响",同时又影响了罗马土著。古罗马王政时代(前 753—前 509)一度处于伊拉达利亚人的统治之下(俞久洪《外国文化史》,天津社会科学出版社,1997.2. 第 114页)。与此同时,产生于前 11—前 9 世纪的《荷马史诗》,记述了小亚细亚城邦特洛亚被攻破的情景。而古罗马的第一部史诗《埃涅阿斯纪》则记述了特洛亚王子在城破之后海上逃亡,到意大利重建国家的过程。恰恰都印证了伊达拉利亚人的历史,这种外来文化在意大利安家落户,并给当地的土著居民带来了新的文明。给古罗马民间留下了许多生动的历史传说,他们带来了新的经济与政治制度,并推动了古罗马文化的发展。

西方的封建社会只有一千年的历史(公元5—15 世纪);14—16 世纪首先在意大利兴起的文艺复兴运动,冲击了欧洲各国的封建教会专制统治,促进了欧洲各国的思想解放及文艺复兴运动,促进了欧洲各国的资本主义原始积累与发展。在世界上是封建社会周期最短的地区。

中国的封建文明却长达两千多年,正是在鸦片战争与先进的西方文化的冲击下,才有了洋务运动,戊戌变法,辛亥革命,五四运动,北伐战争,土地革命,抗日战争,解放战争一系列的"改造旧中国,建立新中国"的伟大革命。而西藏的农奴制直到 1958 年才被消灭,跨进了社会主义阶段,与祖国人民同步发展,几乎没有封建社会的历史。

以上实例,都证明了外来文化冲击下,对本国文化的发展有重大的积极意义。同样,世界历史上的罗马教皇发动的十字军东征,与阿拉伯人的战争,给西方人带来了中国的四大发明,印刷术更是扩大了欧洲文艺复兴的影响与发展。这种东方文化对西方文化的冲击,指南针带来的哥伦布 15 世纪末发现新大陆,并由此引起的向外扩张,都加快了资本主义原始积累的步伐,也对欧洲的封建堡垒起到了巨大的摧毁作用。

从中国历史上看,夏商周奴隶社会长达 1800 年,秦汉以来的封建社会长达2000 年,如果没有西方工业文明的兴起,以及十月革命的先进性给世界带来的觉醒与冲击,中国有可能依然停留在封建思想的水平上,因为农业文明为基础的社会,自给自足,没有发展工业科技的需要,加上中国传统儒家文化的绝对成熟的永久性魅力,其精华部分合乎人情常理,其对人性的终极关怀在人类不被消灭的前提下永远是正确的,所以很容易麻醉人,使人们不思进取。

有了西方工业文明与现代化对中国传统的农业文明的冲击,才会在1840—1949年一百多年的时间内发生了天翻地覆的巨大的变化。

何况中国古人也很难走出大海大洋与青藏高原,只在黄河,长江流域发展,况且地大物博,虽然对外交流早在战国时期已经开始,到雍正时期又搞起了闭关锁国,但仍能自给自足,过悠闲的农业文明的日子,直到鸦片战争后才知道西方工业文明的兴起与发展。

十月革命给中国带来了马克思主义与社会主义的成功经验,加快了中国革命的成功。也带动了世界屋脊上的西藏百万农奴的新生与祖国的社会主义文化的同步发展。

美洲大陆的土著人是一万年前从亚洲经白令海峡到这块陆地的印第安人(系蒙古人种与中国人种),15世纪末哥伦布发现新大陆后,从此开始了欧洲移民的殖民扩张。18世纪启蒙运动推动了法国大革命与美国的独立战争,20世纪的美国已成为世界最发达的国家。如果没有欧洲对美洲的移民,没有文艺复兴,英国为首的工业革命与18世纪启蒙运动对美洲大陆的影响与冲击,美国与美洲大陆不可能有今天的飞速发展与巨大的文化成就。

当今已进入信息资本主义与社会主义初级阶段,但世界上依然有原始社会的遗迹存在,如新西兰的毛利人的氏族部落,中国摩梭人的母系社会传统习俗;它们又是世界上原始社会周期最长的民族。其原因也很明显,它们都远离文明中心,地处偏远,不愿摆脱久已沿袭的传统习俗。习惯成自然,真改变了反而不适应了。当然,他们对原始社会的保留也为今人提供了鲜活的范例与典型的社会形态标本。外来的现代化文明也会冲击他们的现实生活,电视与计算机也同样进入了他们的家庭。

五、循环说

史学家认为这一观点最早由古希腊的史学家修昔底德提出,他指出:历史的发展有循环性特点,这与人类具有共同的人性有关系。这一论断今天看来也是正确的,它可以用任何事物都有一定的规律性与必然性来解释这种现象,并不像有人说的属于唯心论范畴。

我们考查一下历史便可以发现,历史的循环又有良性与恶性两种,良性循环推动文化发展,恶性循环可以导致文化衰亡或走向毁灭。中国历史上有许多命运相似的王朝,当开国皇帝大定天下时,总会接受前朝灭亡的教训,采取一些与民休息，便利天下发展的措施，使这个朝代稳步发展。如汉唐宋明清五个大王朝。

秦隋虽然统一了天下，但统治短暂，为什么？本来秦朝结束了春秋战国的天下纷争的时代，车同规书同文，建立了天下第一个封建王朝。有功于天下；隋朝结束了魏晋南北朝群雄争霸的战乱时代。同样建立了大一统的江山社稷。但两大王朝都因动用天下民工修建世界第一的万里长城与开挖大运河，恰恰都是因为运兵打仗或动辄数千艘船江南游玩，搜刮民财，又都没有采取安民措施，使民工们不堪重压，终于爆发了农民起义。又是一例二律悖反（任何事物都有正负作用），本来看似有功于天下的伟大的工程，却恰恰造成了这两个王朝的灭亡。两个王朝的命运竟如此相似，难怪人们对古老的"循环论"学说有了认同感。

汉唐都接受了前朝的教训，与民休息，天下大治，才走向了文化的繁荣。清朝也接受了元朝以武功统治汉族一百年的短暂历史的教训，学习并运用儒家文化治理天下，也和汉唐宋明清一样达到长治久安的统治。

历史常常有惊人的相似之处，拿破仑与希特勒都在侵略莫斯科之后走向衰亡与失败。因为他们都把战线拉得太长，没有后继力量。而且任何侵略战争都会以失败告终，就连十字军东征也以失败告终，因为侵略战争总是不得民心，教皇也因此威信大跌，被中世纪最后一个诗人但丁在《神曲》中打入地狱。此后一场反封建反教会的文艺复兴运动在欧洲展开。

五四运动也拿起西方文艺复兴的武器展开了反帝反封的伟大运动，把中国的思想解放运动推向一个高峰（因为它们都具有早期资产阶级向封建社会开战的性质）。

当今时代的中国也吸取了苏联与东欧解体的教训，学习发达国家科学管理的经验，建立有中国特色的社会主义，努力赶上世界的现代化水平。在此之前斯大林与毛泽东都在晚年犯过阶级斗争扩大化的错误。但斯大林与毛泽东对社会主义事业的伟大贡献，又是任何人都抹煞不了的。（又是"二律悖反"的现象，它其实是对立统一的矛盾规律，这种现象普遍存在）。

历史虽然有惊人的相似之处及循环性，但人类文明则从低级文明一步步走向了今天的高级文明，这与人类总是不断追求完美理想人生与社会的最高需求（创造发明，改造社会）有密切的关系。

六、文化转移说

学者韩民青在《世界文化的发展与中国文化的重新崛起》一文中提出："没有文化转移就不会有文化的发展。"(《中国文化研究》1997.2. 人大复印资料《文化研究》。1997.8.)许多历史现象告诉我们：一种文化常常因为内部处于衰落阶段，于是向外开拓，向外发展，以求生存。

公元前6世纪，为了打破婆罗门教的等级制，宣扬"众生平等"的佛教产生了。前3世纪孔雀王朝时期达到全盛。5世纪之后渐渐衰落，7世纪以后印度教(在婆罗门教基础上形成)成为印度的主要宗教(后来被定为国教)，据史学家们统计印度教本土有4亿人。佛教有2亿人，大多在东南亚，中国，朝鲜，日本等地，这正是佛教东传的结果。

公元4世纪，基督教被罗马帝国定为国教，其教会统治在中世纪欧洲达到全盛，在文艺复兴时期走向衰落，受到人文主义学者的批判，为了新的出路与发展，16世纪开始向外传播，随殖民者的扩张，传向美洲，大洋洲，利玛窦也到中国传教成功，他的儒家化的基督教形式，虽然受到罗马教廷的指责，也为各国传教士能来中国传教提供了成功的范例。此外，与儒教"仁爱"相似的基督教的博爱精神至今还有广泛的影响。

七、文化重构说

西方马克思主义者哈伯马斯认为：体系形成之后会走向封闭(老化)，新生的途径是与"非我的"或"对立的"文化体系沟通，取长补短，达到新体系的重构。

按照这一理论解构、重构的过程，有的学者认为：列宁主义对马克思学说的发展，毛泽东思想对马列主义的发展，邓小平、江泽民改革开放理论对毛泽东思想的发展，也莫不是一个理论解构、重构的过程。

哈伯马斯的理论一方面摧毁了"欧洲中心论"，使西方文化体系解构，与第三世界体系沟通，走向重构，另一方面为马列主义和第三世界的发展提出了面向世界的问题。总之他的理论为世界文化的发展提出了一个多元共存的问题(吴彦平、草木《世界文化的多元化与一国两制》，淮阴师专学报，1997,1)。

我国20世纪70年代末引进了西方发达资本主义国家的行为科学、管理科学等一系列理论及竞争机制,为初级阶段的社会主义市场经济的发展与繁荣注入了活力。正应了《西方之兴起》作者麦克尼尔的预言:世界文化发展的趋势越来越趋于混合和雷同,即世界文化日趋大同化。

八、文化层面说

余秋雨认为:"一个民族,如果他的文化敏感带集中在思考层面和创造层面上,那他的复兴已有希望;反之,如果它的文化敏感带集中在匠艺层面和记忆层面上,那它的衰势已不可避免",这一论断是符合文化发展的规律的。

他的"文化层面说"与哈伯马斯的"文化重构说",都分别从文化本身的内部与组织结构方面,成为外部行为与结果的"文化转移说"的最有说服力的理论依据。一种文化发展到僵化阶段,必须寻求新的出路,才能完成文化转移,才能促使自身发展,才能谈得上社会的进步。

犹太文化,佛教文化,基督教文化如此,大的社会革命更是如此,西方文艺复兴,启蒙运动,宗教改革,17世纪英国资产阶级革命,法国大革命,美国独立战争,俄国十月革命……中国的历次农民起义,维新变法,辛亥革命,北伐战争,抗日战争,解放战争,社会主义革命与建设,十年动乱后的改革开放,等等,都是文化伟大转移的结果。

尽管也有失败,但影响巨大,依然推动了社会的前进。文化是人类适应,利用,改造客观环境实现自我价值的过程。文化转移也正是体现了文化这一定义的实质。

九、马克思主义观

这就是:生产力决定生产关系,经济基础决定上层建筑与意识形态的发展,后者又反作用于前者的社会基本规律。它也是文化兴衰的最根本最直接的原因。没有人类的生活与生存的需求,就没有农牧业,渔猎文化与相关的科技创造与发明。正是生产力,经济,科技的发展才促进人类从低级文明向高级文明发展。才有了三次工业革命与今天的现代化社会的发展。

文化对经济又具有反作用,五四运动即为一例,军阀混战,丧权辱国,经济跌入低谷。西方的先进文化又刺激了落后的中国人,于是五四新文化启蒙运动,大力宣传西方先进文化,加上十月革命的成功给中国带来了马克思主义,才有了共产党的建立及社会主义的成功。

又如德国在 18 世纪启蒙运动时期也是经济,政治都落后于英法等国的时期,诸侯国有 200 多个,各诸侯国货币多达上千种,当时德国先进的知识分子引进英法等国进步的启蒙思想,掀起了一场反封建,张个性,主张民主与平等的思想解放运动。所以恩格斯称这一时期经济落后政治反动,只有哲学,文学出现了伟大的思想家,为德国文化的发展作出了贡献。

又如畅销小说《狼图腾》使我们看到了今天的沙尘暴为什么如此猖獗。草原在哭泣,被破坏的沙化土地不令人担忧吗?

可见当今的退耕还林,退土还山的可持续发展的环保措施是何等及时与重要,精神文化对经济发展有警戒与指导作用。也许不久的将来国力强大后,人工降雨,飞机撒草籽,会使草原重现一片绿色世界。这也是国人期盼的一件大事。梦想会成真,草原不会再哭泣!

改革开放以来,党中央带领全国人民肩负着历史的重任,为了赶上世界现代化的步伐,挽回十年动乱给祖国带来的沉重的灾难与巨大的损失,打开闭关锁国的大门,坚持对外开放,引进发达国家的先进科技与科学的管理方法。

坚持走有中国特色的社会主义,坚持物质文明与精神文明两手抓,坚持科教兴国。全国上下齐心协力战胜了历史上罕见的大洪水。在国力强大的基础上,修建举世闻名的长江三峡大坝工程,并完成了惊天地,泣鬼神的长江沿岸的移民安置工程,唱响了一曲只有社会主义才能救中国的动人乐章。实现了毛泽东“高峡出平湖”的理想蓝图。这样的世界性壮举只有在改革开放,国力强盛的中华民族复兴的今天才能实现。

为了缩小中西部与东南沿海的贫富差距,又进一步提出了发展中西部的战略方针,采取了一系列的措施,减免农业税,减免先是西部后是全国的义务教育的学费。退耕还林,退土还山,坚持可持续发展,开创了南水北调,西气东输,青藏铁路的伟大的工程。2008 年全国总动员实现了对四川大地震的救援及重建工作;成功地举办了北京奥运会与残奥会;实现了自汉唐以来历史上从未有过的中华民族伟大的文化全盛时代。

当今的文化繁荣与改革开放的经济繁荣,与伟大而全面的政治思想体系的指导,科学技术现代化的引进与发展,人民群众的齐心协力,千载难逢的历史机遇,国际进步力量的支持都是分不开的。这些内外合力的条件与因素缺一不可。

　　综上所述,我们通过诠释种种文化兴衰的原因,目的只有一个,这就是从历史与现实中寻找经验与教训,从中找出带有规律性的东西,使我们站得高,看得远,以指导我们的现实与未来,可以避免过去所走过的弯路,避免再付出没有必要的沉重的代价,可以少犯错误少走弯路,以先进文化带动落后文化,加快现代化的前进的步伐。其意义是十分重大的。

第六章

文化与经济的关系

文化发展与经济发展的关系表现在三个方面:一是经济发展决定文化发展(或阻碍,或推动);文化发展反作用于经济发展(或阻碍,或推动),属一般规律。二是经济发展与文化发展成反比,经济发展了,文化落后与衰退,经济落后,文化反而空前繁荣,属特殊规律。三是文化发展与经济基础有密切关系,文化发展受经济基础的制约,但又有自身发展的规律。

一、经济发展决定文化发展,文化发展反作用于经济发展

其一,经济基础是文化发展的前提条件,没有这个前提与基础,就没有文化的发展与繁荣。

据徐天新主编的《世界当代史》(1989年,人民出版社。)统计:1955年日本国民生产总值达240亿美元,人均220美元,名列世界35位;1970年,国民生产总值达2031亿美元,跃居世界第二位,仅次于美国。

日本人善于接受外来的先进文化,公元七世纪"大化革新"就开始仿唐制,很快进入封建社会,1868年"明治维新"又向西方先进的资本主义学习,成为亚洲第一个资本主义国家。两次大战都是战败国的民族经过自强不息的努力,终于在25年之后成为世界第二经济强国。一些学者认为日本运用儒家思想支配他们的经济管理及民族自信心,是日本崛起的一大原因,其实经济基础才是决定性条件。

徐天新一书分析认为:一是1945—1951年,美国取消了日本的战争赔款。并对日本提供21.28亿美元的援助。二是1950年的朝美战争,日本成为美国的军事基地和物质供应地,1951年生产总值已超过了战前水平。美国侵朝期间日本收入达23.7亿美元,1965—1969年美国侵越战争中日本收入25亿美元以上。三是丰厚的外汇收入:1959—1960年日本从东南亚地区得到100亿美元的外汇收入,从

非洲得到 30 亿美元的外汇收入。四是积极引进国外先进科技与管理方法。仅 1972 年 3 月,即引进科技新技术 10182 件,其中 60% 来自美国。五是大力发展教育。1950 年教育经费为 1950 亿日元,1972 年为 40244 亿元,1951—1973 年,短期大学毕业生增加了 150 倍,正式大学毕业生增加了 15 倍,全国占三分之一的人受过大学教育。

其二,经济的发展是文化发展的首要条件,但一定的文化理念也必然会支配着人们的经济头脑。

日本与亚洲四小龙(韩国、香港、台湾、新加坡),经济发展都受到传统的儒家文化的直接的影响。传统的等级制,上下有序的管理,家族为中心的经济管理模式,血缘,地缘(老乡,同宗),人缘的文化条件也会成为经济基础上继续发展的一个重要的文化条件,如果没有这个条件,有了百万资产,也会被败家子荡尽家产,破产败落。

包括东南亚一些国家像印尼,泰国,马来西亚,工商阶层最活跃的首推华裔后代或华侨阶层,儒家传统文化讲君君,臣臣,父父,子子,忠孝,仁德,智勇,礼义廉耻,这些传统思想在华人中牢牢扎下根,代代相传,互相影响。加上在海外发展只有靠同族同乡的团结,互相依靠才能抵制各种外来势力的冲击与排挤。所以美国奈斯比特在《亚洲大趋势》中指出:"海外华人圈作为一种势力圈,在当代世界经济中独领风骚,","华人经济实体其实就是一个靠家族和同乡组成的公司和企业网,企业之间层层联结,规模不断扩充,直至覆盖全球",就像当今的"互联式电脑网络"。(见史仲文《抓住机遇,造福后代》,《文化研究》1997.4.)

所以经济是基础的基础,文化对经济具有指导作用与前瞻性,经济文化一体化是未来市场经济的必然趋势。

胡典世在《谁拥有文化谁就拥有未来——谈谈经济文化一体化》一文中提出两点:一是现代商品的文化含量越来越高。二是文化因素在现代经济增长中的作用日趋显著。该文总结了世界知名企业的宝贵经验,认为他们的无形资产的形成(包括知名度),一方面与企业的产品质量,服务质量,管理质量,市场占有份额密切相关;另一方面与企业的理念,价值观,风俗习惯,文化意识,成员构成同样密不可分。对经济关系的疏通与隔阂也格外重要,重视这些问题可以减少和克服由于文化差异带来的贸易冲突和经济摩擦,有利于经济贸易与交流。

该文认为:"可以预见,谁拥有科技优势,信息优势,知识优势,人才优势,一句话,谁具有文化优势,谁就拥有竞争优势,谁就拥有将来"。(见《中国文化报》1997.2.6.)

以日本为例,莱斯特·索罗在《21世纪的角逐》一书中指出:磁带摄影机,录像机,图文传真和激光唱片机,是由美国人和欧洲人(荷兰人)发明的,但产品却大部分被日本的企业所占领。而要成为成本最低的制造者,保持生产工艺流程的最佳状态,职工的整体素质就很重要。员工整体素质包括科技文化素质与思想道德素质(技能,理想,道德,纪律,责任等),职业培训成为重要的一环。日本人正是运用这种文化理念指导企业发展,才占有了世界市场的份额。有人说:10年前的教育,是今天的经济,今天的教育是10年后的经济。(转引自贾春峰的《论当代经济与文化一体化发展的若干重要特征》,《文化研究》,1997.12.)

美国《时代》周刊称,中国已经成为制造领域的超级大国、世界工厂。全球2/3的复印机、微波炉和鞋都产自中国,60%的手机、55%的DVD机、半数以上的数码相机、30%的个人电脑、75%的儿童玩具及众多其他商品都来自中国。中国积累了2万亿美元外汇储备。如今中国有37家跨国公司进入《财富》全球500强企业名单,而10年前只有6家公司入围。与此同时,500强中,有450家在中国有生产线和业务往来,中国已成为外国直接投资最大的接受国。(见《读者》2010.2.《报刊拾零》)

在未来经济发展中,美国著名未来学家奈斯比特在《亚洲大趋势》中以一位预言家的眼光,论证中国已成为亚太地区的经济中心。

联合国开发计划署发布2009年度《人类发展报告》,在显示国民生活富裕的指数上,挪威再次跃居第一,中国排名第92位。该指数通过平均寿命、入学率、人均GDP等计算得出。第2名起依次为澳大利亚、冰岛、加拿大、爱尔兰、荷兰、瑞典、法国、瑞士、日本,美国排名第13,在182个国家和地区中,排名最后的是尼日尔(见《读者》2010.2.《报刊拾零》)。

何博传《走在山坳上的中国》一书预测,2020年,中、美、日三足鼎立,2090年,超过美国,成为世界第一经济强国。但我们中国人口多,一人一元钱,就是13个亿,从实力上未必比上美国,何况美国已在探测火星,当我们能源危机时,美国已向外星寻求能源了。目前我们生产的产品质量仍比不上发达国家,主要以数量取胜,所以不能陶醉于这种停留在数字上的预测。应当注重实力的发展与政治的统一稳定,一旦动乱战争,不但赶不上美国,还会走向倒退。

二、经济发展有时与文化发展成反比,属特殊规律

表现在两个方面:其一,经济落后,文化运动则走在前面;其二,经济发达,但精神文化则处于衰退时期,出现这些情况,仍然可以从经济上找到原因。

第一种情况,历史上有三种典型的例子:一个是 18 世纪的德国,当时在经济上落后于英法两国,政治上也不统一,诸侯割据,竟达 200 多个诸侯国,关卡林立,币制繁多,阻碍了德国经济的发展。

但同时受到了英法两国启蒙运动影响的德国哲学家与文学家们则清醒地看到了德国落后的原因,于是掀起了一场狂飙式的反封建反割据的思想启蒙运动,反对封建等级制的束缚,主张个性解放,为新兴资产阶级的理想共和国摇旗呐喊,并创作了一系列辉煌的著作。

恩格斯评价 18 世纪的德国时说:"这个时代在政治和社会方面是可耻的,但在德国哲学文学方面却是伟大的"。"1750 年左右德国所有的伟大思想家,诗人歌德,席勒,哲学家康德和费希特都诞生了,过了不到 20 年,最近的一个伟大的德国形而上学哲学家黑格尔诞生了"。"这个时代的每一个杰作都渗透了反抗当时整个德国社会的叛逆精神"。(见《德国状况》,《马恩全集》第 2 卷,第 631—638 页)。而这一时期的德国古典哲学则成为马克思主义三大来源之一。正是这种启蒙文化的思想影响了德国后来的发展,一百年后的 1870 年德国完成了统一,并在 19 世纪末与英,法,美并列为世界四大强国。

还有一个例子是五四时期的中国。五四运动前夕,中国处于封建社会解体,但封建势力与封建思想依然严重的时期,经济落后,军阀混战下的民不聊生,国土分裂,连鲁迅《风波》中的九斤老太这样的自耕农也叹息:"一代不如一代"(与清代盛世相比)。而留学归来的思想家,文学家,经济学家,科学家们对这种落后的经济状况与西方世界有了鲜明的对比,以北京大学《新青年》为主要阵地,自 1915—1921 年陈独秀、李大钊为首组建共产党为至,开展了一场引人注目的五四新文化运动。从介绍西方的科学与民主,从文言文到白话文,从对十月革命的新世纪曙光的宣传——都给中国人带来了新的革命思想,其结果是五四爱国运动的爆发,及中国共产党的建立。这就大大加快了中国革命与文化发展的进程。并且扩大了五四新文化运动的影响。这些启蒙思想与十月革命的思想又推动了孙中山的"联俄联共,扶助农工"的北伐战争与共产党的"土地革命"。直到 30 年后新中国的建立,中国才进入经济全面发展的时期及工业体系的建立时期。

邓小平的"实践是检验真理的标准",解放了人们保守的"按既定方针办"的思想观念,提出了为实现四个现代化而努力的目标。开始引进先进的科技与管理思想、方法。短短的三十年,终于赶上了世界现代化的进程,融入到世界经济市场化,政治民主与法制化,信息一体化,工业自动化的世界大文化圈中。

第二种情况的典型例子表现在二次大战前的垄断资本主义时期。资本主义原始积累与经济已有了极大的发展,垄断资本主义列强几乎对全世界的土地瓜分完毕。但西方的精神文明处于极度低落,消沉,绝望,焦虑,黑色幽默,荒诞的现代派文化时期,表现在哲学,文学,艺术,绘画,音乐中,有了斯宾格勒在一战前夕的《西方的没落》的反思,有了尼采惊呼"上帝死了",有了"人也死了"的呼喊,西方人的精神世界仿佛走进了荒漠孤独的沙漠地带,二次大战的爆发证明了西方知识界的恐慌是真实的思想反映。二次大战后人们才逐步摆脱阴影,开始走向快速发展的现代化世界。

三、文化发展与经济有密切关系,但又有自身的发展规律

文化各科(包括民俗文化)都有自己的特点,性质,功能,及不同的意义,文化各科发展的过程与时间也有快慢之分,早晚之分。

14 世纪文艺复兴在意大利首先由文学(但丁,彼特拉克,薄伽丘),哲学拉开序幕,并对 14—16 世纪的欧洲各国,及后来的 18、19 世纪的殖民地半殖民地各国的反封建的启蒙运动都产生了巨大的影响。18、19 世纪的亚非拉美各国几乎都经历了这一反封建反专制,争取民主与自由,个性解放的启蒙运动,以及近代资产阶级的反封建反侵略的民族民主运动。

但意大利的艺术:雕刻,绘画,却直到 15 世纪中叶—16 世纪上半叶才出现了繁荣与鼎盛时期。这一历史现象表明,艺术本身有一个:技巧从摹仿古希腊罗马古典艺术到自身发展、成熟的逐渐积累的过程。15 世纪罗马遗址的考古发掘,古希腊罗马雕刻艺术引起艺术家们的惊美与学习研究,同时也推动了意大利的雕刻,绘画的发展。

艺术有它自身的独特性与原理,技巧,法则。人们如果掌握不了这些原理,技巧,法则,就会违背艺术创造的规律而导致失败。文学,艺术相比,后者的难度更大一些。人类的思想通过逻辑思维与形象思维把他们诉诸笔端是快捷,迅速的,可以一次性完成或反复修改,但要通过造型(雕刻),线条与色彩(绘画)或者更神圣的音乐艺术(听觉感受)来表现,则要经过专门的训练(非一朝一夕之功),要成为世界著名的大师,常常要经过一代或几代人的努力。

从中世纪呆板的单线条的扁平的教堂绘画,到文艺复兴中期的立体的多线条

多色彩的栩栩如生的表现;音乐从中世纪的单声部,发展到文艺复兴的多声部,和声的,表现复杂感情的音乐,这些艺术在西方世界都经历了几百年的发展过程。无形文化要通过有形文化加以表现,不仅仅掌握技巧,还要掌握科学手段:如人体比例;解剖学引起的透视法;三维空间引起的立体感,深远感;凸凹法,明暗法等等多种手法的探讨与研究,倾其一生的反复练习与写生。不尊重艺术规律就是不懂得艺术的真谛,艺术也就无从谈起。

第七章

文化与政治的关系

文化发展要有政治指导与保障。开明,进步的政治必然会推动文化的发展;相反,反动,独裁,专制,黑暗,保守的政治也会阻碍文化的发展。

考察一下中国历史,周有成康之治,秦有商鞅变法,汉有文景之治,唐有开元贞观之治,宋有王安石变法,明有资本主义萌芽,清有康乾盛世。但每个朝代也有衰世,乱世,乃至灭亡与改朝换代。

仅以汉代的"文景之治"为例,我们可以看出政治与文化的关系既是指导与被指导,制约与被制约的关系。当然也有传统文化思想对统治者的影响。汉代统治在两千多年的封建社会中,统治时间最长(426 年),共计 25 个皇帝(吕后专权的八年如果不算的话),"文景之治"是历史上有名的治世。汉文帝刘恒统治 23 年,汉景帝刘启统治 16 年,汉武帝刘彻统治 54 年,三帝统治共计 93 年。"文景之治"为汉武帝的大帝国奠定了坚实的基础。(见《辞海》。附录:《中国历史纪年表》上海辞书出版社,1991. 12.)

自汉高祖刘邦开国统一天下(在位 12 年),汉惠帝在位 7 年,吕后在位 8 年,到诸臣消灭诸吕,辅佐汉文帝执政,直到汉武帝的大帝国,汉朝从诞生,发展,到繁荣强大,用了 120 年的时间,此后,便没有再出现过"文景之治"与汉武帝执政的全盛时期。

"文景之治"突出表现在以下几个方面。

一、劝农桑,重本抑末,减免租税

文景二帝皆带头耕田,并令皇后带头养蚕种桑树。《汉书·文帝纪》:"夫农,天下之本也,其开藉田,朕亲率耕","皇后亲桑以奉祭服"。形成制度,宫中费用不用全国的租税,从宫中的农田中(一千亩)自给自足。

反复强调"农,天下之本,务莫大焉,今廑(勤)身从事,而有租税之赋,是谓本末者无以异也(鼓励农耕又征收田赋租税,这是本末倒置)……除田之租税,赐天下孤寡布帛絮各有数"。

并下诏:"民谪作县官及贷种食未入,入未备者,皆赦之。"(民被罚去给官府种田,及向官府借种子粮食没有交还的,或缴了一部分还未全部缴清的,一律免除。)见班固著,刘华清等人译的《汉书全译》贵州人民出版社,1995 年。以下皆引自此书。

景帝也继承父志,亲自躬耕,"不受献,减太官,省徭赋,欲天下务农蚕,素有畜积,以备灾害……老耆以寿终,幼孤得遂长"。

二、老者安之,救济孤寡穷困,与民休息

文帝仁慈宽厚,身居朝廷,念及天下百姓,"方春和时,草木群生之物皆有以自乐,而吾百姓鳏寡孤独穷困之人或阽(临于危险)于死亡,而莫之省忧(没有谁去看望他们并为之担忧),为民父母将何如? 其议所以振贷之。"

并且指派县吏,规定抚民政策:"年八十已上,赐米人月一石,肉二十斤,酒五斗。其九十已上,又赐帛人二匹,絮(棉)三斤"。要求赈济的物资,粥米,由县令亲自过目,县丞或县尉送去,各郡守派遣官员巡视考察,办事不称职的,依法处分。(见《汉书·文帝纪》)

三、重用人才,招贤纳士

《汉书·文帝纪》:"举贤良方正能直言极谏者,以匡朕之不逮"(及)。汉文帝谦逊宽厚,令地方举荐贤良方正与直言能谏者,目的是为了匡正朝廷的过失,以便更好的治理天下。重用人才,加强舆论监督,这是治世盛世一个共同的突出的特点。

四、废除"连坐法"与"肉刑法"

文帝二年,下诏废除连坐法:"法者,治之正,所以禁暴而卫善人也,今犯法者已论,而使无罪之父母妻子同产坐之及收,朕甚弗取"。丞相周勃与陈平为连坐法辩护:"所以累其心,使重犯法也"(使人们有恐怖之心,而引起重视,不要

犯法）。汉文帝复曰："法正则民悫（què，诚实），罪当则民从（罪罚恰当民服从）。且夫牧民而导之以善者，吏也（治理民并引导向善，才是为官的责任）。其既不能导，又以不正之法罪之，是反害于民，为暴者也"。（这是惨无人道的法令啊！）

文景之治时期，虽然取消了连坐法，但后来的朝代为了维护专制，皆恢复了连坐法，甚至诛灭几族，一直沿用到清代。相比之下，可见"文景之治"的人道，公平，进步，和谐与文明。

肉刑法是指脸上刺字（墨刑），割鼻（劓刑），砍脚（刖刑），宫刑（避免一次犯法，终身残疾），取消肉刑法的原因是齐地太仓令淳于意因罪受刑罚，被押送长安，无儿，只有五女，骂女儿们急难时帮不上忙。小女儿缇萦哭泣，愿随父去京城，上书文帝，述其父为官廉洁公正，人死不能复生，受过肉刑的人即使改过自新也成终身残疾，小女愿为官婢，为父赎罪，使父得以自新。缇萦的上书被文帝看到，怜悯其孝心，下诏指出，舜帝时，罪犯衣帽上有犯罪标志，或穿上犯人的服装，以示区别。多么清明的政治！"今人有过，教未施而刑已加焉""何其刑之痛而不德也！岂称为民父母之意哉？其除肉刑，有以易之"。（见《汉书·刑法志》）于是大臣们议定，改肉刑为笞刑，或服劳役。到景帝时，改笞刑三百（因竹板过重致死）为一百。

五、节俭纳谏，宽待臣民，以德治民

班固总结了文帝的一生："孝文皇帝即位二十三年，宫室苑囿车骑服御无所增益"。"身衣弋（黑色）绨（tí，厚绸子），所幸（心爱的）慎夫人衣不曳（拖）地，帷帐无文绣，以示敦朴，为天下先。治霸陵（陵墓），皆瓦器，不得以金银铜锡为饰，因其山（就山而葬），不起坟。"这些事迹，在后来的历代帝王中也是罕见的。

文帝对己严，对人宽，"吴王（刘濞）诈病不朝，赐以几杖（茶几与手杖），群臣袁盎等谏说虽切，常假借纳用焉（进谏的言辞直率尖锐，文帝总是宽容采纳），张武等（功臣）受赂金钱，觉（发觉），更加赏赐，以愧其心（使他们内心更加惭愧）。专务以德化民，是以海内殷富，兴于礼义，断狱数百（天下死罪之人，不过几百人）"。

六、采取和亲政策

"计社稷之安,便万民之利",与匈奴"结兄弟之义,与全天下元元之民",采取和亲政策,与"与匈奴结和亲,后而背约入盗(侵犯),令边备守(卫),不发兵深入,恐烦百姓"。(《汉书·文帝纪》)

《汉书·景帝纪》记载了汉景帝对其父的总结:"孝文皇帝临天下,通关梁(关卡,桥梁),不异远方(与之友好往来),除诽谤,去肉刑,赏赐长老,收恤孤独,以遂群生,减耆欲,不受献(不接受贡品),罪人不帑(孥,妻子儿女,不株连),不诛亡(无)罪,不私其利也;除宫刑,出美人(放高祖后宫美人出嫁民间)","此皆上世之所不及,而孝文皇帝亲行之,德厚侔(齐)天地,利泽施四海,靡(无)不获福"。世人认为:世功莫大于高皇帝,德莫盛于孝文皇帝。

汉景帝继承了父志,效法其父。班固指出:"汉兴,扫除烦苛,与民休息。至于孝文,加之以恭俭,孝景遵业,五六十载之间,至于移风易俗,称民醇厚,周云成康,汉言文景,美矣。"

到了汉武帝,班固又总结到:"汉承百王之弊,高祖拨乱反正,文景务在养民,至于稽古礼文之事,犹多阙(缺)焉。孝武初立,卓然罢黜百家,表章六经,遂畴咨海内,举其俊茂,与之立功,兴太学,修郊祀,改正朔,定历数,协音律,作诗乐","后嗣得遵洪业,而有三代之风。如武帝之雄才大略,不改文景之恭俭以济斯民"。

这段话用大量的事实说明汉武帝继承了前四代皇帝的遗志,成为集大成的帝王,在文景之治的休养生息的基础上,开始在文化上有所建树,奠定了罢黜百家,独尊儒术的统一稳定的政治局面,使汉代达到了文化全盛时期。

当今中国,在十年动乱之后,改革开放30年:建立有中国特色的社会主义,分两步走的战略(先小康,后实现现代化);一国两制,港澳回归,加入世贸组织;三峡工程,西气东输,南水北调,开发中西部,对西部免费义务教育,缩小贫富差距,科学发展新农村,新城市,采取措施,以避免了农村拖现代化的后腿;神六、神七载人航天的成功发射,成功的北京奥运会;环保意识日益加强,2009年4月13日中央电视台综合频道焦点访谈,敬一丹在《呵护三江源》专题中,报道了对三江源的环保措施与移民工程,令人对可持续发展充满了希望与信心;2008—2009年国家减免税收5000多个亿;上千部电影电视剧满足群众的精神需求;旅游事业的开发与繁荣……

　　一系列的改革措施与辉煌成就,都具体体现了邓小平理论,三个"代表",科学发展观的思想理论指导的重要性与伟大意义。使一个落后于世界现代化进程的人口大国,在短短的 30 年,即迅速地赶上时代的步伐。

　　中国今天的进步与新中国成立前的状况形成了鲜明的对比! 昭示了社会主义制度的优越性与先进政治的无比正确性,科学性。显示了政治与文化的指导与被指导,制约与被制约,推动与被推动的密切关系。

第八章

文化与教育的关系

当今有句名言:十年前的教育是十年后的经济,在信息爆炸的今天,各国都在争夺人才市场,人才拥有的数量与质量,又都与教育密不可分;教育发达,文化自然随之发达;教育滞后,国家的经济,科技也一定滞后,文化更谈不上发达,这方面的例子不胜枚举。

最突出的例子是中世纪后期欧洲各大学的建立,推动了欧洲的文艺复兴,启蒙运动,及第一二次工业革命(蒸汽机革命与电力革命);加上后起移民美国的迅猛发展与各大学的建立与发展,促进了第三次工业革命(电子技术与新材料革命)。使欧美在500年后(15—19世纪)迅速跨入世界发达国家的前列。15世纪发现新大陆之前的中国本来是领先的文化(四大发明在文艺复兴之前或其间陆续传入西方),却因教育滞后(文科取士,而忽视了自然科学的发展),结果在近代彻底败给了工业文明迅速兴起的欧美各国。

一、中世纪欧洲大学的建立为文艺复兴及后来的科技发展奠定了良好的基础

在西方进步的思想家与史学家的眼中,中世纪欧洲是黑暗,反动的蒙昧时期,只有中世纪后期才出现了曙光,这就是中世纪欧洲一些商业城市的兴起与各大学的建立。

公元5世纪西罗马帝国被日耳曼人灭亡之后,西方进入了中世纪一千多年缓慢发展时期,当中国唐朝在7—9世纪已达到封建文化的成熟与繁荣时期,西欧的氏族部落还在征战时期,并在8世纪之后纷纷建立了独立统一的封建王国。8世纪下半叶日耳曼人中的法兰克国王查理大帝统一了西欧。他的三个孙子把帝国一分为三:西法兰克(法国),东法兰克(德国),意大利。日耳曼人中的盎格鲁·

撒克逊人6世纪来到大不列颠岛,9世纪初建立了统一的英国。9世纪末,日耳曼人中的诺曼人征服了东斯拉夫人的几个小王国,建立了罗斯的封建王国。一直到14—16世纪开始兴起了文艺复兴运动,15世纪哥伦布发现了新大陆,欧洲各国向新大陆扩张,并开始了资本主义原始积累时期。

欧洲中世纪一千多年中最大的历史功绩就是欧洲大学的建立,它正是后来欧洲起飞的始点与桥梁。

大学的建立又与基督教教会学校的建立有密切的联系。基督教原是犹太 -以色列人的宗教,其首都与圣地耶路撒冷在公元前62年被罗马帝国占领,4世纪被罗马帝国定为国教,11世纪分裂为西罗马教会(天主教,以罗马教皇为中心),东罗马教会(东正教,以君士坦丁堡的东罗马拜占庭帝国皇帝为中心)。中世纪初期教会垄断了教育,为了培养僧职人员,办了许多教会学校。11世纪西欧城市兴起,由于商业,手工业的发展,迫切需要具有说写计算等各方面知识的人才,原有的教会学校已不能满足社会发展的需要,一些城市的手工业行会与商人公会,以及市政当局(早期资产阶级的市民议会),打破了教会几百年来对教育的垄断,自发创办了世俗学校,根据实际需要开设了计算,法律,医学,文法等课程,培养各方面的实用人才。大学在世俗学校的基础上也应运而生。

最早的大学产生于意大利,影响最大的是萨莱诺大学(医学为主)与博洛尼亚大学(法律为主)。继而是法国的巴黎大学(12世纪末),英国也创办了牛津大学(1168),剑桥大学(1209),14世纪德国建立了威登堡大学(马丁路德宗教改革的发源地),捷克建立了布拉格大学,波兰建立了克拉科夫大学。到了1500年,全欧已有80所大学,1600年大学发展到了108所(见《中国大百科全书·外国历史》,中国大百科全书出版社,1989年)。

中世纪欧洲大学的出现和发展为14—16世纪200年间的文艺复兴,宗教改革运动准备了人才,并为后来的科技发展奠定了坚实的基础。

据我的粗略统计(据诸多部世界科技史上的提名及《辞海》的科学家生平简介的词条),仅就世界科技史上提到的重要的科学家,20世纪的还不算在内(20世纪归于现当代,有更多世界级的科学家还来不及被写进世界历史书),15—19世纪500年中113个世界级著名的科学家中,就有51位来自这些欧洲古老的大学。

其中英国占有22个:毕业于剑桥大学的11个:弗兰西斯·培根(1561—1626)、牛顿(1642—1727)、卡文迪许(1731—1810)、托马斯·杨(1773—1829)、克鲁克斯(1832—1919);汤姆生(1856—1940),赫歇尔(1792—1871);亚当斯(1819—1892)、达尔文(1809—1882)及其次子乔治·达尔文(1845—1912),麦克

斯韦(1931—1879)。毕业于牛津大学的 4 个:罗吉尔·培根(1214—1292)、胡克(1635—1703)、哈雷(1656—1742)、赖尔(1797—1875)。毕业于其他大学的 7 个:爱丁堡大学的普里斯特列(1733—1804)、赫歇尔(1738—1822)、伊顿公学的波义耳(1627—1691)、曼彻斯特新学院的道尔顿(1766—1844)、伦敦矿业学院的赫胥黎(1825—1895)、杜威奇学院的托马斯(1850—1885)、格拉斯哥大学的拉姆赛(1852—1916)。

意大利占 3 个:费拉拉大学博士哥白尼(1473—1543);比萨大学的伽利略(1564—1642);波伦亚大学的马尔比基(1628—1694)。

德国占 17 个:杜宾根大学的开普勒(1571—1630);哥廷根大学的洪堡(1769—1859);埃尔兰根大学的哲学博士欧姆(1787—1854);毕业于柏林大学的有 4 个:赫尔姆霍兹(1821—1894);赫兹(1857—1894)、物理学家雅克比(1801—1894)、数学家雅克比(1804—1851);哈勒大学的博士克劳胥斯(1822—1888);苏黎世大学博士伦琴(1845—1923);柏林军事学院的西门子(1816—1892);慕尼黑大学的李比希(1803—1873);威登堡大学博士维勒(1800—1882);吉森大学的凯库勒(1829—1896);哥尼斯堡大学的基尔霍夫(1824—1887);哥廷根大学的本生(1811—1899);耶拿大学的施莱登(1804—1881)。

法国占 10 个:马萨林学院的拉瓦锡(1743—1794);卡昂大学的拉普拉斯(1749—1827);法国多科工艺学院 3 个:萨迪·卡诺(1796—1832)、安培(1775—1836)、李比锡(1803—1836)。巴黎综合工科学校的柏克勒尔(1852—1908);巴黎大学的居里夫妇(1859—1906,1867—1934);圣路易学院的勒维列(1811—1877);里尔大学的开创了微生物学,药物学,免疫学,使欧洲人均寿命从 40 岁提高到 60 岁的巴斯德(1822—1895)。

其他国家 4 个:荷兰莱顿大学的惠更斯(1629 – 1695);丹麦哥本哈根大学的奥斯特(1777—1851);比利时卢汶大学的施旺(1810—1882);俄国彼得堡高等师院的门捷列夫(1834—1907);等等。

19 世纪被科学史家们称为科技全面飞跃发展的时代。和这些重要的科学家们的创造,发明,发现是密不可分的。也为 20 世纪的科技深入与全面的发展奠定了良好的基础。

科技是第一生产力,科技人才成了科技发展的第一要素,没有科技人才就没有发展的今天,也就没有 18 世纪下半叶以来的三次工业革命及今天的现代化,而教育与社会实践就成了科技人才的摇篮以及先决条件。

二、夸美纽斯奠定的近代教育模式

捷克文艺复兴时期出现了一位著名的教育家夸美纽斯(1592—1670),被史学家们尊为"教育史上的哥伦布",近代欧洲"教育学之父",他一生著书一百多部,在世界教育史上占有重要地位。他的《大教学论》(1633)是西方教育史上第一部系统论述教育学的名著。

据吴泽义《文艺复兴时代的巨人》一书概括了他的教育思想,主要有6点影响至今:1. 认为人的天赋才智是相近的,主张扩大教育对象,穷人的孩子要有国家资助上学,人人有受教育的机会(与孔子的有教无类基本一致)。2. 教育目的应使学生在德智体,信仰几方面都得到和谐发展。3. 反对中世纪经院式的死记硬背的学习方式,设计了一套完整的循序渐进的教育体制和教学内容,按年龄划分四个阶段,每阶段六年,和我们今天从小学到大学的时间段很接近(幼儿1—6岁,小学6年,中学高中6年,大学3—4年,研究生3年,博士3年)。4. 重视直观教学,主张以图片,仪器进行教学,培养学生观察和分析能力。5. 重视教学的系统性,计划性,理论与实践相结合;在教与学的关系上,重视教师的作用,认为教师是教学效果好坏的重要因素,也重视学生的自觉性与主动性。6. 提出了学年制和班级授课制的设想,提出统一招生,规定开学和放假的时间,每年招生一次,学生不得中途辍学与逃学。他的教育思想与理论成了近代以来教育的基本模式。至今还在发生着直接与深远的影响。

三、中国传统的教育思想的文化意义与科举制偏科带来的严重弊端

中国有关教育思想的记载开始于最古老的经典《易经》《尚书》《礼记》及诸子百家学说。中国传统的教育思想自始至终都与文化有着密切的关系,两千多年的传统道德是教育思想的主要内容,从家庭到从政的教育,都包含了这一深刻的内容。三纲五常(君为臣纲,父为子纲,夫为妻纲;五常:仁义礼智信),三从四德(女子未嫁从父,出嫁从夫,夫死从子;四德:妇德,妇言,妇容,妇功,即指品德,辞令,仪态,女工),几乎成了封建社会做人的基本原则。

这其中有合理的成分,如上下有序,易达统一稳定的局面,但也有父权社会中男女不平等的束缚思想。仁义礼智信是我国的传统美德,应发扬光大。这些美德如金子散见在《尚书》《易经》《礼记》《论语》《孟子》《老子》(或《道德经》)《庄子》

《墨子》《荀子》等许多古籍经典中。

《尚书·虞夏书》中舜之大臣禹曰:"德惟善政,政在养民",舜帝也说:"克勤于邦,克俭于家(克:尽力)";禹曰:"安民则惠,黎民怀之","民为邦本,本固邦宁"(老百姓是立国的根本,根本稳固了,国家才会安宁)。舜的大臣皋陶言人有九德:"宽而栗(栗:小心谨慎),柔而立,愿而恭(愿:忠厚),乱而敬(乱:治),扰而毅(扰乱时显出坚毅),直而温,简而廉(廉:不苟合),刚而塞(塞:充实),强而义(坚强又合于道义)。"

《尚书·周书·无逸》中周公告诫皇室子弟:"先知稼穑之艰难,乃逸"。《尚书·周书·蔡仲之命》中成王曰:"皇天无亲,惟德是辅,民心无常,惟惠是怀"。

对于家庭成员的教育,《易经·坤卦》则曰:"积善之家,必有余庆,积不善之家,必有余殃"。"敬义立而德不孤"。《易经·家人》:"家人,女正乎内,男正乎外,男女正,天地之大义也(男女有别,分工合作,各得其所)。家有严君焉,父母之谓也,父父,子子,兄兄,弟弟,夫夫,妇妇(各负其责),而家道正,正家,而天下定矣"。

这是中国"家国一体"传统文化的源头,孔子的正名思想(尊卑长幼)及儒家的修身齐家治国平天下的教育思想早在《易经》《礼记》中已奠定了基础。

《易经》乾卦:"天行健,君子以自强不息",坤卦:"地势坤,君子以厚德载物",其中自强不息,厚德载物八个字已成为清华大学的校训。如同圣火传承了几千年至今仍然如天地运行,生生不息!

《尚书》《易经》《礼记》教育统治者及其子孙后代:1. 要重视人与自然的和谐(保护生态环境):"首出庶物(天创万物),万国咸宁(天下都能安居乐业)"(《易经·乾卦》)。反对"暴殄天物,害虐烝(zhēng)民"(《尚书·武成篇》)。2. 要重视人际关系与邦国之间的和谐:"百姓昭明,协和万邦"(《尚书·尧典》)。"柔远人也,怀诸侯也"(《礼记·中庸》),等等。故18世纪法国思想启蒙家伏尔泰也惊叹中国的以德治国的精神,远离鬼神地狱之说。虽然中国的皇帝是真龙天子也是一种宗教意识,仍然与中世纪宗教不宽容,借教派排斥异教的专制思想形成了鲜明的对比,伏尔泰愤怒谴责宗教裁判所火烧科学家与异端的反动与愚昧。许多文化史家也认为中国传统的重道德轻宗教的政治教育对统一稳定的大国文化是十分有利的。

以上的中华德治教育思想又贯穿在儒、道、墨、法、杂为首的诸子百家的思想精髓之中。而诸子百家的思想又与炎黄尧舜禹商汤文武以来的传统美德与政治密不可分,《尚书》《易经》中的天人合一,"皇天无亲,惟德是辅"的传统精神对后世的影响极为深远。哲学史家张岱年最早指出:班固《汉书·艺文志》中提到了诸子百家的思想渊源,儒家出于掌管教育的司徒之官;道家出于掌管史书的史官;阴阳家出于掌管天文历法的羲和之官。法家出于掌管法律的理官。名家出于掌管礼仪的礼官。墨家出于掌管祀庙的祭官,总结了诸子百家对传统精神的传承与发扬光大(见张岱年,姜广辉《中国文化传统简论》,浙江人民出版社,1989 年)。

老子主张:"一曰慈,二曰俭,三曰不敢为天下先",顺从自然规律,"万物莫不尊道(自然规律)而贵德(社会规律)。"

儒家则全盘接受《易经》《尚书》《礼记》的思想,孔子言其"述而不作",编订此三部书于"六经"之中,作为学生的教科书。孔子教育思想的核心是"仁爱"学说,重视道德人格:"富与贵,人之所欲也,不以其道得之,不处也;贫与贱,人之所恶也,不以其道除之,不去也。"(《论语·里仁》)。孟子也说:"饱食暖衣,逸民而无教,则近于禽兽,圣人忧之,使契(xiè)为司徒(舜的教育大臣),教以人伦"。

孔子是第一个开办私人学校的思想家与教育家,主动担起传承中国传统精神的历史责任。弟子三千,贤人七十二,曾子,子思,孟子,都是他的儒家学派中著名的思想家与教育家。

孔子的教育思想可概括为6点:1. 做人坚持仁智勇三达德。2. 有教无类,教育面前人人平等,因材施教。3. 学而不厌,诲人不倦,不耻下问。4. 实事求是,学以致用。5. 反复思考,举一反三。6. 知之为知之,不知为不知。

曾子在《大学》中提出了三纲领:"明明德,在亲民,在止于至善"。八条目:格物(研究事物),致知(达到认识真理),诚意,正心,修身,齐家,治国,平天下。

孟子也注重德育:"申之以孝悌之义,颁白者不负戴于道路矣"。注重于人格培养:"吾善养浩然之气""富贵不能淫,贫贱不能移,威武不能屈"。

墨子提出了:"兼爱,非攻,尚同,尚俭,节用,节葬"。

管仲则提出了:"礼义廉耻,国之四维,四维不张,国之乃亡"。

中国的文化史家们概括了中华民族十大传统美德:1. 仁爱孝悌。2. 谦和好礼。3. 诚信知报。4. 精忠报国。5. 克己奉公。6. 修己慎独。7. 见利思义。8. 勤俭廉政。9. 笃实宽厚。10. 勇毅力行。

胡锦涛的八荣八耻则是对传统美德全新的诠释:1. 以热爱祖国为荣,以危害祖国为耻;2. 以服务人民为荣,以背离人民为耻;3. 以崇尚科学为荣,以愚昧无知为耻;4. 以辛勤劳动为荣,以好逸恶劳为耻;5. 以团结互助为荣,以损人利己为耻;6. 以诚实守信为荣,以见利忘义为耻;7. 以遵纪守法为荣,以违法乱纪为耻;8. 以艰苦奋斗为荣,以骄奢淫逸为耻。

中国的教育思想与传统文化始终融汇在一起,也是传统教育中的精华部分。但我们的封建社会的教育内容与形式则出现了偏差。汉代的董仲舒把儒家神圣化,宋代程朱理学则把儒家思想哲学化,形式化,教条化(并因此受到五四新文化运动的批判）。

隋唐科举制的确立，改变了自汉以来的文官荐举制，特别是对于魏晋南北朝的门阀官爵世袭制压抑人才的弊端而言，科举制通过考试选拔人才，的确有其伟大的改革意义与进步意义，至少穷人也有发展的机会，如范仲淹这样贫苦出身的人才的选拔与重用；但也存在着严重弊端，始终以文科取士，而忽视了科学技术的教育与考试。加上或朝中大臣与考官腐败，或自古以来的捐官制，恩荫制的存在，使科举制走向形式与衰落，一直到清末1905年废除科举制。这也是我国封建社会长期停滞不前，漫长落后，长达2000多年的一个重要原因，也是我国封建文化走向衰亡的一个重要的原因。更何况农业文明、地大物博、自给自足、稳定成熟的农业与手工业，几乎没有科技理论探讨与技术革新的需要；既使革新也是建立在实用的基础上，如四大发明及农业工具与种植的改良；于是科举取士只满足于经学诗词文章的范畴而不思进取。

中国学术界2000多年来又是"重道（怎样统治天下）轻器（物质形式）"的传统（形而上者谓之道，形而下者谓之器），中国文人大多醉心于天理人伦的探讨，不愿意花费精力探索自然界的规律与奥秘。这与我国"家国一体"的道德教育传统也是密不可分的。它也与"日出而作，日入而息"的稳定的农业文明密不可分。

农业大国仅仅满足于"民以食为天"，广大人民也没有受教育的机会，所以中国封建社会一直处于满足农业文明的状态之中。而18世纪下半叶西方的工业革命已悄然兴起，我们还懵懂无知，直到工业文明的炮火打开了中国闭关锁国的大门，我们才知道了自己的落后与愚昧，才知道了必须向西方工业文明学习，才跟上了世界前进的步伐。中国人的谦虚美德使我们多次掀起了学习西方"民主与科学"的热潮。用了100多年（1840—1949）的时间，才终于建立了新中国，又用了60年的时间，才赶上了世界现代化的进程，跨入了世界强国之林。

我们中国的文化得益于传统美德的教育，能够自强不息，能够自救与自力更生，以精神文明的长处，弥补了物质文明的不足与短处。向西方学习科学技术与科学的管理方法，学习西方的民主与法制观念，包括马克思主义与十月革命后的社会主义经验与教训，才使我们落后于西方100多年的耻辱得以洗刷。如果说科技是第一生产力的话，教育则是人类文化发展的第一生产力的推动者与促进者！是科技的基础与科技的大脑和指挥部！

在文化这一大系统中，经济、科技、政治、教育、法律始终纠缠在一起，密不可分又缺一不可。它们统领人类整个的物质文明与精神文明的发展，人类才有了高层次文明发展的今天。

第九章

文化与哲学社会科学文学艺术的关系

　　文化是一个大系统,又与许多小系统互补互动,文化与哲学社会科学,文学艺术之间的关系互相影响又互相渗透,文化涵盖哲学社会科学,文学艺术;而哲学社会科学,文学艺术这些支配人类精神活动的精神财富又促进或影响着整个文化的发展。

　　哲学社会科学包括所有人文科学,如哲学、宗教、经济学、政治学、法律、伦理学、民俗学、心理学、教育学、历史学、考古学、精神分析学、文学,艺术也在社会科学(人文科学)范畴之内,这里专门论述哲学与其他社会科学对文学艺术的影响。

　　这些人文科学在人类历史的不同阶段都常常走在时代的前列,指导着人们的思想与社会活动,而且常常对文学艺术发生着直接的或间接的影响。各人文科学之间也常常互相影响,互相启发,互相促进!

　　根据世界历史,世界文学史,西方文化史的记载,由于资本主义原始积累及各种经商与殖民活动的加剧,以及先进的资产阶级的政治上的愿望与要求;与东方文化相比,西方从14—16世纪后来者居上,开始了一系列的文化运动,包括哲学,科技,文学艺术,宗教改革及资产阶级政治革命等思想解放的启蒙运动;出现了长达200年的声势浩大的文艺复兴运动与德国为首的宗教改革运动;17世纪法国古典主义文艺思潮,17世纪的英国资产阶级革命;18世纪的英法德为首的思想启蒙运动与18世纪末的法国大革命与美国独立战争,19世纪初期的浪漫主义文艺思潮,19世纪30年代之后的批判现实主义文艺思潮,19世纪末至20世纪上半叶的现代主义文艺思潮,20世纪后半叶至今的后现代主义思潮,等等。这些不同的文艺思潮(包括文学,美术,建筑,雕刻,音乐)分别受到政治与哲学思潮的影响。

　　如文艺复兴末期英国莫尔的空想社会主义,及18世纪启蒙运动与法国大革命影响下的空想社会主义思潮,德国18世纪古典哲学中的辩证法与主观能动精神对19世纪初期欧洲兴起的浪漫主义文学艺术的影响。18世纪德国古典哲学中费尔巴哈的机械唯物论与人本哲学、19世纪孔德实验主义对左拉为首的自然主义文学的影响。泰纳的种族环境时代对文学的决定论三要素等文艺理论,对19世纪中叶批判现实主义文学艺术的指导与影响。19世纪三四十年代的工人运动与马克思主义的诞生影响下的无产阶级文学的产生与发展。20世纪的垄断资本主义时期的尼采的超人哲学,萨特的存在主义哲学影响下的存在主义与荒诞派文学与艺术,弗洛伊德精神分析学影响下的意识流文学。未来主义哲学影响下的未来派文学与绘画,建筑。等等。

统观四五百年来的世界文学史与艺术史,自欧洲文艺复兴,启蒙运动,浪漫主义,现实主义,现代派的文艺思潮及创作,又都在亚非拉美各国重新演进了一番,欧洲几百年的文艺思潮,在日本几乎只用了50年的时间。1868年"明治维新"开始了文化启蒙运动,此后的50年各种文艺思潮及创作纷至沓来,蔚为壮观。

20世纪中国五四新文化启蒙运动到三十年代,也同样经历了以郭沫若为首的浪漫主义文学,以鲁迅,文学研究会为首的现实主义文学,以李金发,戴望舒为代表的象征主义诗歌,刘呐欧,张爱玲为代表的新感觉派文学(引进电影蒙太奇手法)等等。而这些文艺思潮也影响了绘画音乐。像刘海粟的印象画与写实画的结合,徐悲鸿的西洋画与中国画的有机的结合;冼星海的西洋音乐与中国音乐的有机结合……

亚非拉美各国文艺界也相继受到欧洲上述的各种政治哲学及文艺思潮的影响。其艺术思想及创作也各带有自己的特色。

一、16世纪英国空想社会主义思想家莫尔的《乌托邦》及影响

托马斯·莫尔(1478—1535)是英国文艺复兴时期占重要地位的空想社会主义的思想家,人文主义学者与文学家。在英国他第一个提出来批判私有制,按需分配,消除城乡差别的社会主义思想,但在当时条件下只能是空想,于是他创作了小说《乌托邦》,因为15世纪末的发现新大陆,引起欧洲人的震惊,当时《宇宙志引论》(1507),《新世界》(1511)的出版,介绍了新大陆的情况:"关于美洲及西印度土人的生活的故事,这些土人'不知道你的和我的之间的分别',共同使用公共财产的土地,鄙视黄金及珠宝"(见戴镏龄译的《乌托邦》前序,1956年,三联书店)。

莫尔在他的小说中这样描写乌托邦人:"公共厅馆和私人住宅等地的粪桶溺盆之类的用具倒是由金银铸成,再则套在奴隶身上的链铐也是取材于金银"。不知这种情形的外国使节穿金戴银,反而被乌托邦人当成奴隶看待,对下等随从反

而敬礼欢迎。等到他们知道了这种情况才羞愧得无地自容(见戴镏龄译的《乌托邦》第 68 页,商务印书馆,1996 年版)。莫尔指出:"乌托邦人不使用金钱,……铲除了一个多么大的罪恶根源"。这种思想正是受了美洲土著原始社会的影响,他的《乌托邦》在这里找到了表达理想社会组织的具体方式。他为我们描绘的理想国家是这样的:1. 乌托邦人可工可农,农场可以轮流居住,城乡按需分配,男女各有分工,工作 6 小时,业余时间学文化与娱乐。2. 义务劳动,公共食堂(最早源于古希腊),公共医院,城市每家都有花园,种上花草果树,物产丰富。3. 重视科学,注重创造发明,重视儿童教育,人人精通法律,反对战争,对攻破的城市,禁止劫掠,对和平居民秋毫无犯。4. 宗教自由,教士可以结婚,并受到尊重。对丧失劳动能力的人给予照顾,但犯罪的人及战俘要做奴隶,干苦力活,如改造好可以重新做人。

莫尔的思想是上升时期的新兴资产阶级提倡真正民主,平等,自由的先进意识的升华,是伟大的人道主义思想。比德国宗教改革农民起义领袖闵采尔早 7 年,比意大利的康帕内拉的《太阳城》提出的空想社会主义思想早 100 多年(1623 年出版,《乌托邦》1516 年出版)。这一思想影响了 18、19 世纪的空想社会主义者圣西门,傅里叶,欧文等人,成为马克思主义三大来源之一,为科学社会主义奠定了基础。这种美好的理想几百年后才在 20 世纪十月革命后初步实现。这些进步思想与那些因天下财富而战争的人们相比,真是天壤之别。

莫尔的空想社会主义思想通过他的小说影响了后来的许多浪漫主义与现实主义作家的文学与艺术创作,如法国的启蒙思想家伏尔泰的《老实人》小说中的"黄金国"(路边的石头都是黄金,近似于陶渊明的"桃花源",出来以后再进去已经找不到路径);英国农民诗人彭斯的《不管他们那一套》;还有法国浪漫主义与现实主义女作家乔治桑的小说《安吉堡的磨工》《木工小史》(马克思的《哲学的贫困》题词就是献给她的);英国的盖斯凯尔夫人的小说《玛丽·巴顿》;法国自然主义作家左拉的小说《萌芽》;20 世纪美国女作家史沫特莱的《大地的女儿》,等等。19 世纪法国巴黎巴比松画派的写实主义绘画也多多少少表现了世外桃源般的农家乐与自然风光。

二、17 世纪法国古典主义对欧洲文学艺术的影响

17 世纪法国古典主义文艺思潮影响欧洲长达二百年的时间,直到 19 世纪初浪漫主义文学兴起,古典主义文学才接近尾声。法国古典主义继承了 14 世纪文艺复兴的反封建反教会专制的思想,歌颂王权与开明君主,崇尚理性,宣扬公民义

务,主张国家统一稳定,有利于资产阶级的发展,宣扬教权(教会)为王权服务,一反中世纪教权高于一切。遵守三一律戏剧创作规律(舞台上的地点一致,情节一致,时间一致)。它是法国资产阶级在文艺领域里,和封建贵族阶级即斗争又妥协的产物。在创作上主张以古希腊罗马文学为典范,因此称为古典主义文学。代表作家有高乃依(1606—1684),拉辛(1639—1699),莫里哀(1622—1673)等。

高乃依的剧本表现忠君爱国的英雄人物,宣扬他们为国家利益而牺牲个人利益的爱国精神。莫里哀的剧本在讽刺教会人士的虚伪,奸诈之时,歌颂国王的开明与公正。

古典主义文学影响到音乐。古典乐派以奥地利音乐家海顿(1732—1809),莫扎特(1756—1791),德国音乐家贝多芬(1770—1827)为代表。海顿奠定了古典乐派的基本原则:鲜明的民族性,深刻的哲理性,完美匀称的音乐美感。贝多芬后期创作受法国大革命的影响,转向浪漫主义创作(抒情式,幻想式)。

古典主义文学也影响到绘画、建筑。17 世纪欧洲三种类型的国家:天主教统治的国家流行华丽、幻想、有运动感与宗教色彩的巴洛克艺术(意大利为代表);君主专制的国家流行古典主义艺术(法国为代表);资产阶级统治的国家流行市民艺术(英国为代表,商业社会发达的特点)。

17 世纪的法国宫廷是古典主义艺术的中心:强调绝对的美,追求均衡完美的构图,人物形象典雅,庄重,面部表情严肃而宁静。代表作是凡尔赛王宫的建筑群与雕刻,浮雕,壁画,绘画。(见图一、图二)

图一

图二

18 世纪末 19 世纪初法国出现了新古典主义绘画,杰出的有大卫及其弟子安格尔,把新古典主义绘画推向高峰。大卫(1748—1825)的代表作有《贺拉斯兄弟

之誓》(1784)（根据高乃依戏剧创作,表现了为祖国而战的决心)。(见图三)

(图三)

　　《网球场宣誓》(1791),《马拉之死》(1793),都表现了法国大革命的历史事件。《雷加米埃夫人》(1800)(见图四)。画中女子穿着罗马式长袍,严肃,羞涩,显示出古典的端庄美。《波拿巴在险坡上》(1800),《加冕》(1808),表现了法国统治者的政治生活。

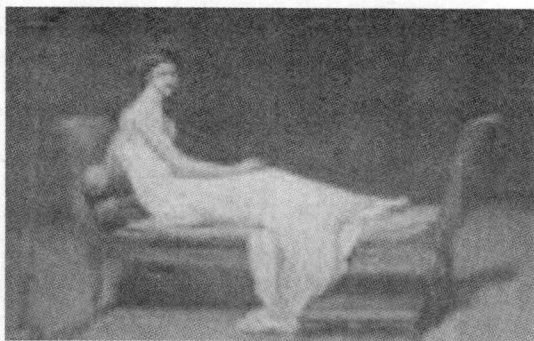

(图四)

　　安格尔(1780—1867)是新古典主义的最后代表,《皇座上的拿破仑》(1806)(庄重,威严,见图五),《泉》(1856,见图六)(一个扛着水罐洗澡的少女,和自然景色融为一体,曲线优美,动人逼真)都是世界著名的绘画。

（图五）

（图六）

三、19世纪初期的浪漫主义文学与艺术

19世纪的浪漫主义文艺思潮是在18世纪的启蒙运动与法国大革命的影响下出现的一种新的文艺思潮。一定的创作思潮，流派及创作方法的产生都是与一定的政治,哲学思潮有联系的,浪漫主义文艺是资产阶级上升时期的产物。其共同特征是:主观幻想性,追求夸张离奇的情节,抒发对社会与理想人生的追求,歌颂大自然。消极浪漫派则对大革命报敌视态度,沉湎于绝望与神秘的宗教情绪之中。

在17世纪英国资产阶级革命(1642)、18世纪欧洲启蒙运动、美国独立战争(1775—1783)、法国大革命(1789)的影响下,欧洲各国反封建斗争空前高涨,民族解放运动蓬勃发展,这时期出现了圣西门、傅立叶、欧文等人的空想社会主义。哲学领域里,德国古典哲学包含有深刻的辩证法,他们强调人类的主观能动作用。这些政治,哲学思潮对于积极浪漫主义憧憬理想共和国,表现主观精神与不受束缚的个人主义倾向都有一定影响。

浪漫主义文学也同时受到18世纪英国感伤主义文学,德国启蒙运动中狂飙突进运动中的激进文学,法国启蒙思想家卢梭"返回自然"的文学主张与创作的影响。像英国的拜伦(1788—1824),雪莱(1792—1822),济慈(1795—1821);法国的乔治桑(1804—1876),雨果(1802—1885);美国的库伯(1789—1851),惠特曼(1819—1892);俄国的普希金等,都是积极浪漫主义文学的杰出代表。

浪漫主义绘画先驱是法国的席里柯(1731—1824)与德拉克洛瓦(1798—1863)。席里柯的《梅杜萨之伐》(见图七)写沉船后的死里逃生,木筏上的人们在奋力呼救,随波涌起的木筏造成了动荡起伏的艺术效果,一反古典主义呆板,严肃的端庄与和谐匀称的画法。德拉克洛瓦的名作《自由领导人民》(1830,见图八)歌颂了法国人民为

（图七）　　　　　　　　　　图八

自由而战的斗争精神与必胜的信心,自由女神高举三色旗,与冲锋的战士在一起,把幻想与现实有机地结合在一起。

19 世纪的欧洲乐坛上占统治地位的是浪漫主义音乐。19 世纪初期奥地利的舒伯特(1797—1828)和德国的韦伯(1786—1826)奠定了浪漫主义音乐的基础,三四十年代是欧洲资产阶级民主革命高涨时期,也是浪漫主义音乐鼎盛时期,代表是德国的门德尔松(1809—1847),舒曼(1810—1856),瓦格纳(1813—1883);法国的柏辽兹(1803—1869);意大利的罗西尼(1792—1868);波兰的肖邦(1810—1849);匈牙利的李斯特(1811—1886)。

1848 年欧洲大革命失败后,浪漫主义音乐也开始走向衰落。19 世纪下半叶各国的民族音乐兴起,著名的有俄国的柴可夫斯基(1840—1893),奥地利的轻音乐家施特劳斯(1804—1849),法国工人作曲家狄盖特(1848—1932)等。

四、19—20 世纪的现实主义文学与艺术

19 世纪 30 年代至 20 世纪初,是欧洲批判现实主义文学艺术占主流的时期,涌现了许多世界著名的作家与艺术家,对后世影响巨大而又深远。

20 世纪世界文坛与艺坛形成了三足鼎立的局面:欧美批判现实主义文学艺术;现代派文学艺术;无产阶级与社会主义文学艺术。都各自取得了丰厚的成绩,涌现了众多的文学家与艺术家。

20 世纪后期及 21 世纪初期,世界文学艺术进入现实主义与后现代主义时期。

1. 19—20 世纪现实主义文学艺术产生的社会背景。

19 世纪 30 年代,欧洲批判现实主义兴起,浪漫主义文学已处于低潮。在欧洲,上升的资产阶级和封建势力的斗争(欧洲有神圣同盟的封建堡垒)虽未结束,无产阶级与资产阶级的矛盾日益尖锐,罢工运动此起彼伏,逐步上升到主要矛盾,人们开始面对阶级斗争日趋尖锐的时代与现实人生,浪漫主义的幻想已经彻底破灭。19 世纪 40 年代《共产党宣言》的诞生,意味着世界先进动力指导思想的萌芽与产生。

19 世纪后半叶英法两国资本主义飞速发展,德国,意大利经历了漫长的分裂与战争,终于完成了统一(1870—1871)。俄国沙皇被迫宣布废除农奴制(1861),美国也开始了废奴战争(1861—1865)。这样的背景下英,法,俄国,美国都产生了伟大的文学家与艺术家。

马恩建立第一共产国际(1864),巴黎公社第一次尝试无产阶级政权(1871),各国的民族解放运动风起云涌,无产阶级文学也在继续发展。

20 世纪初,资本主义已过渡到帝国主义阶段(垄断资本主义)。11 个殖民国家(西,葡,荷,英,法,俄,比,德,意,日,美)以及它们所占有殖民地的总和,已达全球陆地面积的 85%。(见《世界民族概论》第 11 页,中央民族学院出版社,1995年)

帝国主义瓜分世界带来了战争。据当代史学家们的统计,第一次大战卷入国 33 个,人口达 15 亿,伤亡达三千多万。第二次世界大战卷入 61 个国家与地区,20 亿人口,占全球人口的 80%,伤亡达五千五百多万人。是几千年人类文明史以来的空前大浩劫。文艺作品(包括影视剧)反映这一时期的战争与人生悲剧数不胜数。

瓜分世界引起战争,战争引起革命。第一次大战,十月革命成功,又带动了一系列国家的革命,许多国家先后成立了共产党,第一次大战后,第二国际为妥协的机会主义所左右,列宁建立并领导了第三国际(1919),1922 年 11 月,举行第四次代表大会时,有 58 个国家的 408 名代表参加。

第二次世界大战后,世界又诞生了一系列的社会主义国家(亚美 5 个,东欧 8个,加上苏联,计 14 个)。战争引起革命,这是"哪里有压迫哪里就有反抗"的真理的最好的证明。

经过两次世界大战,帝国主义垄断向信息资本主义(后资本主义)发展。全人类的意识都有了一次大的飞跃:政治民主化与法制化,人性化,科学化与现代化才是人类发展的总趋势。

1945 年以美国为首的联合国在纽约成立,51 个创始成员国中,亚非国家只有

13 个,20 世纪 60 年代非洲许多国家纷纷独立(13 个国家宣称建立社会主义,1990 年最后一个国家纳米比亚宣布独立),1971 年 10 月 25 日,中国加入联合国(1972 年美国总统尼克松访问中国,建立了中美外交关系,结束了 20 多年的敌对状态,走上了合作发展的道路)。20 世纪 80 年代加入联合国的成员国已达 151 个。

20 世纪下半叶美苏两个超级大国从冷战到结束,世界从两级化向多极化发展。1991 年随着苏联及东欧各国的社会主义解体,社会主义走入低谷。还有 5 个社会主义国家幸存,经历了十年动乱的战斗洗礼的中国,坚持邓小平开创的走有中国特色的社会主义,坚持打开国门,改革开放,从小康到走向现代化,仅仅用了 30 年的时间,就取得了巨大的翻天覆地的变化。紧随亚洲四小龙之后,迈进了世界现代化的进程。

19—20 世纪 200 年间世界各国的现实生活纷纭杂陈,风云变幻,处于大动荡,大变革,大发展的重要时期;经历了三次工业革命。各国的文学艺术也丰富多彩,及时表现时代与人生。现实主义文学艺术依然占主流,并与浪漫主义文学艺术,现代派文学艺术相互渗透,相互借鉴。

2. 19—20 世纪初现实主义文学艺术的思想倾向。

文学史家们认为:这时期的作家与艺术家们的政治态度不尽相同,有的站在自由主义贵族立场,有的代表资产阶级民主派和小资产阶级的利益,有的从革命民主主义立场出发,反映农民的情绪与要求。有的同情下层社会的悲惨命运。他们主要受启蒙思想,空想社会主义,基督教博爱思想的支配与影响。创作者们的世界观的核心是资产阶级人道主义与个人主义思想。

他们对劳动人民止于同情,被表现为消极的受难者,揭发鞭挞社会罪恶时,往往通过道德说教来解决问题,或提出一些改革方案,也能触及统治阶级的根本利益,但不能给社会指明真正的出路,只能提出为什么,解决不了怎么办。

主要作家有法国的司汤达,巴尔扎克;英国的狄更斯,盖斯凯尔夫人;俄国的普希金,果戈理,屠格涅夫,陀斯绥耶夫斯基,托尔斯泰,契科夫;丹麦的安徒生,挪威的易卜生,美国的斯托夫人,马克·吐温,欧亨利,德莱塞;日本的二叶亭四迷,夏目漱石,等等。

3. 20 世纪上半叶的现实主义文学艺术具有新时代特点。

继续表现被压迫人民的生活,在反法西斯斗争中,成为无产阶级文学的同盟军。一些作家受到自然主义和现代派的影响。

主要作家有英国的萧伯纳,高尔斯华绥,毛姆;德国的海塞;美国的辛克莱,阿瑟米勒;法国的罗曼罗兰;捷克的哈谢克;奥地利的茨威格;南斯拉夫的努希奇;日本的川端康成,印度的泰戈尔,普列姆昌德;埃及的塔哈·侯塞因;阿根廷的库塞尼;中国的鲁迅;等等。

4. 现实主义的绘画。

19世纪30—70年代形成了一种思潮,坚持面对现实,往往以下层社会为描绘对象,揭示资本主义社会的不合理性。法国的库尔贝(1819—1877)是写实主义的领袖,《打石工》(1849,见图九)生动逼真地表现了贫苦工人的艰苦劳动。

图九

三四十年代的巴比松派以集中于巴黎郊区的巴比松村而得名;最杰出的代表是米莱的《播种者》(1850),《拾穗》(1857,见图十),《扶锄的男子》(1863),《葡萄园中的休息》(1869)都表现了农民劳动的辛苦。另一著名画家柯罗的《戴珍饰之女》(1868)则是农村版的蒙娜丽莎。

漫画大师杜米埃(1808—1879)表现了法国革命与巴黎公社时期的现实生活:《卡冈都亚》(1832),《立法肚子》(1834),《出版自由》(1834)是西方美术史上最早塑造工人形象的

图十

作品。《我们这些老实人都受骗了》(1834)则讽刺了统治者大臣们的互相欺骗的丑态。

五、20世纪现代派文学与艺术

现代派文学与艺术是19世纪末20世纪初以来,西方资本主义发展到垄断资本主义时代,特别是两次大战以来,陆续出现的资产阶级精神衰退时期的文学艺术流派的总称。包括象征主义,唯美主义,表现主义,未来主义,超现实主义,意识流,存在主义,荒诞派戏剧,新小说派,"垮掉的一代","愤怒的青年",黑色幽默派,魔幻现实主义,等等。

1. 现代派文学艺术产生的根源。

文学史家们认为:从经济上看,资本主义发展到垄断时期,各种社会矛盾加

剧,经济竞争和危机引起人们精神上的恐慌,失业使许多小资产阶级被抛入到无产阶级的劳动大军中。

从政治上看,帝国主义政府的控制(如海勒的《22条军规》生动地反映了这一生存状况)。二次大战给世界带来的无穷灾难,给人们的心灵上造成了巨大创伤。

从精神文明上看,资本主义物质文明虽然发展了,失业与经济危机造成的个人经济地位的不稳定,引起的焦虑与忧郁,理想失却,精神上绝望之后的空虚颓废,与社会物质文明的发展形成了鲜明的对比。两次大战的空前浩劫使文艺复兴,启蒙运动以来形成的民主平等博爱自由的传统价值观念毁于一旦。资产阶级革命史上的豪迈英雄气概和共和国理想,再也激不起人们的热情与信心,精神支柱丧失了,悲观主义,神秘主义,唯我主义也就乘虚而入。这些反文化反传统的思想反而成为现代派文学艺术的思想根源与理论基础。

2. 现代派文学艺术的基本特征。

一是反对传统的现实主义文学,标新立异,未来主义的口号则提出把巴尔扎克,托尔斯泰扔到大海里去。二是向内转,着力表现人物的内心世界矛盾,压抑与痛苦。三是突出梦幻,联想,潜意识的暴露,神秘的感受。四是大量运用象征,荒诞,时空交错的意识流手法。

著名的经典之作,如卡夫卡的表现主义小说《变形记》(一个一夜间变成了大甲虫的推销员给全家人带来的恐慌的悲剧);爱尔兰乔伊斯的意识流长篇小说《尤利西斯》(男主人公的精神阳痿与妻子的放荡不羁,一个青年寻找精神父亲的空虚,三人意识流的交织);英国女作家伍尔夫的意识流小说;法国贝克特的荒诞派戏剧《等待戈多》(表现流浪汉百无聊赖的生活);萨特的存在主义剧本《苍蝇》(反法西斯);美国海勒的黑色幽默小说《第22条军规》(主人公走到哪里都会感到一种被支配的力量存在着);哥伦比亚马尔克斯的魔幻现实主义长篇小说《百年孤独》(殖民统治下的愚昧落后,内战及抗争的悲剧)……都运用新奇的手法,夸张象征性的表现了各种扭曲,变形后的人类灵魂。

3. 现代派的哲学、文学思潮也影响了艺术的风格。

19世纪末的印象画派在室外采光绘画方面独辟曲径。19世纪末兴起于法国,马奈(1832—1883),莫奈(1840—1926),塞尚(1839—1906),凡·高(1853—1890),高更(1848—1903)为主要代表,此派绘画波及许多国家,美国的女画家卡萨特(1844—1926),日本的黑田清辉(1866—1924),中国的刘海粟(1895—1992),林风眠(1900—1991)等人,都是吸取了印象派画法的艺术大师。

20世纪初的表现主义绘画强调自我感受和主观意象,挪威画家孟克(1863—

1944)的名作《呐喊》即是表现主义绘画的代表：一个人站在桥头，双手掩耳张大了口，扭动着身子疯狂地喊叫，以这种艺术表现突出了人性受到压抑后的狂怒。（见图十一）。

未来主义绘画为了表现运动感与速度感，一匹马竟有 20 条腿，画狗、人都是多肢体的，处在连续或放射性的构图中。

荒诞派绘画《泉》是一个倒置的瓷器小便壶。与安格尔的《泉》不可同日而语。和把《蒙娜丽莎》复制品上加上小胡子一样，都是一种艺术焦虑的讽刺艺术。

超级写实主义，则放大人体的某一个部位。一些城市雕刻也常常采用这种手法。

（图十一）

此外还有波普艺术（拼贴艺术），欧普艺术（视幻，光效应艺术）。

20 世纪的音乐流派众多，追求新奇的现代派音乐有印象主义，表现主义，新古典主义，未来主义，新即物主义，美国的爵士乐等，并且出现了以现代科技为基础的现代化音乐，如电子音乐，空间音乐，镶贴音乐，组合音乐……

印象派音乐：产生于 19 世纪末 20 世纪初，强调音色的作用，大量采用全音阶，教会调式及平行和弦，叠置和弦，造成调性的扑朔迷离。在朦胧的音色中表现出情调和气氛。开创者法国音乐家德彪西（1862—1918）。他的《牧神午后》根据象征主义诗人的诗歌改写，表现牧神在炎热的太阳下昏昏欲睡时的幻觉。

表现主义音乐：产生于 20 世纪初，强调表现主观世界，开创者是奥地利的音乐家勋伯格（1874—1951），与其学生伯格与韦伯恩同称"新维也纳乐派"。勋伯格1923 年创立了规范的无调性音乐技法（十二音位法）。增强了音乐的表现力。50年代他的学生韦伯恩发展为序列音乐（纳入数学计算体系中），后来的电子音乐与序列音乐的关系是很密切的。

新古典主义音乐：以意大利的布索尼（1866—1924），俄国的斯特拉文斯基（1882—1971）为代表，提倡音乐回到古典去。

未来主义音乐：20 世纪初意大利的音乐家提出了寻找新音响表现手段，如卢索罗 1913 年介绍了几种声音：隆隆声，哨子，汽笛声，低语声，摩擦声，敲击声，人与动物的声音。1948 年法国的具体音乐作曲家运用录音技术把日常生活与自然界的各种声音录制下来，进行复合处理而成的音乐。以后又和电子音乐结合在一起。

美国的爵士乐：发源于非洲，贩卖黑奴时，传入美国，20世纪初在美国开始流行，节奏感很强，很适于现代生活的快节奏，因此流行于世界，以后发展为摇滚乐。

现代派艺术还影响了西方的建筑，中世纪欧洲有著名的宗教建筑罗马式与哥特式建筑。19世纪末20世纪初在欧美兴起了现代派建筑，主张摆脱传统建筑形式的束缚，大胆创造适应于工业化社会要求的新建筑，五六十年代则风行于全世界，采用新材料，新结构，是被人称为"国际风格"的建筑，如联合国总部大厦。

20世纪60年代以来美国和欧洲出现了后现代派建筑（反对或修正现代派建筑），有三个特征：采用装饰；具有象征性与隐喻性；与现有环境融合。如纽约电话电报公司大楼，有的则采用古典式与现代式相结合的样式。

随着东西方文化交流的加强，文化与语言的关系也更为密切，翻译更显得重要，王雅梅，谭晓钟《论影响国际商务活动的文化因素》（《中华文化论坛》2000,4）一文举了很多生动的例子说明翻译在文化交流中的重要性。如美国通用汽车公司曾销售的"Nova"牌"雪佛兰"汽车，英文意为"神枪手"，但在西班牙语中却是"跑不动"的意思，该汽车在西班牙语的国家与地区的销路可想而知，不会顺畅。美国可口可乐在20世纪20年代的中国被译成"口渴口蜡"，其销售量不佳。现在用可口可乐则大受欢迎。美国好莱坞经典名片《滑铁卢桥》，在20世纪40年代进入中国，译为《魂断蓝桥》紧扣爱情主题，不会一听原有片名就错以为是拿破仑惨败滑铁卢的战争片。

因此，该文强调：翻译一定要入乡随俗，了解当地的文化与风格，符合民情与需要，才能使产品扩大销售量及影响。

综上所述，文化是一个人类社会的大系统，在这个大系统中有许多子系统与小系统，它们彼此间又有密切的，或多或少的联系，它们互相影响又互相促进，互相阻碍又互相斗争，自有人类以来即不断地生灭变化，发展繁荣，虽循环往复以至无穷（因为人性一致，都有美国思想家马斯洛所说的"五种需求"），但整个人类的文明史从低级到高级，越来越进步；这是人们有目共睹的历史与事实。21世纪将是东西方文化互补的新世纪，1988年诺贝尔奖获得者在巴黎宣称：21世纪的人类应该从2500年前的孔子那里汲取智慧。这是爱好和平与大同世界（"四海之内皆兄弟"）的人们共同的心愿。

第十章

文化的分类

　　对文化的研究是改革开放以来的热门话题,西方国家早在 19 世纪下半期已开始了文化研究。1952 年美国学者克鲁伯和克拉克合著的《文化,关于概念和定义的探讨》一书,统计了 1871—1951 年 80 年间的文化定义就有 164 种。(庄锡昌《世界文化史通论》第 26 页。浙江人民出版社,1989 年)

　　人们越来越趋向于对"文化就是人类物质财富与精神财富的总和"这一高度概括定义的认同。否则,任何单一的内容都不能涵盖文化的定义。文化涵盖整个人类的所有活动,分类自然更是同样繁多。

　　分类是按一定的原则、标准、规律、次序对概念的排列与组合。就拿植物学分类来说,我国著名医学家李时珍《本草纲目》(1596)收药材 1894 种,分为五部 30 类,是世界上最科学、最详细的分类法,瑞典植物学家林耐(1707—1778)的植物分类学比他晚了一百多年(申漳《简明科技史话》中国青年出版社,1982 年)。

　　分类又有自然法与人为法(按人选定的标准),分类可以使杂乱无章的客观存在变得井然有序并有规律可循。文化的分类也因包括人类创造的全部成果而越来越细密、繁杂。二次、三次……分类不论,只说一次分类,本文初步搜集到的也有上百种。可作如下划分:

　　一、从广义上分

　　　　1. 物质文化(有形文化)。

　　　　2. 精神文化(无形文化;非物质文化)。

　　二、从狭义上分——精神文化。

　　三、从文化定义的外延上分,可分七大类:

　　1. 从文化范围分——民族文化与世界文化。

　　2. 从文化时间分——史前文化;历史文化(文字记载以来);现代文化;未来文化。

3. 从文化范畴分：(1)理论文化——A. 社会科学——宗教,哲学,伦理,教育,考古学,人类学,史学,体育,军事,经济学,政治学,社会学,心理学,文学,艺术(建筑,雕刻,绘画,音乐,书法,装饰)等等。B. 自然科学——a. 基础理论:天文学,数学,物理学,医学,化学,生物学,地理学,地球科学(地质学、气象学),电磁学,电学。b. 技术科学:电子技术,能源技术,空间技术,激光技术,生物工程技术。c. 应用技术:应用与生产技术,应用与生产工艺。(2). 实践文化——宗教文化;政治文化;经济文化:企业文化,商业文化,消费娱乐文化,旅游文化,饮食文化(茶文化,酒文化,烟文化),服装文化等;考古文化;科技文化;军事文化等等。

4. 从文化群体差异分——精英文化,大众文化(商业性质),民间文化(民俗文化),官场文化,老年文化,市民文化,校园文化,各少数民族文化。

5. 从文化发展差异分——先进文化,超前文化,同步文化,落后文化,腐朽文化,反动文化,雅文化,俗文化。

6. 从文化发展顺序分——旧石器文化,新石器文化,游牧文化,渔猎文化,村落定居文化,农村文化,城市文化,农业文化,工业文化。

7. 从文化区域分——中心文化,边缘文化,本土文化,乡镇文化,社区文化,大陆文化,岛国文化,外来文化,海洋文化。

四、从文化概念的内涵分,可分为九大类:

1. 从文化形态分——原始社会文化,奴隶社会文化,封建社会文化,资本主义文化,社会主义文化。

2. 从文化思想体系分——东方文化(稳定保守内向型,奴隶封建社会时期漫长),西方文化(躁动开拓创造外向型,奴隶封建时代相对短暂)。

3. 从文化价值体系分——主文化:主导文化(政权文化),主体文化(社会文化),主流文化(思潮与风尚),亚文化(次文化,潜文化),反文化(主文化与亚文化的对立面文化),混合文化

4. 从文化整体分——综合文化,宏观文化,多元文化。

5. 从文化局部分——专题文化,微观文化,单元文化。

6. 从文化价值功能分——商品交换价值的文化。认识价值的文化,教育价值的文化,审美价值的文化,借鉴价值的文化,消遣娱乐价值的文化。

7. 从文化载体分——语言文化,非语言文化(物质,动作,手势,情绪等)。

8. 从文化模式分——规范文化,非规范文化。

9. 从文化边缘(交叉学科)分——广播宣传文化,影视文化,计算机网络文化,广告文化,园林文化。装饰文化(艺术装潢),戏剧艺术,等等。

以上分类林林总总,其概念的限定是否准确,当然还有待于学者们的探讨与商榷,并在实践中加以检验。其意义如美国文化人类学家怀特所说:"为着避免混乱,了解和重视每一门科学的固有界线仍然十分必要。"(怀特《文化的科学》第141页,山东人民出版社(济),1988年)下面谈谈主要的文化分类。

一、民族文化与世界文化

二者的关系是先有民族文化,后有世界文化,有的学者认为世界文化是从15世纪哥伦布发现新大陆,资本主义向外扩张的原始积累时期开始的。这一观点是站在发现新大陆的高度上来讲的;有的学者认为:实际上,上古文化时期的东西方各国已开始了文化交流,战国时期中国已通过丝绸之路与地中海有了经济贸易往来。(见沈福伟《中西文化交流史》上海人民出版社,1987年)。又如:犹太人与阿拉伯人共同的祖先闪族人的三次大迁徙也是一个明显的例子:第一次(前三千纪)从阿拉伯南部向两河流域迁徙,闪族人的一支在迦南地(今巴勒斯坦)定居下来,第二次从两河流域的乌尔城向迦南地迁徙(前2千纪),即圣经中的亚伯拉罕带领部落人的迁徙,被迦南人称为希伯来人(即河那边来的人)。第三次迁徙(前1千纪)是从埃及回迦南地,(见朱维之《圣经文学十二讲》,人民文学出版社,1989年)。

有的史学家认为拼音文字的创制者腓尼基人早在公元前6世纪已绕行非洲一圈,回到埃及,历时三年,完成了法老尼科(前611—595)委托的这项任务。理由是根据公元前5世纪希腊史学家希罗多德的记载,当时的腓尼基人已有了航行几千英里的能力,有的学者认为这次绕行非洲时,冲散了的船队已到过非洲大陆,证据是美洲土著的玛雅人曾用埃及的象形文字,建造过巴比伦式的巨大神殿及浮雕,它们用的一种棉花品种,经鉴定是埃及的棉种(宋元之际向中国传播)它们可能是腓尼基人用船运往美洲大陆的。(庄锡昌等《世界文化之谜》第三辑,第77页。上海文汇出版社,1988年)

上古埃及与巴比伦之间已有贸易交往,考古学家在12王朝的神庙废墟里发现四个铜箱子,其中装着巴比伦楔行文字的泥版文书。(崔连仲《世界史·古代史》第68页,人民出版社,1983)

中古东方有阿拉伯,印度,中国三大文化中心,哥伦布发现新大陆之前,中美洲有玛雅文化中心与阿兹特克文化中心;南美洲有印加文化中心,皆属于东方文化系统的印第安文化,有金字塔式的神殿与象形文字,神话传说与文学作品。西方又有西罗马基督教文化中心与东罗马拜占庭文化中心,15世纪以前的十字军东征是东西方通过战争达到文明接触、冲突与交融的时期,中国的火药就是同阿拉伯打仗时,传入欧洲的,造纸与印刷术,指南针也通过阿拉伯人传入西欧,并促进了欧洲14—16世纪文艺复兴的迅速传播与深入发展。英国哲学家与科学家培根也曾认为指南针、火药、印刷术曾给人类带来难以数计的变化。

这些学者们引用的资料表明:世界文化自从国与国之间,地区与地区之间,东方与西方之间的交流就已产生。通过看历史书,我们也发现:新大陆发现之前地中海沿岸的国家跨亚非欧三洲的大帝国依次就有亚述、波斯、希腊、罗马、阿拉伯、东罗马拜占庭,土耳其等诸国。

佛教产生于公元前6世纪,伊斯兰教产生于公元后7世纪,犹太教——基督教产生于公元前6世纪(《旧约》)公元后2世纪(《新约》)之间,这几大宗教都跨越本国界限向外传播,佛教自东汉末年向中国传播,基督教在罗马占领时期,4世纪成为罗马国教,中世纪成为欧洲的宗教;伊斯兰教7世纪后向亚非各国传播;所以自古代各国有了宗教的传播,有了贸易交往(丝绸之路),世界文化就已经产生了。就像人类口头流传的神话故事早在文字产生之前就已经存在了。史学家们从原生态看文化的发展,或从资本主义向全球开拓市场的眼光看民族文化与世界文化的发展,角度不同罢了。

二、语言文化与非语言文化

(一)语言的涵义

语言的产生是指人们通过语言器官(口、耳、眼并用;思维支配视觉与听觉系统)或手的活动把所要表达的思想说出或写出来,它包括说话和书写两种形式。语言是一种社会现象,是人类最重要的交际工具,是进行思维和传递信息的工具,是人类保存认识成果的载体。

1. 语言是人类社会特有的现象。

语言是人类创造的,人类语言的创造性是其区别与动物声音的根本标志。尽管动物可以以不同的方式表达自己的喜、怒、哀、乐,但是没有一种动物能够像人类那样创造性地使用语言。因为动物不具有人类的发音器官与复杂的思维表达方式,不能像人类那样用语言表达感情(鹦鹉之类的简单发音只是对人类的模仿)。

2. 语言是人类文化累积和传承的工具。

①迄今为止,几乎人类历史上的一切事件,都是通过语言记录下来的。离开

语言和文字的记载,我们根本就不可能知道人类历史上发生过什么。

②人类有了语言,就完全摆脱了经验的局限。我们不仅可以通过语言的传播,了解千里之外发生的事情;更重要的是,通过语言的记录,我们可以获得前人的经验和教训,作为今天的借鉴,而不必一切从头开始,用一生的时间重复前人的经验。这就使我们可以站在前人的肩膀上,以历代先哲的理论作为自己的起点,使"长江后浪推前浪,一代新人胜旧人"成为可能。现代化社会的年轻人已经显示了这种站在历史巨人肩膀上学习新知识的优越性。

汉语、英语、法语、德语、俄语、西班牙语、阿拉伯语是世界上的主要语言,也是联合国的工作语言。汉语是世界上使用人口最多的语言,英语是世界上使用最广泛的语言。据德国出版的《语言学及语言交际工具问题手册》说,现在世界上查明的有 5651 种语言。在这些语言中,约有 1400 多种还没有被人们承认是独立的语言,或者是正在衰亡的语言。

（二）语言文化的形成

语言文化是反映一个地区风俗民情、历史发展的标识。语言文化的形成不是一朝一夕能促成的,而是几千年来日积月累的文化积淀。人类社会是一个由低级向高级不断发展的过程,在这个社会进步的过程中,新事物、新概念不断出现,这些都会不断地对语言提出新的要求,推动语言不断地丰富自己的词汇,不断地使自己的表达方式精确化、多样化,以适应社会发展的需要,长久的累积形成了语言文化。

（三）语言文化的特点

1. 差异性与进化性

语言文化的差异性是区分不同地区文化的根本标志。全世界民族语言共有 3000 多种,不同地区的成长背景、风俗习惯与当地的地理环境造就了独特的语言文化。同一种事物在不同的地区有不同的称谓,例如"马铃薯",它原产于南美洲,英文名字"potato",在意大利称"地豆"、在法国称"地苹果"、在俄国称"荷兰薯"、在美国称"爱尔兰豆薯"。语言文字具有进化性;据明末清初考据家顾炎武考证:武则天改写制作的数字大写就是为了反贪建廉,沿用至今。《康熙字典》收集的古代语言最多,许多僵死的语言极少再用,现代语言更比古代丰富多彩,描绘语言更加活灵活现、更带时代特征与进化的特点。

2. 互融性

随着社会的进步,人类彼此之间的距离正在逐步地缩短,不同地区的文化经过碰撞是可以逐步地融合的。例如,中国有五千年的悠久历史,地大物博、人口众多,是一个多民族、多语言、多方言的发展中国家。中国有 56 个民族,共有 80 余种语言,各个民族有自己的风俗习惯、独特的民族服饰。随着社会的发展,民族间的接触频繁起来,各方面的交往逐渐增多。在彼此的接触和交往的过程中,离不开语言的使用,这样就会引起不同语言间的相互影响,语言的统一成为必然,因此以民族语言为依托的各民族文化源远流长、异彩纷呈,各民族文化相互交流借鉴、共同发展,形成了多元统一的中华文化特性。

3. 多样性

随着科技的发展、社会的进步,经济全球化的趋势在所难免。我们知道,各个民族的语言文化都是自己一方水土独自的创造,都是对人类文化的贡献。在世界各国经济相互依存度不断加大的情况下,经济全球化和语言文化的多样性应当得到统一和协调发展。多语言才能多视角,多文化才能多色彩,多包容才能多了解。因此,我们应当在经济全球化的条件下推动语言文化的平等和多样性。

4. 阶段性与时代性

同一民族的语言文化在不同的阶段有不同的特点。以中国的语言文化为例,在原始社会,人类刚开始学会说话时,语言贫乏、意义简单;奴隶社会时,漫长的时间变迁和发展的需要使语言更加丰富、复杂,多义词、多音字普遍存在,古文言文因为刻在竹简上,常常一词多义,交流用语晦涩、难懂;到了近代,经过"五四新文化运动",白话文取代文言文,交际用语更平实、简洁,更加丰富多彩。

随着文革与改革开放现代化的时代不同面貌与极大差异特征的生活体验,人们又不断创造了丰富多彩的语言文化:比如,"红卫兵"、"文攻武卫"、"蹲牛棚"、"黑七类"、"牛鬼蛇神"、"知青"、"上山下乡",工农兵学员(文革期间的大学生)等,皆已成为历史名词,现代社会也创造了许多新名词:洗脑、忽悠、短信、网络、超人、动画、动漫、装修、游戏规则、经济软着陆、泡沫经济、网上的偷菜游戏,等等,让人一听便知是哪一个时代的语言。

(四)非语言文化

在看到语言文化重要作用的同时,我们也不能忽视语言文化的对立面——非语言文化,这一辅助性文化的发展与重要作用。非语言文化是人们在长期的生产和交际过程中所形成的,用于辅助语言传递信息、表达语意的一种文化行为。它是人们在语言文化之外又发明的一种非正式的文化,它是用于帮助人们更好的理解语言所表示的含义与内容的文化行为,主要包括:物质、动作、手势、情绪、标志、色彩、信号、音响、气味、符号等方面。

作为语言文化的又一发展分支,非语言文化与语言文化有一定的区别,它主要体现在非语言文化是语言文化的一种辅助工具。非语言文化主要是作为语言文化的补充和说明,从而促使语言文化更好的发展。人类的交流沟通主要是通过语言进行的,但由于在交流沟通时受到时间、空间、距离等方面的影响和限制,使得语言所传达的信息有误或者语言信息不能很好的传达,因而出现了用于辅助语言信息传达的非语言,并形成非语言文化。比如在秘密场合下或是聋哑人的沟通交流,由于不方便说话,就需要另外的一种方式代替语言交流,所以会出现手势或者动作代替语言来传达语言信息,也就出现了现在的手语文化。还有盲人的摸识符号的盲文,也同样传达知识与信息,交流感情。

非语言文化的另一作用是它的替代性作用。而在一些场合中,人们习惯不通过语言表达来传递信息,而是通过非语言传达信息。例如使用表情、情绪等代替语言,来传达一些语言信息。比如当父亲训斥孩子时,孩子因生气而不说话,但愤怒的表情仍然可以传达孩子的不满情绪,从而取代语言所传达的语言信息。

非语言文化的主要特点反映在它的应用范围很广。非语言文化由于其具有辅助或代替语言的作用,而语言又具有很广泛的使用范围,因而使得非语言的使用范围也变得很广泛。在日常生活中,语言可以使用的地方,非语言也可以使用。比如在黑暗的环境中,人们可以通过语言交流信息,也可以采用信号灯传达信息,火车在运行中就是通过信号灯(或军队作战中的信号弹)来传达一定语言信息的。甚至在语言不能使用的地方,由于非语言的代替性特点,它也可以使用。比如十字路口红绿灯的设置就代替了语言,向人们传达了一定的指示信息;军舰的彩旗手语信号也是如此。

非语言文化是语言文化的一个分支,但同时又跟语言文化有着一定的联系。在人们的生产交流活动中,不仅仅使用语言来进行相关的交流沟通,也在使用非语言进行沟通。比如在人们成功完成一件事情时,通过流露喜悦的表情,再结合相关的语言文字,从而传达了自己心情很不错的语言信息,比如手舞足蹈的表达激动的心情。又如哑剧,歌剧(音乐语言),舞剧,民间的杂剧,魔术,皆能用音乐,动作表达人类更复杂的感情、技艺与智慧。

非语言文化与语言文化有一定的区别,也有一定的关联性。当然,随着社会的进步,时代的发展,相信这之间的区别会逐渐减少,而关联性也会逐渐加强。但是,不管是语言文化还是非语言文化,都是人们在日常生活和社会实践中,为了人们更好的生活而创造出来的不同文化形式,都是文化的一种形式与内容。

三、教育文化

（一）教育文化的定义

关于教育文化也有多种说法，有学者指出：教育是文化的重要组成部分。从大文化观着眼，教育不仅是文化的一个组成部分，而且它本身就是一个文化系统。因为教育包括了许多文化因素：语言符号、道德观念、价值趋势、行为习惯、思维方式等等。因此，作为文化形式存在的教育可以称为教育文化。教育文化由教育思想、教育制度、教育价值体系三个方面构成。三者的关系不是孤立的，而是相互交叉、相互渗透的。有学者认为，教育文化是一个民族或一个群体的教育活动的类化物，是一个民族文化大系统的子系统之一。教育文化不等于教育活动，而是人们对教育活动的过程、方式、内容、结果等的反映，是人们对教育活动的情感与态度。有人认为：教育文化是指在教育领域这一特定范围内，教育工作者和学生在其教育活动中，所形成和创造出来的物质和精神产品及其形成和创造的过程。

（二）教育文化的构成要素

包括1. 教育社会心理。2. 教育行为规范。3. 教育理想信念。4. 教育价值观念。5. 教育思维方式。6. 教育精神。7. 教育学研究。教育文化本质上是心理的、观念的、精神的，我们无法直接予以把握；它一定要通过各种载体表现出来，其载体有四类：1. 实物载体。2. 言行载体。3. 文字载体。4. 文艺载体。教育文化是人类文化的一种亚文化，在人类文化中处于较高层次。

（三）教育文化的分类与功能

教育文化包括人类教育所形成和创造的一切物质的、制度的、精神的三方面的内容。1. 就教育文化活动的性质分：可分为学校教育文化、社会教育文化（含家庭教育文化），或正规教育文化和非正规教育文化；2. 就教育文化活动的形式看：有精英教育文化，大众教育文化，或普通教育文化和职业教育文化；3. 就教育文化活动的层次看：有学前教育文化、初等教育文化、中等教育文化、高等教育文化和继续教育文化；4. 就教育文化活动中的对象来看：可分为教育者文化和受教育者文化；5. 从教育文化活动的历史沿革看：有传统教育文化和现代教育文化；6. 从教育文化活动的民族性看：有本民族教育文化和外民族教育文化；7. 从教育文化活动的阶级属性看：有无产阶级教育文化和资产阶级教育文化；8. 从教育文化活动地域看：有东方教育文化和西方教育文化，等等。

随着全民教育计划的逐步实施,终身教育观念的广泛宣传和被人们接受,教育文化就具有了全民参与的性质,其影响也是人的终生过程。人的一生是不能离开教育文化的,生下来之后就在家里接受家庭教育,养成人的基本行为方式;到了入学年龄接受正规学校教育,养成完整的人格和从事社会工作的基本技能;进入社会后还要不断学习,更新知识、完善自己,接受社会教育,以适应发展了的社会要求。

世界教育文化发展史也表明:不同地区、不同民族的教育文化,互相开放,互相交流,互相引进,互相吸收,互相促进,这是各民族教育文化发展的一条规律。教育文化有超越阶级性和民族性的为人类社会共同需要的内容,如基础文化科学知识,某些道德行为规范等。因此,各国和各民族都能相互借鉴教育制度、教育内容和教育经验,促进各民族教育文化之间的交流与融合。

高等教育社会服务功能的发挥有利于高等教育的科学研究面向社会、面向生产、面向实际,参与改革开放中的一些重大理论和实际问题的研究;有利于提高高等教育的应变能力,适应生产、社会和新技术革命发展的需要;有利于提高教育质量,促进高等教育面向国民经济,培养具有解决实际问题能力的高级专门人才。从这个意义上说,"服务"是双向的,教育文化在为社会服务的同时,社会又促进了教育文化的发展。

（四）教育价值的取向

教育的精神价值,指向对人的终极关怀,社会的发展与稳定。关注整个社会和民族的未来。学校教育价值是指学校教育所具有的优化生命存在、提升生命质量的水平。学校教育价值取向是指学校教育者以人的生命需要为基础,对学校教育价值的自觉选择。当代中国学校教育价值取向研究的定位,可以取理论与实践积极互动、共同创生的研究类型;可以追求建设性的、面向未来的精神取向。

我们的教育要更好地引导青少年一代健康成长,就必须走进生活,并与世界现代化的发展同步,理论与实际相结合,而不只是脱离实际的书本教育。真实而深刻地把握生活与时代的脉搏,因为现实生活是教育的基础,是人的一切科学知识和实践行动的基础。民族崛起,关键在民族精神的崛起。民族精神的崛起,最高手段是教育。只有具备了精神价值追求的教育,它所支撑起的民族精神才能有灵魂,才能持续生长、绵延不绝!

四、军事文化

（一）军事文化的定义

《辞海》概述"军事"："一切直接有关武装力量建设和战争活动事项的统称。包括国防建设和战争的准备与实施、军事科学研究等"。军队是国家和民族之根，是军队之魂。任何国家与民族都离不开政治统治，而经济（国家发展的基础与命脉）与军事（国家的安全保卫）又是政治头脑的左臂右膀，二者缺一不可。军事文化应该包括军队建设与管理，军队科技现代化，军队的战斗精神，职业操守，军事道德与信仰，军队教育与技术培训，军队宣传与艺术，后勤管理与生产；等所有与军事有关的活动与事业。军队文化也是人类社会文化的重要组成部分。随着时代发展和进步，军事文化在现代实践活动中发挥着越来越重要的作用。

（二）军事文化的发展

军事文化既是人类物质文明的保卫者，也是国家意识形态领域的重要的组成部分，具有鲜明的阶级性。中国在奴隶社会、封建社会，各阶级统治集团及其军事家们已经对于战争与军队问题有了理论认识与总结，孙子兵法扬名海外，在国内更是深入人心，当今时代甚至用于商业贸易方面的指导精神与商战的策略。

原始社会轩辕氏黄帝已发明了战车。奴隶社会战争频繁，夏末商初，人们主要是以靠天命观指导战争为中心内容，以"违天命者""吊民伐罪"相号召，用占卜手段驱使军队作战，建立新的王朝；西周末年周幽王的昏庸，战乱又起；东周迁都洛阳后逐渐走向衰亡，开始了公元前 8 世纪初至前 3 世纪末的春秋战国时期，各诸侯国互相兼并，作战更加频繁。军队逐渐以车兵为主，对军队的管理也更加严厉，军事思想也更周密了，指导着邦国的军事斗争。通过这一时期的战争实践，人们初步认识到审时度势，运用各种战法并因势利导，反映了朴素的唯物主义观念，人们已开始进行理论总结，探讨战争与物质力量的关系，在一定程度上认识到军队多寡，武器的数量和质量，对战争胜负具有重要作用。有了记载军事的书籍，如已失传的《军志》《军政》，还有流传至今的《左传》《孙子兵法》等书。《孙子兵法》的诞生，标志着封建军事思想的成熟。它是全面而系统的军事著作，指导着后代的战争实践和军事理论的研究。提出军事斗争巧妙地运用权谋，即"上兵伐策"，"必以全争于天下"（天下统一才能避免战乱），认为"不战而屈人之兵"是高明军事家所期求最理想的战争结局，打破了奴隶社会天命观，提出更为科学的方法。孙子已经指出，战争胜负是由政治、经济、天时、地利、人事等因素所决定的。

对于孙子军事思想的发展,有军事家吴起所著的《吴子》,探索了战争的实质,论及战争发生的根源,并把战争分类;还有孙膑所著的《孙膑兵法》都是对《孙子兵法》军事思想的继承与发展。成为我国历史上军事思想的第一次高峰。对后世产生了重大而又深远的影响。甚至于一直影响到现代毛泽东的游击战的军事思想的创建。

秦汉以来的中国2000多年的封建社会,经历了几个大的王朝:秦汉魏晋隋唐元明清。晋以后的南北朝,与唐以后的五代16国时期,是没有统一,四分五裂的军阀混战时期。在这漫长的两千多年间,合久必分,分久必合;统一才能使民休养生息,才能使社会、经济,军事进一步丰富和提高。秦朝的大规模筑长城、修驰直道、重兵戍边,有了成熟的统一天下为己任的战略思想。楚汉的张良为刘邦献策,收揽民心;也显示了民心重于军事;不战而屈人之兵的统一天下的战略思想为历代的开国皇帝与统治集团所重视。西汉对匈奴的反击战,由名将卫青、霍去病率独立的骑兵集团主动出击、快速机动、正面冲击等作战手段,创造性的发展大规模使用骑兵的战略战术。军事基础在战争中慢慢基奠,军事文化也随之更加丰富与完善。

从14世纪末至19世纪40年代,是西方资本主义原始积累悄然兴起并走向兴盛的时代。清代后期的中国更加没落腐朽,闭关锁国,不思进取,内乱不断。鸦片战争爆发,甲午战败,彻底暴露了清政府的腐败无能,为了强国,开始学习引进外国的军事设备,"师夷长技以自强"。由于火器的改进和从国外引进先进兵器,出现了独立的水师、炮兵、工兵及其他兵种。

18世纪下半叶英国开始了工业革命并带动了欧美的工业革命,成为著名的"世界工厂"。工业革命的经济发展也带动了军事文化的不断发展。普鲁士军事理论家克劳塞维茨所著的《战争论》运用哲学和历史学成果,阐述了战争与政治,战争与经济,暴力手段与科学技术的相互关系。他所阐述的军事思想,代表着资本主义上升时期的资产阶级的进取精神。随着西方科技文化的发展,发达国家的军事科技也在世界遥遥领先。

无产阶级为了自身解放也不断总结革命战争经验,并吸取军事思想上的积极成果,形成自己的军事思想。毛泽东的《中国革命战争的战略问题》(1936)(论述了战略退却与反攻、运动战、速决、;歼灭战),《抗日战争的战略问题》(1938),《论持久战》(1938),《中国共产党在民族战争中的地位》(1938),《战争和战略问题》(1938),《关于西北战场的作战方针》(1947),《关于辽沈战役的作战方针》(1948),《关于淮海战役的作战方针》(1948),《关于平津战役的作战方针》(1948),《向全国进军的命令》(1949),等一系列光辉论著,从战略战术的高度指导与指挥了第二次国内革命战争(1927—1936),抗日战争(1937—1945),解放战争(1945.8—1949)的一次次的人民解放战争的伟大胜利。建立了新中国。真正做到了理论和实践的相结合,从战争中研究战略与战术。遵循了辩证唯物论思想和历史唯物论思想,从实际出发总结了作战中的军事思想。成为中国历史上伟大的军事思想家与战略家,为社会主义的革命与建设奠定了牢固的基础,也为改革开放实现现代化的建设与发展奠定了牢固的基础。毛泽东的军事思想第一次与改变中国人民翻身解放的历史性命运密切的结合在一起,并取得了巨大的成功! 不能不说是扭转乾坤的历史奇迹与社会进步的必然趋势。

胡锦涛提出了当代革命军人的核心价值观,即"忠诚于党,热爱人民,报效国家,献身使命,崇尚荣誉",成为指导现代化军队建设的指导思想。从为了建设新中国而英勇献身的成千上万的革命先烈,《义勇军进行曲》,到人民英雄纪念碑,再到董存瑞、黄继光等八位英模画像以及新时期军人楷模:杨业功、丁晓兵、华益慰等——都是我军核心价值观的具体表现;构筑了中国人民解放军坚如磐石的"精神长城";正是有了这样的"精神长城",才有了我们这支威武之师、正义之师、文明之师的过去和未来。

(三)军事文化的意义

任何军事思想都是一定发展阶段的产物。随着社会生产力的不断提高和科学技术的飞速进步,要求军事思想在继承历史上一切优秀遗产的基础上不断地有所创新和发展。建立起现代化的科技军事文化。以指导今天现代化军事文化的建设,加强国防力量的建设,保卫祖国的安全与统一稳定的发展,对于打击恐怖分子的破坏与捣乱,也有着震慑力量;对建立与稳固中国特色的社会主义现代化,有着举足轻重的伟大意义。

五、体育文化

体育本身就是一种文化! 前南非总统曼德拉一句"体育具有改变世界的力量"令人深思与回味! 国际奥委会前主席萨马兰奇认为"在世界的五种通用语言——金钱、政治、艺术、性爱和体育中,体育尤其引人入胜"。体育文化因其操作性和通用性强、规模宏大、气势磅礴、辐射力强等特点而格外迷人,广大体育界的人士对于弘扬体育文化具有天然的优势和义不容辞的责任。

（一）关于中西比较体育文化的研究

1. 东方与西方传统体育文化的两大系统长期的历史演变，在世界上形成了两种传统体育文化。一种是包括中国传统体育文化、印度体育文化、日本体育文化和伊斯兰体育文化等文化圈在内的东方体育文化，另一种就是以古希腊的奥林匹克运动为主要源流的欧美西方体育文化。

2. 西方体育文化对中国体育文化的影响。经过两次鸦片战争等外国经济与军事的入侵，随着一系列不平等条约的签订，中华民族政治、经济、文化经历了一次空前浩劫，民族自尊心受到了空前伤害。从广义文化角度讲，中国近代的民族危机根本上就是一种文化危机，作为封建经济与政治反映并反过来为之服务的传统文化，已不能有效地回答和解决当时社会所面临的问题，这就迫使传统文化进行改革，以适应新的形势，中国传统体育文化亦是如此。鸦片战争之后，在西方体育文化的强烈冲击之下，中国传统体育文化发生了巨大的改变。西方体育先是以体操为代表由军队到军校，由教会学校到一般学校在全国传播开来，中国传统体育的'养生'有逐渐被西方体育所代替之势。体育文化本是一种不拒绝各种体育形式的文化，它具有超越国界、超地域的世界性特征，打破了地域环境与人文壁垒的体育文化，呈现出一种新的发展势态。

（二）体育文化类型

目前国内大多学者把体育文化分为学校体育文化、竞技体育文化和社会体育文化三大类。

（1）从体育发展的历史过程来看，分为古代体育文化、近代体育文化和现代体育文化；

（2）从群体差异分：企业体育文化、社区体育文化、军营体育文化、校园体育文化和村镇体育文化；

（3）从体育文化的内涵分：包括体育观念、体育思想、体育理论、体育科学、体育精神、体育艺术、体育道德、体育法规和体育风尚等若干个方面；

（4）从体育活动所依附的文化载体分：有体育场馆文化、体育用品文化和体育影视文化。

（三）体育文化的特点

体育文化有着一种趋于竞赛活动的"本能"。任何体育文化在发展过程中，无论是民间活动，还是国际活动，无论是青少年的活动，还是中老年的活动，都有一种相互比试、较量、角逐的趋势，最终形成竞赛。这是体育文化的特点，也是体育文化发展的内在动力。定向运动就是这样一个带有强烈的对抗竞争性的体育运动。它是人类在与自然融合的过程中,最大限度地发挥自我身心潜能,向自身挑战的体育运动,也是追求竞技体育超越自我生理极限,强调参与和勇敢精神,追求在跨越生理和心理障碍时所获得的愉悦感。

（四）社会体育的意义

社会体育是以人为本,以不断满足人们身体与精神的享受和发展需要为目的的一种社会文化活动。提高国民的体质与健康水平,从而提高人们的生活质量。促进人的全面、协调、完善发展是社会体育的宗旨。而要提高每个国民的体质和健康水平,最直接、最基本的途径是扩大社会体育参与。随着中国全面建设小康社会历史时期的到来,一个休闲时代正在到来。休闲时代将更加注重满足人们的精神文化需要,更加注重人的自身发展和自我价值的实现。而定向运动,作为放松身心、自我娱乐、融洽关系、发展友谊、维护健康、挑战自我的积极、有趣、有益的休闲方式,必将促使体育文化的蓬勃发展,满足了人类渴望回归自然的需要,使人们逐步离开传统的体育场馆,在公园、休闲场所、花树间锻炼身体更大程度地体现了人类返璞归真、回归自然、保护环境的美好愿望。这正是中国体育文化的"天人合一",即顺应自然、与自然保持和谐一致的精神的体现。

（五）体育产业的发展

在经济与体育较为发达的国家,体育产业已成为国民经济的支柱产业。随着世界定向运动的发展,定向运动及其魅力的展现和商业价值的迅速提升,正吸引越来越多的人投入与参与。定向运动已走上大众化的道路,国内定向运动的快速发展期也即将来临,它将为定向运动的学习者、和爱好者提供更多的就业机会和职业选择。你可以成为职业定向运动员、职业定向地图制图员,也可以从事定向运动设备器材的研发与生产,或者媒体的专职定向记者、解说员,你还可以组织自己的定向运动俱乐部,推广定向运动、组织自己的赛事、组织野外拓展和团队培训活动、组织各种定向旅游活动,带领广大的定向爱好者融入到大自然中。

（六）中国体育事业的发展与辉煌成就

鸦片战争以来,由于西方列强入侵,中国沦为半殖民地半封建社会,不但经济落后,而且国民体质衰弱,从来不重视体育运动。旧中国竞技体育水平低下,三次参加奥运会均空手而归,被蔑称为"东亚病夫"。新中国成立后,为提高我国的体育运动技术水平,努力攀登世界体育高峰,我们进行了长期的探索,逐步形成了以奥运会为最高层次的竞技体育发展战略,形成了有中国特色的竞技体育的举国体制。几代运动员在强手如林、竞争激烈的国际赛场上取得了辉煌的成绩,为中国体育的发展史写下了光辉的一页。

1956年6月7日,陈镜开在上海举行的中苏举重友谊赛上打破挺举世界纪录,这是我国运动员创造的第一个世界纪录。1959年,容国团在第25届世界乒乓球锦标赛男单比赛中力挫群雄,成为新中国历史上第一个世界冠军。1963年11月10—22日第1届新兴力量运动会在印度尼西亚雅加达举行。中国体育代表团参加了14个项目的比赛,获得66个第一名、56个第二名和46个第三名,13人17次打破了16项全国纪录,2人2次打破2项世界纪录。1965年4月15日中国乒乓球队在第28届世界乒乓球锦标赛中,荣获男、女团体、男、女双打和男子单打5项世界冠军,4项亚军,7个第三名。中国人的体型适合短平快的乒乓运动,几乎成了我国人民自豪与骄傲的举国运动的国赛。自1980年首次参加冬奥会后,我国在2002年盐湖城冬奥会上实现了金牌"零"的突破。

1981年中国女排以亚洲冠军的身份,参加了在日本举行的第三届世界杯排球赛,中国首次夺得世界杯冠军。1982年在秘鲁世锦赛再度获得冠军。1984年洛杉矶第23届奥运会女排决赛中,中国女排取得了"三连冠"。1985年在日本举行的第四届世界杯女子排球赛中再夺世界杯冠军。1986年在捷克斯洛伐克的第十届世界女排锦标赛中荣膺五连冠。从1981年至1986年,中国女子排球队在世界杯、世界锦标赛和奥运会上蝉联世界冠军,成为第一支在世界女子排球历史上连续五次夺魁的队伍。捷报频传,举国上下莫不欢欣鼓舞!

在亚洲,从1982年第九届亚运会开始,我国已经连续7届位列金牌榜第一。1990年中国成功地举办了第11届亚运会。自从许海峰1984年在洛杉矶奥运会上实现了中国奥运金牌零的突破之后,并以15枚金牌位列金牌榜第四名,令世界震惊,国人振奋。自此中国的体育事业可谓是阔步前进。随后我国又参加了第24至28届夏季奥运会,不断取得新的突破。第28届雅典奥运会上,中国体育健儿勇夺32块金牌,列世界金牌总数第二名。

2008年8月8日至24日,第29届夏季奥林匹克运动会在北京隆重举办并取得圆满成功,实现了"有特色、高水平"的目标,被誉为"一次无与伦比的奥运会"。在第29届北京奥运会上,中国体育代表团取得了51枚金牌,100枚奖牌的优异成绩,历史上首次名列奥运会金牌榜首位。中国队获得的这100枚奖牌,分布在奥运会28个大项的26个大项中,中国代表团因此成为奥运会历史上获得奖牌分布率最广的代表团之一。北京奥运会是对我国体育事业发展水平的一次全面检阅,也是我国综合国力强盛的具体表现。

六、心理学文化

（一）定义与起源

心理学是研究人的行为与心理活动规律的科学。心理学一词来源于希腊文，意思是关于灵魂的科学。灵魂有气体或呼吸的意思，因为希腊人认为生命依赖于呼吸，呼吸停止，生命就完结了。古希腊的希波克拉底提出了气质这一概念，用气质代替人格。19 世纪前，心理学属于哲学范畴。随着科学的发展，心理学的对象由灵魂改为心灵。直到 19 世纪初叶，德国教育学家赫尔巴特才首次提出心理学。

（二）科学心理学的确立

19 世纪初，康德曾预言，心理学绝不可能成为科学，因为它不可能通过实验测量心理过程。但 19 世纪中叶，开始引入实验作为心理学的研究方式，使得心理学成为一门独立的学科。德国的韦伯（1795—1878），研究出著名的韦伯定律（感觉阈限定律），即感觉的差别阈限，随原来刺激量的变化而变化，而且表现为一定的规律性，韦伯以前的学生、莱比锡大学的物理学教授费希纳（1801—1887）把韦伯的研究结果转变成数学形式：$\triangle\Phi/\Phi = C$，这就是现在人们所说的韦伯定律。在这个公式中，$\triangle\Phi$ 代表刺激的最小可觉差，Φ 代表标准刺激的强度，C 是特定感觉的定值，又称为韦伯率。但刺激过强与过弱时，这个定律不再适用。韦伯是德国莱比锡大学的解剖学教授，他因两点阈和最小可觉差研究成为心理物理学的奠基者（见百度百科网·韦伯定律）。1860 年费希纳忽然领悟到心与身之间的联系法可以用物质刺激与心理感觉之间的数量关系来说明，并发现了韦伯的研究成果，转变成数学公式，与他的老师韦伯共同开创心理物理学。科学家才第一次能够测量精神活动，打破了康德的否定式预言。

费希纳于 1860 年出版《心理物理学纲要》一书。该书被认为是对心理学的科学发展具有创造性的贡献。后来，把心理物理学发展成为实验心理学的德国 W·冯特承认这部著作对他工作的重要性。德国的艾宾浩斯也是从这部著作中受到启发，把数学方法用于记忆和学习领域，从而作出了巨大的贡献。开创记忆的实验研究。1879 年冯特利用这些最初的创造性成就，把它们组织和综合成为心理学的基础。冯特在莱比锡大学建立心理研究，标志着科学心理学的诞生。（见百度百科网·费希纳）

其后的 100 多年，心理学门派纷争及高度发展，学科体系也进一步完善。基础心理学（生理）归为自然科学范畴，应用心理学归类于社会科学范畴。社会心理学认为人的思维,语言,情感,意志是神经基础及人类社会化进程的产物,不能以单纯的生物学观点来研究此命题。除了遗传因素之外,人类的心理活动与社会环境、个人生活环境有密切的联系。

(三)研究途径

心理学的探讨途径主要有:(1)构造主义与实验心理学,(2)格式塔心理学,(3)机能主义心理学,(4)行为主义心理学,(5)精神分析学,(6)认知心理学,(7)人本主义心理学,(8)脑的机制研究。心理学现存的许多互相对立的研究途径,还没有哪一个已成为强有力的研究范例,多途径研究反映了心理学的现状。并且这种处于前规范科学阶段的情况还将延续相当长的时期。研究心理学需要多种方法,而在心理学中主要采用的方法是:(1)实验法,(2)观察法,(3)测验法,(4)模拟法,(5)个案法。

(四)研究对象

1. 心理产生的标志。2. 神经系统。3. 心理产生的机制。4. 心理现象和心理过程的统一。5. 心理现象的复杂原因。

考察研究者的文化"心理学",就是考察心理学的理论先见和价值预设,称之为心理文化的研究。心理文化指出了这样的事实:不仅研究对象的心理行为与文化有密切关系,而且心理学本身也是一种文化现象,是特定文化传统和价值观念的产物。

(五)大学生心理疾患的原因

任何心理问题都有其诱发的原因,诱发学生心理疾患的因素可以分为外界因素和自身因素,外界因素主要有学校、家庭两个方面,自身因素主要是指个体心理品质。外在因素可以简单地分为以下两者:

1. 家庭原因

父母处事态度、生活方式、家庭氛围的影响。事实证明,父母感情和谐、兄弟姐妹相亲相爱的家庭氛围,往往使个体形成谦虚、礼貌、随和、诚恳、乐观、大方等良好的人格特征。反之,家庭成员之间如果经常吵闹、打骂,则易使个体形成粗暴、蛮横、孤僻、冷漠等不良的人格特征。有的学生父母婚姻的不幸,也会给他们造成心理上的阴影。

家庭教育方式也存在问题。现在的学生很多是独生子女,从小父母对他们的生活溺爱、包办过多,但对他们的考试成绩、升学、成才期望又过高,这样,一方面使他们养成了任性、依赖,骄横的心理,适应生活能力差、社会交际能力弱;另一方面,又使他们面对父母"望子成龙"的目光,容易产生恐慌、焦虑、内疚的心理,惟恐考试成绩不好,不能升学、不能成才而无颜面对父母。

2. 学校原因

对学生的心理健康关心,教育的力度不够。传统教育模式的内在惰性、多年来高校的专业设置和以"学科本位"为主题的课程设置,其实质就是专业教育的模式。不可否认,这种教育模式对培养大学生的专业知识、专业技能发挥了重要作用,但也应该看到这种教育模式所产生的弊端。在这种教育体制下,培养的大学生,往往专业知识扎实而个性心理却不太健康,意志品质脆弱,很难是一个全面发展的人。我们今天呼唤素质教育,就是因为素质教育是人的发展和社会发展的实际需要,以全面提高全体学生的基本素质为根本目的,尊重学生主体和主动精神,开发人的智慧和潜能,形成人的健全个性为根本特征的教育。

3. 学生自身的因素

(1)学习与生活的压力。初入大学校门,课程及学习方法等较高中时期发生了很大变化,父母对子女的期望值不断升高,考试成绩尤其是英语学习的压力,生活上习惯的不适应,比如南方和北方的生活习惯、方式改变比较大。许多学生不但没有从高中应试教育走出的放松感,反而觉得学习压力加重,一些心理素质较差的学生因此而导致心理障碍。

(2)环境不适。很多学生都是只身在外地读书,而且是第一次离开父母和家庭。曾经受家长溺爱的学生,因缺乏生活的实际能力和技巧,导致无法适应新环境,不善于和新同学、老师进行正常的人际交流交往。环境的变化,在角色转换与适应中,产生一些障碍。许多学生都会由此而感到环境生疏,人际关系淡漠,一些学生会因此而产生孤独、焦虑、自闭,严重者甚至产生自杀倾向等问题。

(3)情感困惑。当今大学生拥有激情和活力,殷切的希望和异性展开交际交流,并且急于在这种交往中表现自己的素质和能力。然而一旦受挫,或者失恋,如果不能很好的调节自己的内心情绪,就会出现严重的心理问题,甚至自杀,现在高校中的自杀事件大部分由此而产生。

(4)缺乏疏导。我国部分院校没有设置专门的心理门诊或诊所,有的只是摆设。学生的心理问题不能够及时被发现,也不能及时接受心理辅导,部分学生的心理疾患越来越严重,甚至出现行为方面的问题。许多高校心理咨询工作开展得并不尽如人意,一是因为参与咨询的教师生理、心理卫生方面的知识尚欠缺,并非专家型的,所以难于对学生的心理问题开出对症下药、药到病除的处方,二是心理咨询的一些手段、方法落后、陈旧,适应不了学生的要求,以致学生一旦有了心理问题,也不太愿意去心理咨询中心解决。

全社会都来关注与研究对独生子女的培养与教育,从小就开始进行良好的教育,创造良好的环境与氛围。社会部门也经常组织青少年走出校门,多接触社会与人生,了解各阶层的工作与生活,使他们不会再因为一点挫折而自我封闭。使自己变得心胸开阔,眼光远大,甘心情愿磨练自己,使自己变得成熟起来!

七、经济学文化

(一)经济学的定义

经济学是研究人类社会在各个发展阶段上的各种经济活动和各种相应的经济关系,运行、发展的规律的科学。经济活动是人们在一定的经济关系的前提下,进行生产、交换、分配、消费以及与之有密切关联的活动。在经济活动中,存在以较少耗费取得较大效益的问题。经济关系是人们在经济活动中结成的相互关系,在各种经济关系中,占主导地位的是生产关系。

现代经济学在研究方法上大量运用现代数学方法和现代计算机技术,进行经济数量关系的分析,由于现代经济发展日益错综复杂,出现的新情况、新问题需要运用这些新的方法进行精确的描述和解释。运用现代新方法和新成果,对于增强经济科学的精确性,具有重要的意义。

(二)学科分类

随着人类经济活动的内容愈来愈复杂、丰富,专业化程度愈来愈细密,经济学的研究范围也愈来愈扩展。经济学中又分出:1. 理论经济学(又分为宏观经济学与微观经济学;福利经济学也已成为理论经济学的独立分支);2. 应用经济学;3. 部门经济学;4. 专业经济学;5. 各个分支相互交叉的学科;6. 经济与社会科学、自然科学交叉的边缘学科;7. 研究经济数量的分析和计量方法的学科;8. 各种经济史的学科;9. 经济思想史的学科;等等。

其中的理论经济学还包括马克思主义的理论经济学,即政治经济学,是研究人类社会各个发展阶段的生产方式或生产关系的发生、发展和灭亡的规律的,包括原始公社制、奴隶制度、封建制度、自由资本主义、垄断资本主义、社会主义等生产方式或生产关系。马克思主义政治经济学是以生产关系作为研究对象的,但生产关系是不能与生产力脱节的,中国近年来一些经济学家为了重视发展生产力,认为应建立一门以社会生产力为研究对象的生产力经济学,但尚在研究探索之中。

其中的微观经济学是研究市场经济中单个经济单位即生产者(厂商)、消费者(居民)的经济行为,包括供求价格平衡理论、消费者行为理论,在不同市场类型下厂商成本分析与产量、价格决定理论、生产要素收入决定即分配理论等。

其中的经济史是研究人类社会各个历史时期不同国家或地区的经济活动和经济关系发展演变的具体过程及其特殊规律,为总结历史经验和预见未来社会经济发展趋势提供依据,也为研究各个历史时期形成的经济思想、学说、政策提供历史背景。又可分为:1. 按地域范围划分:(1)国别经济史。如中国经济史、美国经济史。(2)地区经济史。如亚洲经济史、非洲经济史、拉丁美洲经济史。(3)世界经济史。以世界为整体,研究世界经济的形成和发展。2. 按部门或专业来区分:(1)农业发展史。(2)工业发展史。(3)商业贸易发展史。(4)银行发展史,等。3. 按历史分期划分:(1)古代经济史,(2)近代经济史,(3)现代经济史,(4)未来经济史,等。

其中的经济数量的分析、计量方法又包括:1. 数理经济学。2. 经济数学。3. 经济统计学。4. 经济计量学,等。数理经济学——广泛应用现代数学方法建立了各种静态的、动态的、微观的、宏观的经济模型。经济数学——侧重阐述现代经济分析中运用的各种数学方法。经济统计学——是一门建立较早的学科,是统计方法在经济数学处理和分析中的应用。经济计量学——把经济理论、数学方法和统计方法三者结合起来,用以建立计量模型,估算参数,分析各种经济变量之间复杂的数量关系,验证经济理论,进行经济预测,规划有关政策,可以增强各类经济学科的精确性,增强制订政策和计划的科学性。

其中的应用经济学又可分为:1. 部门经济学——农业经济学、工业经济学、商业经济学、建筑经济学、运输经济学。2. 专业经济学——计划经济学、劳动经济学、财政学、货币学、银行学。3. 地区经济学——城市经济学、农村经济学、区域经济学(经济地区规划、生产力布局),等。4. 国际经济学——国际贸易学、国际金融学、国际投资学等。5. 企业管理学——企业管理、企业财务、会计学、市场(营销与库存)学,等。6. 交叉学科的经济学——如人口经济学、教育经济学、经济法学、卫生经济学、生态经济学或环境经济学、社会经济学、经济地理学、国土经济学、资源经济学、技术经济学,等。

(三)现代经济学的意义

1. 现代经济学为我们提供了更为广泛的应用范围。经济学是研究如何把稀缺的资源更好地进行配置,达到最合理的利用,它在提高社会财富生产能力方面起了巨大的作用。小到一项工程的可行性研究,大到国家的经济政策,再大到国际贸易规则的制定,都要大量应用经济学的理论做指导。如果没有经济学,市场照样可以运作,但它的效率要大大降低,争论要大大增加。所以经济学在人类进步中做出了重大贡献。

2. 现代经济学还为我们提供了一系列可靠的分析工具。这些工具的使用可以使我们能用较为简明的图像和数学模型，来深入分析现实经济生活中较为复杂的经济行为和现象。借助于数学推导，可以大大提高经济分析的可靠性，当经济学家之间发生意见不一致时，可以很容易弄清分歧的根源何在，从而使得经济研究的效率得以提高。

3. 现代经济学使我们可以从实际出发来分析经济行为和现象。这种分析方法使我们能更好地追踪现象的本质，把握经济生活中最关键的、核心的问题。传统经济学常常建立在三种基本假设的前提之上：经济人的偏好、生产技术和制度约束、可供使用的资源；所以不论是买方还是卖方，在做经济决策时出发点基本上是自利的，在有限的可支配的资源支出情况下，他们希望获得更大的利益。假设的前提当然不如科学分析更为可靠。

八、网络文化

（一）网络文化的定义

是以计算机技术和通信技术的融合为物质基础，以发送、接受信息为核心，以加强沟通为直接目的，是人类文明的划时代成果，是人类信息交往的新的飞跃。网络文化是全球信息联网时期人类物质与精神财富的总和，它的建设和发展将提高全人类的文化水平。网络文化有两方面含义：一是网络不仅是一种技术与社会现实，更是一种新兴的文化形态；二是文化是以网络的形态存在和发展的，人无时无刻不生活在文化之网中。

（二）网络文化的特点

1. 体系的开放性。全球互联网使各种文化充分展现和有效的交流，使网络文化融合了不同国家和民族的文化特征，使得网络文化有了无限的生机和活力。

2. 内容的时速性与传播性。各种风俗时尚和社会热点总是以最快的速度在网络中得到体现与传播。

3. 制约的松散性与自由性。虽然网络文化的交流存在一定的制约，但由于各种标准的差异性，人与人交流的间接性等诸多因素，网络中的制约大大减弱。

4. 浓厚的商业性。世界经济已由本土型转化为国际型，从单纯依赖于物质资源向开发信息资源方向发展，如美国国际数据公司公布的报告，2002年全球基于电子信息网络的经济规模达到9500亿美元。

（三）网络文化的作用

它是一种以开放、自由和虚拟为特征的文化；是不同民族文化的融合，使民族文化在相互交流中彼此认同，从而推动世界文化的发展；网络文化实现了文化传播的历史性变革，是一个包含一切媒介的媒介；网络文化创造了新的语言形式——网络语言。网络语言的异常盛行，形成了一种强劲的语言时尚；网络文化加快了新的价值观念的形成，如自主性、自由民主精神、权利和平等意识；极大地影响和改变人们的生产生活方式，消费方式和竞争对抗方式。加速各种文化的相互吸收、融合，极大地丰富了人们的文化生活，满足人们日益增长的精神需求，发掘人们发展和创新的潜能。

网络文化也是一把"双刃剑"，如在互联网上，英语是主导语种，一些发展中国家只能被迫接受信息，无奈地面对发达国家的干扰。不良文化也通过网络更容易传播，如淫秽、色情、暴力等内容进入网络，尤其对青少年的干扰很大。造成他们荒废学业，忽视现实中的亲情和友情，出现精神孤僻、冷漠，不关心社会与他人，没有正确的价值观的"空心人"。

网络文化的发展已是势不可挡，面对着机遇和挑战，我们人类应探索出有效的措施和方法促进其更好地发展，为人类创造财富。

九、生物学的发展

（一）生物学的定义

生物学是研究生命现象和生物活动规律的科学。20 世纪特别是 40 年代以来，生物学吸收了数学、物理学和化学等的成就，逐渐发展成一门精确的、定量的、深入到分子层次的科学。人们已经认识到生命是物质的一种运动形态。生命的基本单位是细胞，它是由蛋白质、核酸、脂质等生物大分子组成的物质系统。生命现象就是这一复杂系统中物质、能量和信息，综合运动与传递的表现。生命有许多为无生命物质所不具备的特性。例如，生命能够在常温、常压下合成多种有机化合物，包括复杂的生物大分子；能够以远远超出机器的生产效率来利用环境中的物质和能量，制造体内的各种物质，而不排放污染环境的有害物质；能以极高的效率储存信息和传递信息；具有自我调节功能和自我复制能力；以不可逆的方式进行着个体发育和物种的演化，等等。揭露生命过程中的机制与运动变化的过程，及与环境的关系，具有巨大的理论和实践意义。

（二）研究对象

地球上现存的生物估计有 200 万—450 万种；已经灭绝的种类更多，估计至少也有 1500 万种。从北极到南极，从高山到深海，从冰雪覆盖的冻原到高温的赤道附近，都有生物存在。它们具有多种多样的形态结构，它们的生活方式也变化多端。

1. 从生物的基本结构单位——细胞的水平来考察，有的生物尚不具备细胞形态，在已具有细胞形态的生物中，有的由原核细胞构成，有的由真核细胞构成。

2. 从组织结构水平来看，有的是单生的或群体的单细胞生物，有的是多细胞生物，而多细胞生物又可根据组织器官的分化和发展而分为多种类型。从营养方式来看，有的是光合自养，有的是吸收异养或腐食性异养，有的是吞食异养。

3. 从生物在生态系统中的作用来看，有的是有机食物的生产者，有的是消费者，有的是分解者，等等。

生物学家根据生物的发展历史、形态结构特征、营养方式以及它们在生态系统中的作用等，将生物分为若干界。当前比较通行的是美国惠特克于 1969 年提出的五界系统。（1）将细菌、蓝菌等原核生物划为原核生物界；（2）将单细胞的真核生物划为原生生物界；（3）将多细胞的真核生物按营养方式划分为真菌界；（4）光合自养的植物界；（5）吸收异养的真菌界和吞食异养的动物界。

中国生物学家陈世骧于 1979 年提出六界系统。这个系统由：非细胞总界、原核总界和真核总界三个总界组成，代表生物进化的三个阶段。非细胞总界中只有一界，即病毒界。原核总界分为细菌界和蓝菌界。真核总界包括植物界、真菌界和动物界，它们代表真核生物进化的三条主要路线。

（三）生物的特征

1. 生物化学的同一性大量实验研究表明，组成生物体生物大分子的结构和功能，在原则上是相同的。例如各种生物的蛋白质的单体都是氨基酸，种类不过 20 种左右；各种生物的核酸的单体都是核苷酸，种类不过 8 种，这些单体都以相同的方式组成蛋白质或者核酸的长链，它们的功能对于所有生物都是一样的。在不同的生物体内基本代谢途径也是相同的，在代谢途径中各个不同步骤所需要的酶也是基本相同的。不同生物体在代谢过程中都以 ATP 的形式传递能量。生物化学的同一性深刻地揭示了生物的统一性与同一性。

2. 多层次的结构模式

19 世纪德国科学家施莱登和施旺提出细胞学说，认为动植物都是由相同的基本单位——细胞所组成。这对于病毒以外的一切生物，从细菌到人都是适用的。

在结构上,细胞是由蛋白质、核酸、脂质、多糖等组成的多分子动态体系;从信息论观点看,细胞是遗传信息和代谢信息的传递系统;从化学观点看,细胞是由小分子合成的复杂大分子,特别是核酸和蛋白质的系统;从热力学观点看,细胞又是远离平衡的开放系统。所有这些,对于原核细胞和真核细胞都是一样的。

3. 有序性和耗散结构

生物是由大量分子和原子组成的宏观系统(相对于研究亚原子的微观系统而言),它的代谢历程和空间结构都是有序的。热力学第二定律指出,物理的化学的变化导致系统的无序性或随机性(即熵)的增加。生物无休止的新陈代谢,不可避免地使系统内部的熵增涨,从而干扰和破坏系统的有序性。现代生物学证明,在生物体中同时还存在一种使熵减少的机制。

20 世纪 60 年代,普里戈任提出耗散结构理论。按此理论,生物体是远离平衡的开放系统,它从环境中吸取以食物形式存在的低熵状态的物质和能量,把它们转化为高熵状态后排出体外。这种不对称的交换使生物体和外界熵的交流出现负值,这样就可能抵消系统内熵的增涨。生物有序正是依赖新陈代谢这种能量耗散过程得以产生和维持的。

4. 生命的连续性与进化

1855 年菲尔肖提出,所有的细胞都来自原已存在的细胞。这个概念对于现存的所有生物来说是正确的。除了最早的生命是从无生命物质在当时的地球环境条件下发生的以外,生物只能来自已经存在的生物。只能通过繁殖来实现从亲代到子代的延续。因此,遗传是生命的基本属性。

1859 年达尔文所著《物种起源》的出版,创立了以自然选择为基础的生物进化论。进化是普遍的生物学现象。每个细胞、每种生物都有自己的演变历史,都在随着时间的发展而变化,它们目前的状态是它们本身进化演变的结果。进化导致物种的分化,生物不再被认为是一大堆彼此毫无联系的、偶然的、不变的物种。生物世界是一个统一的自然谱系,各种生物,归根结底,都来自一个最原始的生命类型。生物不仅有一个复杂的纵深层次(从生物圈到生物大分子),它还具有个体发育历史和种系进化历史。

生态系统中的相互关系在自然界里,生物的个体总是组成种群,不同的种群彼此相互依赖,相互作用,形成群落。群落和它所在的无生命环境组成了生物地理复合体——生态系统。在生态系统中,不同的种群具有不同的功能和作用。譬如,绿色植物是生产者,它能利用日光制造食物;动物包括人在内是消费者;细菌和真菌是分解者。生物彼此之间以及它们和环境之间的相互关系决定了生态系统所具有的性质和特点。任何一个生物,它的外部形态、内部结构和功能,生活习性和行为,同它在生态系统中的作用和地位总是相对适应的。这种适应是长期演变的结果,是自然选择的结果。

根据上面这些叙述,不难看到,尽管生物世界存在惊人的多样性,但所有的生物都有共同的物质基础,遵循共同的规律。生物就是这样的一个统一而又多样的物质世界。因而,生物学也就是一个统一而又十分丰富的知识领域。

(四)生物学研究的意义

生物与人类生活的许多方面都有着非常密切的关系。生物学作为一门基础科学,传统上一直是农学和医学的基础,涉及种植业、畜牧业、渔业、医疗、制药、卫生等等方面。随着生物学理论与方法的不断发展,它的应用领域不断扩大。已扩展到食品、化工、环境保护、能源和冶金工业等等方面。如果考虑到仿生学,它还影响到电子技术和信息技术。

人口、食物、环境、能源问题是当前举世瞩目的全球性问题。目前,世界人口每年的增长率约20%,大约每过35年,人口就会增加一倍。地球上的人口正以前所未有的速度激增着。人口问题是一个社会问题,也是一个生态学问题。人们必须对人类及环境的错综复杂的关系进行周密的定量的研究,才能对地球、对人类的命运有一个清醒的认识,从而学会自己控制自己,使人口数量维持在一个合理的数字上。在这方面生物学应该而且可能做出自己的贡献。内分泌学和生殖生物学的成就导致口服避孕药的发明,已促进了计划生育在世界范围内的推广。在人口问题中,除了数量激增以外,遗传病也严重威胁人口质量。一些资料表明,新生儿中各种遗传病患者所占的比例在3%—10.5%之间。在中国的部分山区,智力不全者占2%—3%,个别地区达10%以上。

揭示产生遗传病的原因,找到控制和征服遗传病的途径无疑是生物学又一重要任务。目前家系分析以确定患者是否患有遗传病,对患者提出有益的遗传指导和劝告;通过对胎儿的脱屑细胞进行染色体分析和各种酶的生化分析,以诊断未来的婴儿是否有先天性遗传性疾病。这些方法都能避免或减少患有遗传病婴儿的出生,以减轻家庭和社会的沉重负担。将基因工程应用于遗传病的治疗称为基因治疗,在实验动物上对几种遗传病的基因治疗已取得一些进展。随着基因工程技术的发展,基因治疗将为控制和治疗人类遗传病开辟广阔的前景。

全世界的化工能源(石油、煤等)贮备总是有限的,总有一天会枯竭。因此,自然界中可再生的生物资源(生物量)又重新被人所重视。自然界中的生物量大多是纤维素、半纤维素、木质素。将化学的、物理的和生物学的方法结合起来加工,就可以把纤维素转化为酒精,用作能源。沼气是利用生物量开发能源的另一产品。中国和印度利用农村废料进行厌氧发酵产生沼气,已作出显著成绩。世界上已经出现了利用固相化细胞技术的工业化沼气厌氧反应器。一些单细胞藻类中含有与原油结构类似的油类,而且可高达总重的70%,这是另一个引人注目的可再生的生物能源。太阳能是人类可以利用的最强大的能源,而生物的光合作用则是将太阳能固定下来的最主要的途径,可以预测,利用生物学的理论和方法解决能源问题是大有希望的。此外,对人口、食物、环境、能源等问题进行综合研究,开创各种综合解决这些问题的方法的农业生态工程的兴起,最终将发展新的、大规模的近代化农业。以上叙述,仅就人口、食物、环境、能源问题和生物学的关系而言,也还是很不充分的。但由此可以看到,生物学的发展和人类的未来息息相关。

十、翻译文化

翻译文化是翻译人员在从事翻译工作的过程中逐渐创造并共同享有的有关文化层面的物质实体、价值观念、文化体系和行为方式。翻译在发展过程中,建立了一系列的文化体系,其中包括翻译的原则,翻译的方式,翻译的发展及翻译的作用。

(一)翻译的原则

翻译涉及两种语言:一种是原作品或者讲话的语言,德国学者称之为 Ausgangssprache(源头语言),英美学者称之为 Original 或 Source language,(译成的语言),德国学者称之为 Zielsprache(目的语言),英美学者称之为 Targetlanguage(对象或目标语言)。二者之间总会或多或少地存在着差距。因此,翻译的原则要求一个翻译者,应尽可能地使译作接近源头语言,处理好两种语言之间的关系。在翻译时不能仅注重字对字、词对词的翻译,更不能忽略了文化间的不同点,否则经常会导致译文在语意、美感、风格上的流失。

翻译把一些少数民族好的东西传达给我们,包括美好的感情和优美的自然风光,诗人固然写得好,但如若翻译不到位,仍不能让我们探寻或是感受到美的实质,如六世达赖仓央嘉措的一首诗:“曾虑多情损梵行,入山又恐别倾城。世间安得双全法,不负如来不负卿。”这首诗就可称作翻译的佳话,仓央嘉措写得好,翻译者也用汉语言译的好,这样我们才读出了仓央嘉措那种悲天悯人的情怀,才感触到了他那种求之不得的怅然。

但如果翻译不恰切也会出现一些问题:一个国民党军官偕夫人去机场迎接来

自美国的顾问。双方见面后,美国顾问出于礼貌说:"您的夫人真漂亮!"军官甚感尴尬又不免客套一番:"哪里,哪里!"在中国,这本是一句很普通的客套话,可是蹩脚的翻译却把这句话译成:"where,where."美国顾问听了莫明其妙,心想:我只是礼貌地称赞一下他的夫人,他居然问起我他的夫人哪里漂亮于是他只好说:"从头到脚都漂亮!"总之,一个优秀的翻译人员必须在准确性和可读性之间找到很好的平衡。

（二）翻译的方式

翻译文化所涉及的翻译方式总的来说有直译与意译两种,也有"信、达、雅"之说。"信"是忠于原作,即"直译";"达"是忠于读者,即"意译";"雅"是对于文学语言的忠诚。信、达、雅虽然只三个字,但体现了作品、读者、语言三者之间的关系。在直译与意译的问题解决以后,如何解决具体作品和文句的译法问题将提到日程上来。

（三）翻译的发展

翻译是由于涉及的两种语言不同,所有与语言相关的事物基本上都可以进行翻译,翻译注重的是意义的传达,以能通顺传意为主要要求。翻译经过了简单的双语翻译,综合性的学术翻译以及如今的同声翻译阶段,翻译不仅从单纯的语言理解需求,过渡到思想的交流以及全球性问题的综合交流研究的层面,还在地域上从局部性增进到世界性。

（四）翻译的作用

翻译除了能够介绍原来的内容给读者之外——还有一个很重要的作用:就是帮助我们创造出新的现代语言。更重要的意义还在于世界各国与各民族之间的文化沟通与文化交流。互相学习,以促进全人类文化事业的发展。

十一、广播宣传文化

（一）广播的定义与分类

利用无线电波或导线播送声音、图像节目的方式称为广播。1. 从传播手段看,分两大类:通过无线电波传送节目的,称无线广播;通过导线传送节目的,称有线广播。2. 从传播媒介看,分两大类:传送声音的,称为声音广播,简称广播;传送声音、图像的,称为电视广播,简称电视。

（二）广播的发展概况

广播诞生于20世纪20年代。世界上第一座领有执照的电台,是美国的匹兹堡KDKA电台,于1920年11月2日正式开播。中国的第一座广播电台建于1923

年,是外国人办的。中国人民广播事业创建于1940年12月,即中央人民广播电台的前身——延安新华广播电台。

（三）广播的主要特点

1. 广播是唯一依靠听觉就能获得新闻信息的媒体。广播是靠声音来传播的,声音的魅力在于:它不仅传播了信息,还融进了传播者的认识与理念,从而对人们理解、接受信息提供帮助、加以引导。以声音为传播特色,其魅力还在于:无论受众年龄大小、文化程度高低,广播适合所有的人。

2. 广播具有可移动性和便携性。人们可以随时、随地,很方便地从广播中了解最新的信息。

3. 广播是各种费用最经济的媒体。无论是其自身的运行成本,还是受众的接受成本,广播的各种费用都是最低、最经济的。（1）从受众的角度来说,广播是获取信息价格最低廉的媒体。这与人们消费水平的日渐提高没有关系,因为即使消费水平再高,人们也希望以最少的投入,获得最大的回报。现在及今后一个时期,由于种种条件的限制,不是所有的家庭都能拥有电脑,而买个小小的半导体,或利用其他手段收听广播,则是很容易的事情。（2）从传播方式来说,广播节目的采访、制作、传播等环节,相对于其他媒体而言,成本是较低的。比如说,一部电话就可解决广播节目的采访与传输问题,电子邮件也越来越多地被广播记者用于采访。这些手段,虽然不能代替面对面的采访,但用在某些时候,便节约了宝贵的时间,提高了工作效率,还减少了远距离采制节目造成的人力、物力、财力消耗。

4. 广播的传播速度快捷而有效。目前许多电台在新闻事件报道上都采取了同步报道和滚动报道的方式,充分发挥广播的优势,随时报道变化的实况,让听众随时了解最新的信息,是其他媒体望尘莫及的。

（四）广播文化的功能

1. 广播作为一种传播媒介,是联系各国政府和人民最有效的工具。不论是我国还是世界上其他任何国家,广播作为舆论工具的政治属性归根到底是一致的。

2. 广播是一种经过传播者加工过的文化信息。作为信息媒介,它传播的终极信息是一种经过传播者加工过的文化信息,这种文化信息会使受众不由自主或潜移默化地接受文化的引导和改变。

3. 广播通过传播信息,为听众提供各种服务,比如:公益－热线服务、经济服务、生活－娱乐服务、学习服务、收听服务、广告服务,等等。

4. 广播为听众提供了一个相互交流的场所,这样可以促进社会沟通,体现了广播媒介在传播形式上注重心灵相通的人文意识,适应了听众道德修养和人际关系调试的需求,也有利于人和人之间的交往和沟通。

（五）广播文化的发展趋势

1. 对我国国内来说,广播未来的区域化特征越来越显著,依托"地缘"建立的收听联系将主导未来广播的走向。对国外来说,包括我国在内的世界各国都更加重视发展对外国际广播,以此增强本国在国际舆论竞争中的影响力,树立本国良好的国际形象,创造良好的国际环境。

2. 随着传输技术的迅速发展,传媒竞争压力进一步加强,广播结构由单元向多元拓展,比如:可视广播、数码广播、卫星广播的出现。

3. 在广播结构多元化和广播文化定位日渐成熟的影响下,广播的受众群体向年轻化、精英化、小众化趋势发展。

十二、影视文化

（一）影视的概念

狭义地看,"影视"指电影、电视交叉的共性部分;《电影艺术辞典》中关于电影是这样表述的:根据"视觉暂留"原理,运用照相（以及录音）手段,把外界事物的影像（以及声音）摄录在胶片上,通过放映（以及还音）,在银幕上造成活动影像（以及声音）,以表现一定内容的技术。电影是科学技术经过长时间的发展达到一定阶段的产物。《中国广播电视百科全书》对"电视"作了这样的表述:使用电子技术手段传输图像和声音的现代化传播媒介。它通过光电变换系统使图像（含屏幕文字）、声音和色彩即时重现在覆盖范围内的接收机荧屏上。电影、电视是共同的"有声有画的活动影像",是人类借助现代科技手段所创造的电影电视文化的样式。广义地看,"影视"包括电影、电视生产,创作与传播,管理部门等的全部领域。

（二）影视文化的定义

影视文化即电影电视文化,是 20 世纪人类科技发展的新文化。狭义的影视文化,应当是体现为影视艺术,即以相对完整、相对独立的电影、电视艺术作品为主体的影视存在形态,包括电影故事片、电视连续剧及艺术性的影视纪录片、艺术性的电视屏幕作品。广义的影视文化,应当包括以影视创作与制作主体为中心的文化群体（包括有关编剧、导演、制作、演员、明星、观众、生产、发行、销售、后勤服务等所有与影视文化有联系的群体与组织）。影视文化是人类重要的传播样式,也是人类重要的艺术活动和娱乐休闲的重要内容之一。

用业内人士的专业术语:应当体现为电影、电视全部的存在形态;是由物质的

（包括技术与形态的）、体制的（包括生产与传播的）、观念的和观众的（包括各种价值理念的）四个层面构成。

1. 影视文化的物质层面。影视文化是以物质层面技术的发展为基础、前提与动力的。技术的进步，带来了其形态的变化与丰富，也改变了人们对于影视的接受、理解与参与的方式和习惯，改变了人们的影视思维与观念。

2. 体制层面。资本主义制度下的影视业，以追求商业利益的最大化为首要目标。影视生产按照市场规则，以制片公司、媒体公司的组织机构形式为主体运作。社会主义制度下的影视产品，虽然也已商业化，宣传教育色彩普遍较为浓烈，影视生产一般按照计划经济的规则，以全民所有制的制片厂、电视台的组织机构形式为主体运作。管理制度指的是影视生产与传播过程中对于各个环节（尤其是人、财、物几个方面领域）的管理制度。资本主义管理基本依照资本运营的规则，以利益、利润最大化为指针。社会主义管理体现为行政方式与市场方式的双轨并行。影视生产的宏观管理与微观管理，都离不开特定法律法规的保障。

3. 观念层面。是人们对于影视文化的理性的认识、理解与把握，对于影视文化的发展起着极大的制约与促进作用；没有改革开放的现代化观念的科学发展观与爱国主义教育、建立有中国特色的社会主义的总体观念的把握，就会搞乱人们的思想，造成新的分裂与动乱。

4. 观众层面。当今的时代是大众的影视时代。广大的观众是影视业发展的动力。影视文化视听兼备、声像并茂，对广大观众有着极强的吸引力与艺术魅力。加上现代化社会快节奏，信息爆炸，很少有人再有闲暇去捧读大部头作品。为了减轻工作压力，人们更喜欢看达到休闲娱乐目的的电影、电视节目、小品、电视剧。从事影视业的人们只有了解与把握广大观众的需求与时尚、兴趣与爱好，创作、演出为大众所喜闻乐见的影视内容与艺术，才能推动影视文化的发展。

（三）电影的起源和中国电影的发展

1895 年 12 月 28 日，法国卢米尔兄弟在巴黎卡普辛路 14 号咖啡馆放映的影片有《火车到站》《水浇园丁》《婴儿的午餐》《工厂的大门》等 12 部，卢米尔兄弟是第一个利用银幕进行投射式放映电影的人，他们把 1895 年 12 月 28 日世界电影首次公映日，定为电影诞生之时，被称为电影之父，正式标志着电影时代的来临。

中国电影诞生于 1905 年，经历了从无声到有声，从黑白到彩色，从模拟到数字，从传统到现代的技术变革进程。在不同的发展阶段，中国电影都留下了优秀的代表作：20 年代拓荒时期，有《孤儿救祖记》等关注社会改造的进步电影；抗日救亡时期，有《狂流》《中华儿女》等鼓舞斗志、弘扬爱国主义的影片；抗战后，《八千里路云和月》《一江春水向东流》等深刻揭示社会矛盾和本质,形成现实主义的创作潮流。

1949 年新中国成立后的 17 年间,涌现出《白毛女》《祝福》《林家铺子》《地道战》《地雷战》《英雄儿女》《小兵张嘎》《五朵金花》《刘三姐》《红色娘子军》等一大批优秀作品,塑造了众多的具有浓郁民族风格的银幕形象,形成了新中国电影发展的第一次高潮。

经历 10 年文革浩劫,中国电影走出低谷,拍摄出《小花》《人到中年》《牧马人》等一大批反映改革实践、针砭社会时弊的优秀影片。尤其是 80 年代末,90 年代初,《开国大典》《大决战》等重大革命历史题材影片和《焦裕禄》《邓小平》《八月桂花遍地开》《凤凰琴》等现实题材影片,形成了第二次高潮。

20 世纪 90 年代,赵实说,中国电影先后实施了影视合流改革、电影精品工程、农村电影放映工程、电影股份制、集团化改革等主要措施,艺术质量和形式都有崭新的突破和提高。中国电影形成了国有、集体、民营多种所有制协调发展的新格局,电影发展走上了良性循环的轨道。近 3 年来中国有 30 多部影片在 40 多个国际电影节上获奖,标志着第三次发展高潮的到来。

(四)影视方面的成就

中国票房过亿的影片有:《赤壁》《满城尽带黄金甲》《英雄》《集结号》《画皮》《投名状》《长江七号》《无极》《功夫》《十面埋伏》《夜宴》《生死抉择》等。

改革开放 30 年来,中国电视剧令人难忘的经典剧目有:《霍元甲》、《上海一家人》、《围城》、《编辑部的故事》、《渴望》、《西游记》、《红楼梦》、《大宅门》、《大染坊》、《乔家大院》、《京华烟云》、《北京人在纽约》、《新白娘子传奇》、《还珠格格》,《一个女孩名叫婉君》、《情深深雨潇潇》、《不要和陌生人说话》、《红色康乃馨》、《英雄无悔》、《荣誉》、《射雕英雄传》、《亮剑》、《放羊的星星》、《西圣地》、《汉武大帝》、《八路军》、《恰同学少年》、《东方红》、《走西口》、《闯关东》、《刘老根》、《我的丑娘》、《春花》、《人间正道是沧桑》、《潜伏》、《蜗居》、《我的青春谁做主》、《奋斗》等。动画故事片众人皆知的有:《黑猫警长》、《喜羊羊与灰太狼》等。

2007 年央视内地电视剧收视前十名

1.《天仙配》2.《特殊使命》3.《楚留香传奇》4.《杨三姐告状》5.《花开有声》6.《大人物》7.《英雄虎胆》8.《缉毒英雄》9.《大旗英雄传》10.《记忆之城》。

2008 年电视台收视冠军:

央视《李小龙传奇》《魔幻手机》,北京卫视《最后的王爷》,湖南卫视《公主小妹》,东方卫视《网球王子》,安徽卫视《笑着活下去》,江苏卫视《艰难爱情》,浙江卫视《聊斋》，天津卫视《杨光的快乐生活4》。

2009年电视剧收视率前十名

1.《一起来看流星雨》2.《流星雨》3.《仙剑奇侠传三》4.《我的兄弟叫顺溜》5.《下辈子做你的女人》6.《我的青春谁做主》7.《绝密1950》8.《丑女无敌第三季》9.《新牛郎织女》10.《今生欠你一个拥抱》。

（五）电影节及奖项

（1）世界电影节及奖项

1. 英国电影学院电影节。2. 日本东京国际电影节。3. 柏林国际电影节。4. 戛纳电影节。5. 上海国际电影节。6. 美国奥斯卡电影金像奖。当前世界上影响最大、历史最悠久的电影奖，由美国电影艺术与科学学院颁发。7. 欧洲电影奖。8. 美国电影金球奖。9. 美国电影学会奖等。

（2）中国电影节及奖项

1. 上海国际电影节。是中国国内第一个国际电影节，每年6月在中国上海举行。2. 中国长春电影节。3. 中国北京大学生电影节。4. 中国台北电影节。5. 中国电影金鸡奖。6. 大众电影百花奖。7. 中国电影华表奖。8. 中国电影童牛奖。9. 中国香港电影金像奖。10. 中国香港电影金紫荆奖。11. 中国香港电影评论学会奖。12. 中国台湾电影金马奖。13. 中国华语电影传媒大奖。

国际电影节之父——威尼斯国际电影节。最权威的国际电影节之一——戛纳国际电影节。东西方电影对话的桥梁——柏林国际电影节。电影节的电影节——伦敦国际电影节。为了和平与友谊——莫斯科国际电影节。北美洲的电影节——蒙特利尔世界电影节。我国影片获奖最多的电影节——卡罗维发利国际电影节。亚洲最大的电影节——东京国际电影节。非洲最有影响的电影节——开罗国际电影节。

（六）中国电影的第一

中国第一部电影是戏曲片京剧《定军山》，内有《请缨》《舞刀》等片断，1905年（清光绪三十一年），由北京丰泰照相馆摄制。无声片，长约半小时。

中国第一部故事片是《难夫难妻》，1913年在上海拍摄，无声片，郑正秋编剧，郑正秋和张石川联合导演。

中国第一部有声电影是《歌女红牡丹》，明星影片公司1931年摄制。

中国第一部获得国际大奖的影片是20世纪30年代由蔡楚生导演的《渔光曲》，它在1935年莫斯科国际电影节上获"荣誉奖"。

中国第一部彩色电影是1948年拍摄于上海的戏曲片《生死恨》，由华艺影片公司出品。费穆导演,主演梅兰芳,著名摄影师黄绍芬为摄影指导,李生伟任摄影师。

新中国成立后第一部故事片是《桥》,编剧于敏,导演王滨,东北电影制片厂1949年摄制。

中国第一部彩色故事片是1957年拍的《祝福》(鲁迅著,夏衍改编,桑弧导演),北京电视制片厂摄制。

中国第一部彩色宽银幕故事片是1959年拍的《老兵新传》,编剧李准,导演沈浮,上海海燕电影制片厂摄制。

中国第一部彩色立体宽银幕故事片是1962年拍的《魔术师的奇遇》,编剧:王栋、陈恭敏、桑弧,导演桑弧,上海天马电影制片厂摄制。

中国第一部彩色舞台纪录片是1954年拍的《梁山伯与祝英台》,编剧:徐进、桑弧,导演桑弧,上海电影制片厂摄制。

中国第一部遮幅式宽银幕故事片是1977年拍的《青春》,李云官、王炼编剧,谢晋导演。

新中国成立后的第一部译制片是《团的儿子》,原译名《小英雄》,杨范、陈涓翻译,周彦译制导演,上海电影制片厂1950年译制。

我国与外国合拍的第一部彩色故事片是1958年由北京电影制片厂与法国加朗斯公司合摄的《风筝》,导演王家乙、罗歇·比果。

十三、计算机动画艺术

(一)动画艺术的定义

动画艺术是计算机图形学和艺术相结合的产物,它给人们提供了一个充分展示个人想像力和艺术才能的新天地。目前,电脑动画已经广泛应用于影视特技、商业广告、游戏、计算机辅助教育等领域。

(二)动画艺术的发展

历史上的动画艺术有皮影戏、木偶戏投影,幻灯片等,伴随着电影电视电脑的产生与发展,计算机动画艺术也诞生了。计算机动画开始于美国,在20世纪70年代末便利用电脑模拟人物活动。1982年,迪斯尼推出第一套电脑动画的电影《电脑争霸》。

传统的动画是由画师先在画纸上手绘真人的动作,然后再复制于卡通人物之上。直至20世纪70年代后期,电脑技术发展迅速的纽约技术学院的电脑绘图实验室导师丽蓓卡亚·伦女士将录像带上的舞蹈演员投射在电脑显示器上,利用电脑绘图记录影像的动作,然后描摹轮廓。1982 年左右,美国麻省理工学院及纽约技术学院同时利用光学追踪技术记录人体动作:演员身体的各部份都被安上发光物体,在指定的拍摄范围内移动,同时有数部摄影机拍摄其动作,然后经电脑系统分析光点的运动,再产生立体的活动影像。

世界电影史上花费最大、最成功的电影之一——《泰坦尼克号》的成功很大程度上得益于它对电脑动画的大量应用。世界著名的数字工作室 Digital Domain 公司用了一年半的时间,动用了 300 多台 SGI 超级工作站,并派出 50 多个特技师一天 24 小时轮流地制作《泰坦尼克号》中的电脑特技。1983 年,麻省理工的 Ginsberg 和 Maxwell 发展了一套系统(Graphica Marionette),利用计算机语言控制卡通的动作。但受到当时计算机硬件速度的限制,一个简单的电脑动画往往需要花费很长的时间。随着计算机硬件及动画软件的迅速发展,以及越来越多的研究机构及商业机构加入到电脑动画领域,电脑动画的制作水平也随之日新月异。动画日益形成一个重要的产业,在美国、日本、英国和荷兰这些动画片的制作强国,动画产业在国民生产总值中占有非常重要的地位,日本的动画产业更是国民经济六大支柱产业之一。

(三)动画技术的魅力

我国的 52 集动画连续剧《西游记》绘制了 100 万张原画、近 2 万张背景,共耗纸 30 吨、耗时整整 5 年。在迪斯尼的动画大片《花木兰》中,一场匈奴大军厮杀的戏仅用了 5 张手绘士兵的图,电脑就变化出三、四千个不同表情士兵作战的模样。《花木兰》人物设计总监表示,这部影片如果用传统的手绘方式来完成,以动画制片小组的人力,完成整部影片的时间可能由 5 年延长至 20 年,而且要拍摄出片中千军万马奔腾厮杀的场面,是基本不可能的。

那么,是什么使得电脑动画技术有此神力?这还要从它所涉及的技术来谈。

电脑动画技术从制作的角度看,主要涉及几何造型技术和图像处理技术。在电脑动画发展的初期,人们进行动画制作主要采用几何造型技术,用几何学的方法来描述对象,使用计算机来产生动画。但近年来,由于这种技术制作成本太高、费工费时,就开始研究结合使用基于图像处理的制作方法,用已有的图像数据来提取、表现空间的动态对象从而生成动画。

在目前的电脑动画技术中,重要的是深入研究运动控制和渲染技术。早期的动画制作需要制作者将画面逐帧画出,工作量非常巨大。引入计算机动画技术后,尤其是运动控制技术,制作者首先利用计算机设计角色造型,按照剧情确定关键帧,由动画师绘制一些静态的关键画面。然后按一定的补插规则完成一序列画面,利用动画软件生成图像序列。比起手工绘制动画,这无疑是一个巨大的进步,但对于一个复杂的动画作品来说,要对关键帧中每个造型的姿态特别是表情进行细致的调整,这仍然是一个相当麻烦和困难的工作。它不但要求动画师必须具有丰富的经验和高度的技巧,而且其效率低、易出错,很不直观,难以达到生动、自然的效果,已成为动画制作过程中的瓶颈。不过,关键帧这种古老的技术现在仍然是制作电脑动画的主要方法。

同时,电脑动画也有自己的特点,发展了一套新的技术,这就是基于物理模型的运动控制技术。因为物体的运动要遵循一定的运动定律,比如表现一个球的弹跳、水流的波动,都有一定的物理模型,要符合一定的物理规律。如果由电脑通过计算来完成,会使运动变得自然而逼真。这种技术现在还没有完全进入大规模实用阶段,因为有关模型的理论还在完善中,但这将是未来发展的趋势。

2007年5月重磅推出的《蜘蛛侠》影片中,蜘蛛结网、空中大战等场景都需要电脑CGI技术的支持才能实现渲染技术主要包括光照和纹理,光照技术是利用计算机模拟自然界中光对物体的照射来体现动画对象的立体效果,而纹理技术是通过给动画对象的表面添加一些细节来增加真实感。目前的演示设备,归根到底还是平面式的屏幕,那就要想办法在平面上搞出立体效果来,许多研究工作事实上是基于这一硬件环境的现实情况。

至于电脑动画制作的硬件环境,由于PC处理能力的迅速增长,图形工作站在动画制作领域的主导地位受到了挑战。现在,一台高配置的PC机已经可以满足相当一部分动画制作的计算及处理上的需要。当然,如果是大规模的制作,还是需要在图形工作站上才能完成。三维动画特技可以说是电脑动画技术中的一大难题,因为这需要非常强大的软件和运算能力极强的硬件平台。它所带来的视觉效果是无可比拟的。当《侏罗纪公园》《第五元素》《泰坦尼克号》这些影片中逼真的恐龙、亦真亦幻的未来城市和巨大的"泰坦尼克号"让人沉浸在现代电影所营造的"真实"世界里时,你可知道创造了这些令人难以置信的视觉效果的幕后英雄是众多的三维动画制作软件和视频特技制作软件。好莱坞的电脑特技师们正是借助这些非凡的软件,把他们的想象发挥到极限,也带给了我们无比的视觉享受。

三维动画特技制作包含了数字模型构建、动画生成、场景合成三大环节,而三维扫描、表演动画、虚拟演播室等新技术,恰恰给这三大环节都带来了全新的技术突破。综合运用这些新技术,可望获得魔幻般的特技效果,彻底改变动画制作的面貌。迪斯尼耗资3.5亿美元制作的《恐龙》是世界上最早一部实景拍摄加数码影像合二为一的电影。为制作出动画场面，摄制组选择了多种成品软件的组合，同时由 15 个软件工程师编写了 450 个程序。光有超强的硬件平台还不够，电影电视中那些逼真的形象还是得靠各种各样的超级 3D 图像软件来实现。这些特技软件每年的全世界销售额在 12 亿美元左右。而且各专业厂商都有自己特定的优势产品和用户群，所以形成了群雄争天下的局面。

（四）中国动画艺术的发展

1990 年，北京 11 届亚运会为我国电脑动画制作的发展带来关键性的契机。中央电视台、北京电视台在当时的电视转播中首次采用了计算机 3D 动画技术来制作节目片头。中科院软件所、北方工业大学 CAD 中心、上海南方 CAD 公司等单位分别承担了有关的制作工作。从那以后，电脑动画技术开始在我国迅速发展。

现在，对电脑动画相关技术的研究在国内科研机构已经广泛开展起来。各个电视台都有了自己的制作中心，电脑动画制作公司也从无到有，数量稳定增加。但是我们的制作水平还远远跟不上国内市场的需求，数量上我们的动画还远远不够。质量上还缺少精品。迄今为止，国内的动画产品还没能在 SIG GRAPH 等国际性比赛中获奖。

当初迪斯尼的《花木兰》申请在中国上映时，甚至引起高层的重视，一位中央领导给广电主管部门写信说："请你们研究一下，一个中国的民间传说被制成卡通后为什么会引起如此轰动效应，以后我们自己能否创作一些这类卡通。"2000 年 3 月，国家广电总局颁发《关于加强动画片引进和播放管理的通知》，规定国内电视台播放引进动画片的时间不得超过动画片播放总量的 40％。在"十五"规划中，广电总局还提出要每两年有一部国产动画影片推向市场。现在我国动画产业的"环境、政策和财力投入上都优于以往，说明国家已意识到了动画是一个非常大的产业。"北京电影学院动画学院副院长孙立军说。据悉，该学院将由国家投资 1.25 亿元建立一个影视动画基地。

据中国动画学会介绍，2000 年，全国的动画公司登记在册的共有 120 多家，全国动画片的产量 13000 分钟，是 1999 年 6500 分钟的一倍。国产动画片的目标是到 2005 年达到年产 48000 分钟。

2006 年 8 月，上海大世界吉尼斯总部宣布，由湖南三辰影库卡通节目发展有限公司制作的《蓝猫淘气 3000 问》以当时播出 500 集、7500 分钟（全部 3000 集，总长 45000 分钟）的长度，创造了最长动画片的中国吉尼斯纪录。这一纪录打破了 1986 年出品的美国动画片《辛普森》保持的 242 集的世界吉尼斯纪录。

一家原本名不见经传的民营企业如何制造了中国电视卡通的世界纪录？

"蓝猫"的高产、快产正得益于三辰卡通的秘密武器——自主开发的一套"网络动画集成技术"。此项技术使动画的制作速度比传统动画提高了10倍。它实现了动画制作全计算机化,即"无纸化作业"。三辰卡通成为国内唯一完全利用计算机进行动画制作的厂商。目前,三辰卡通每天生产电视动画30分钟,全年生产10000分钟,占全国动画片生产总量的50%以上。

在湖南,"蓝猫"有500多人的制作队伍,全部采用艺术生产流水线作业,流水线上细分为36道工艺。但是,这种分工并不是传统工厂里的简单分工,因为计算机网络特殊的资源共享和随时修改的功能,使每一位工作人员既是整个流程中的一个环节,又是独立创作、独立发挥的一个艺术源头。流水作业大大提高了制作效率,为卡通的规模化生产提供了可能。正在开发的工业化卡通数据库,可以将业已绘制完成的几千万件卡通素材重组、整合,无限生成新画面。三辰卡通副总裁祝新华说:"将来我们可能不需要再画了。"

2007年初,三辰卡通作出重大决定:在长沙软件园征地200亩,投资1.5亿元,建立湖南三辰数字卡通城。预计该卡通城将是我国乃至世界最大的动画生成基地。4月,卡通城建设工程破土动工。对于未来,三辰卡通董事长孙文华总结道:"卡通产业只有以科技创新为先导,才能有未来。有句话说得好:如果你今天不能创造未来,明天你就会生活在过去。"

十四、精英文化

(一)精英文化的定义

国内学者邹广文认为,精英文化是知识分子阶层中的人文科技知识分子创造、传播和分享的文化。西方社会评论家列维斯认为,精英文化以受教育程度或文化素质较高的少数知识分子和文化人为受众,旨在表达他们的审美趣味、价值判断和社会责任的文化。精英文化是与大众文化、平民文化、草根文化、山寨文化相对应而产生的文化现象,它是人们内心渴求却常常被世俗生存需求驱逐时,才能感悟到的,它是在人们静心思索或遭遇物质失利而需要情感慰藉时,才冉冉上升的高尚的理想的精神文化。英雄创造历史,经营创造文化。人并非是绝对的一律平等,人类没有消除等级制,也就没有绝对的平等。更何况人的思想,行为,人的性格特征,人所生活的环境与阶层,如果没有差异性,每个人都一样,没有特别突出,也没有相对较为平凡,或较为伟大的话,这个世界将会失去很多色彩,人们也不会像现在这样生活的多姿多彩。有的人在实践中有着较为突出的灵气和智慧,有的人则显得较为逊色一些。这与人自身的努力及环境的差异是分不开的。

（二）精英文化的新定义

随着时代的发展,现代化的社会实践告诉我们,精英文化应该是知识分子及其民众中的精英们共同创造及传播的文化。特别是改革开放实践中,涌现出许多现代化的小康村与新农村,许多著名的农民企业家(自己购买飞机),为了经营,他们奔走于飞行于国际的经济贸易市场之间,不断显示出他们的智慧与英明实干的才能。华西村的农民敢想敢干,成为我国著名的现代化农村的典型。现在又花20多个亿打造60层的摩天大楼,集居住,商务和观光为一体,4—60层的900多套公寓,提供给华西村村民居住,最高层可每天接待15000人次的观光平台,其中的旋转餐厅,规模为世界之最。过去这样的事情只能是农民的梦想! 2007年已经兴建,村书记吴仁宝提出村民集资,空中发展,节省土地。200个最富有的农民,每人出资1000万。正如长江三峡实现了毛泽东的"高峡出平湖"的梦想一样,华西村的创造财富,改变中国农村穷困面貌,实现现代化的精神,也同样实现了毛泽东的"农村是一个广阔的天地,在那里是可以大有作为的"预言。只要有了这种精神,什么样的人间奇迹不能创造出来? （见《文摘报》(光明日报)2010年1月21日,摘自《京华时报》1,18,刘薇文）。

（三）大众文化与精英文化的辩证关系

各国各行各业都有自己的精英,他们的智慧领先,才识胆力无不具备,所以他们才能走向成功。不少人有这样的一种看法,即"精英文化"就是"高雅"的,而"大众文化"就是"低俗"的,这是一种误解。毛泽东认为:人民是创造历史的英雄。精英们设计了图纸,大楼还要工人们来建筑,二者缺一,不可办成伟大的事业。文化只是顺应历史而产生的,并没有高雅低俗之分,俗文化发展到领先地位,就会上升到精英文化。所以我们要以发展的眼光看待各种文化的发展。精英并非社会某个阶层特殊之产物,而是来自广大之人民群众——可以说人民是精英或英雄所赖以产生和生存之土壤。因此,人民直接决定精英之素质。如同土壤之肥力决定作物之收成与质量一样。

一个优良社会组织,必是精英占主导地位的社会。例如:我国曾出现过五四爱国运动时期以文化精英为主导的精英文化,其后也常出现过以政治精英为主导的精英文化,现在的精英文化则是经济精英为主导的精英文化。凡是精英统治之社会,就一定繁荣昌盛。无论是在尘世领域还是在精神领域,就是永恒之真理。一个社会之良好运转,文化和知识之保存与传承等等,离不开精英之努力;人类社会之进步,更有赖于具有非凡创造力之天才精英。"文化重心下移"应该说是一种具有历史合理性的进步,是我们的文化"为人民服务"之必须。不应该视之为"危机"和"失落",而应视之为一种"归位"和"落实"。

十五、社区文化

(一)"社区"概念

这一概念最早引入中国,始于上世纪二三十年代由梁漱溟和晏阳初等倡导的乡村建设运动。在形成社区这一概念之前,社区这种人类社会生活的重要现象就已存在。人类社会群体的活动离不开一定的地理区域,具有一定地域的社区就是社会群体聚居、活动的场所。从这个意义上说,社区是农业发展的产物。在远古游牧社会中,居民逐水草而居,并无固定的住地。严格说来,那时的游牧氏族部落只是具有生活共同体性质的一种社会群体,不是今天所说的社区。

改革开放30年以来,全国各族人民在中国共产党的领导下,同心同德,奋发图强,不仅使中国的经济实力和综合国力不断增强,人民的生活水平和国民福利得到了实质性的提高,而且也使中国日益融入世界经济和主流文明之中。彻底摒弃那种"关起门来搞社区建设"的小农经济思想,树立大社区观念,建设开放型社区。

社区建设以为民服务、为民排忧解难为基础,着力解决一些影响居民生活的实际问题。从居民的需求出发,有计划有目的地解决一些居民反映的突出问题。如,社会治安、义工巡逻队、绿化美化、环境卫生、乱搭乱建、噪音扰民、下水道疏通、孤寡老人的照顾等。为持久地做好这些服务,成立居民区物业公司是一条行之有效的途径,广大社区都进行了积极探索。

随着我国的教育、科技、文化、体育、卫生等各项事业全面发展,也为创建平安和谐社区的发展创造了有利的条件,如有条件建立社区医院,诊所,小病就地医治,方便了群众;大学生去社区当公务员,提高社区服务质量,增加娱乐与体育设施,菜市场里加上服装及小百货,繁荣了社区一条龙服务。即为突出的例子。

(二)社区文化的定义

社区文化囊括了社区内所有的居民活动现象。是居住在特定社会区域中的群体的精神生活、生活方式和行为方式的总和。具体包括社区居民的思维方式、价值观念、精神状态、风俗习惯、公共道德的思想形态,以及学习、交往、娱乐、健身、休闲、审美等日常活动。

（三）社区文化的构成

1. 文化载体　是社区的物质文化，是由存在于社区范围内的一定数量的活动场所和绿化面积、花卉植被等物化形态构成。

2. 文化方式　是社区文化的形态表现，集中体现在社区居民的生活方式、行为方式和思维方式上。是与社会主义市场经济相适应的文化方式，买卖公平、上门修理、群防盗贼、互相帮助、共同娱乐、遵纪守法是社区文化的精神文明的主要内容。

3. 文化制度　是社区成员在生活、娱乐、交往、学习等活动过程中形成的规章制度、组织机构等。它们对保障社区文化持久、健康地开展活动具有一定的约束力和控制力。

4. 文化精神　是社区文化的核心，包括社区精神、道德、价值观念、理想、行为准则的精神文明的建设等。

（四）社区文化的现实意义

随着人民物质生活的不断改善，大众对精神文化生活的需求也在不断提高，闲暇时间的增加使人们有了从事文艺活动、满足兴趣爱好、发展个性的客观条件。人们主动参与文化生活的意愿更加强烈；文化娱乐、休闲健身、科技普及、艺术培训，歌舞音乐、说唱弹奏，各种文化节、歌舞大赛、健身活动等都获得社区居民的热情支持和积极参与。

社区文化活动以居民主动参与、广泛参与为主要特征，具有寓教育于娱乐的功能，对于开阔眼界、增长知识、树立进步的人生观，化解不良风气和促进社会协调发展，弘扬民族精神，增强居民的凝聚力，加强精神文明建设，具有重要作用。

以前的社区文化是群众自发的街边文化，活动场地有限。现在的社区文化，具有多功能，可以满足不同层次居民的基本文化需求。一些社区开展了以培养"四有"（有理想、有道德、有文化、有纪律）公民，提高思想道德，社会公德，家庭美德为内容的"文明楼栋"、"五好家庭"的创建活动。良好的邻里关系有利于增进居民之间的相互沟通、相互了解、相互约束，有利于减少摩擦、减少犯罪。

传统中的"家国一体"是国家统一稳定的凝聚力。社区文化在社区建设中的作用也具有这种力量，如果各地区的领导阶层能认识到社区文化的重要作用，从基层抓起，重视社区文化建设，那么，我国社区的物质文明和精神文明就会迈向一个新台阶。

十六、落后文化、腐朽文化

（一）落后文化、腐朽文化

是指不符合先进生产力发展要求和社会进步方向,违背社会发展规律,代表腐朽没落阶级及其利益,腐蚀人的精神世界,危害进步事业的,带有愚昧迷信,消极颓废,低级庸俗色彩的非科学的文化。其判断标准是其对生产力的发展是否起阻碍作用。是否具有民主性、进步性、科学性,人民性,还是具有专制性、反动性、非科学性、反人民性、反人性。

广义的落后文化包括腐朽文化和反动文化。腐朽文化迎合了社会上一部分人低级趣味,追求感官刺激,贪图物质享受,不思进取;缺乏社会责任感,具备的是狭隘自私的水平和心态,利用人们的愚昧和迷信心理,宣扬拜金主义,享乐主义,极端个人主义;传播迷信,腐蚀人心,鼓吹宿命论的文化。反动文化具有反科学,反社会、反人性、反人类的性质,是违背社会发展规律,试图阻碍社会进步或企图谋倒退,轻者违法乱纪,烧杀打砸抢偷,成为扰乱社会治安的黑社会团伙,重者发动战争,屠杀与毁灭人类,实行法西斯统治,代表反动阶级利益的文化。

落后文化之所以落后,表现在:1. 是一种没跟上时代发展的滞后性文化。社会是变化发展的,生产力的发展必然要求生产关系的变革,文化是历史的、动态的、发展的,要随着物质生产的发展和社会历史的前进而不断地发展和变化,不能只停留在一个平面上。落后文化无视社会的发展和经济的进步,因循守旧,排斥科学和进步,执着于既往的辉煌而不求进取,或坐井观天看不到外面多彩的世界,或与社会发展的必然趋势背道而驰。2. 落后文化赖以生存的社会基础的落后性。一定的文化都有其赖以滋生和存在的基础和土壤。某些文化现象是落后的经济政治制度的反映,代表落后的经济政治制度的要求,为落后的阶级和社会集团所鼓吹和守持,这些就属于落后文化;如清末的经济、政治,都已远远落后于世界新的生产力的发展而又反对改革进取,造成了戊戌变法的失败,并导致灭亡;辛亥革命失败后,袁世凯又逆历史潮流而动,重新当皇帝的复辟梦也彻底破灭。都表现了落后文化的生产力与生产关系及经济、政治的滞后性。

落后文化不利于社会生产力的发展和社会全面的发展,它更会阻碍和破坏生产力的发展以及社会的全面进步。它代表落后势力或反动势力,向人们宣扬陈腐的,错误的价值观,宣扬极端的个人主义思想和享乐主义的生活方式,宣扬迷信和愚昧,表现媚俗倾向,低级趣味和倒行逆施,是非科学的反科学的,不利于民族团结,国家富强,社会进步,人类发展的力量。

落后文化是一种客观存在的现象。社会主义文化在我国已经居于主导地位,但是,由于历史和现实的原因,社会上还存在一些带有迷信,愚昧,颓废,庸俗等色彩的落后文化,甚至还存在一些腐蚀人们精神世界,危害社会主义事业的腐朽反动文化。

思想文化领域,先进文化不去占领,落后文化,腐朽文化就会去占领。我国封建社会长达两千多年,封建思想的残余和旧的习惯势力仍然有着深远的影响。西方敌对势力趁我对外开放之机,千方百计以腐朽的思想文化,对我国进行渗透和腐蚀,实施"西化""分化"的战略图谋。

据资料表明,前苏联解体前,苏共的特权阶层,是从勃列日涅夫上台后特别是其后期逐渐形成的,领导干部终身制,勃列日涅夫的女婿与儿子都从纨绔子弟爬上部长高位,因为贪污受贿 65 万卢布,酿成了震惊全国的"驸马案"。特权阶层的队伍不断扩大,机构重叠。地方区委书记价值 20 万卢布。1991 年,莫斯科上万名大富翁中,大部分是原来的党政干部。同年 6 月的一次调查表中,高层领导中,76.7% 的人认为应该走资本主义道路。正是这些所谓的共产党人革了苏共的命。中国的马路经常"开膛破肚"反反复复的挖修改建,老百姓颇有怨言,英国、美国市政设施要管三百年,一些城市只为市政当局的政绩而建,不是长远的建设计划。有人断言:刚刚修的马路很快就坏了,大多数是腐败在作怪。工程款被挪用,质量自然不行。

正确分析和认识落后文化,腐朽文化和各种错误思想观点之所以发生的根源,我们就能对之开展正确有力的斗争。必须坚持和巩固马克思主义的指导地位,开展积极的思想斗争,批评和抵制各种反马克思主义反科学反人性反人类的错误观点。对于那些散布腐朽思想,颓废情绪,以及传播封建迷信,渲染色情暴力的倾向与势力,都必须旗帜鲜明地加以反对,抵制和批评,绝不能任其泛滥。要积极发展先进文化,用先进文化去占领城乡思想文化阵地,在不断满足和提高人民群众的精神文化需求中移风易俗,促进社会主义精神文明发展。要通过完善政策和制度,加强教育和管理,逐步缩小和提出落后文化,腐朽文化和各种错误思想观点借以残存和滋生的土壤。

(二)封建文化的利与弊

中国曾经历几千年的封建社会,封建主义在思想文化领域的深刻影响当然不能忽视。中国封建社会留下的文化不能说全是当时的统治者根据他们的狭隘需要制造出来的,许多内容有着更深刻的社会根源。但封建统治者们必定要尽力把人们在实际生活中形成的传统精神纳入他们的需要,加以改造,作为巩固和强化封建统治的重要思想武器和精神支柱。中国封建社会持续的时间那么长,历代统治者几乎都在这方面精心经营,把它理论化和系统化。这就给中国传统文化打上了深深的封建主义烙印,两者紧紧地交织渗透在一起,难以分开,而后者处于主导的地位,所谓"三纲五常"便是突出的例子。程朱理学所讲的"存天理,灭人欲",更是要泯灭个人的合理利益和要求。这些都曾严重束缚中国人的思想,妨碍中国社会的进步。其实,对封建文化同样必须作具体分析,它也包含着一些值得汲取的有益成分,如儒道佛思想中符合人性化与理想化的内容,在其上升时期尤其是如此。总之,只要是人类社会留下的文化遗产,都是可以分析的,需要细心辨别它们中好的东西和不好的东西,不能像俗话所说:在倒掉澡盆里的脏水时,把孩子一起倒掉。

十七、雕塑艺术

(一)雕塑的含义及特征

雕塑是造型艺术的一种,是雕、刻、塑三种创制方法的总称,指用各种可塑材料(如石膏、树脂、粘土等)或可雕、可刻的硬质材料(如木材、石头、金属、玉块、玛瑙、铝、玻璃钢、砂岩、铜等),创造出具有一定空间的可视、可解的艺术形象,借以反映社会生活、表现艺术家的审美感受、审美情感、审美理想的较为纯粹的艺术。

雕塑的产生和发展与人类的生产活动紧密相关,同时又受到各个时代宗教、哲学等社会意识形态的直接影响,在人类还处于旧石器时代时,就出现了原始石雕,骨雕等。雕塑是一种相对永久性的艺术,古代许多事物经过历史长河的冲刷已荡然无存,出土的历史的雕塑遗产却可以证明一个时代的艺术水平。

例如15世纪出土的古罗马雕像,使文艺复兴的艺术家们重新掀起了学习古希腊罗马艺术的热潮。

1820年希腊米洛斯岛的一个农民在种地时发现了维纳斯雕像,出土时右臂下垂,手抚衣衿,左臂伸过头,握着一只苹果。法国驻米洛领事路易斯·居维尔要以高价收买此塑像;手头没钱,又赶往君士坦丁堡向大使汇报,大使立即命令秘书带了一笔巨款连夜前往米洛斯购买女神像。谁知农民此时已将神像卖给了一位希腊商人,而且已经装船外运。居维尔决定以武力截夺,混战中雕塑的双臂不幸被砸断。断臂维纳斯雕像仍然风靡全世界,可见人们对雕塑艺术的热爱。

历史传统观念认为雕塑是形态的、可视的、可触的三维物体,通过雕塑诉诸视觉的空间形象来反映现实,因而被认为是最典型的造型艺术、静态艺术和空间艺术。随着科学技术的发展和人们观念的改变,在现代艺术中出现了反传统的四维雕塑,五维雕塑、声光雕塑、动态雕塑和软雕塑等,爱因斯坦相对论的出现,改变着人们的时空观,使雕塑艺术从更高的层次上认识和表现世界,突破三维的:可触的,视觉的、静态的,向时空、心态方面探索。雕塑是时代、思想、感情、审美观念的结晶,是社会发展形象的记录,但无论如何,以静态的方式来暗示某种丰富的含义和意境,这应该看作是雕塑艺术的根本特征。

（二）雕塑的分类

按使用材料可分为木雕、石雕、牙雕、骨雕、漆雕、贝雕、根雕、冰雕、泥塑、面塑、陶瓷雕塑、石膏像等。

按其功能分,大致可分为纪念性雕塑、主题性雕塑、装饰性雕塑、功能性雕塑以及陈列性雕塑五种,这五种分类并不是界线分明,而是相互渗透。

（三）雕塑的发展

中国雕塑的发展大致可以分为史前雕塑、商周雕塑、秦代雕塑、汉代雕塑、魏晋南北朝雕塑、隋唐雕塑、宋及金雕塑、元明清雕塑、现代雕塑等阶段;西方雕塑发展大致可以分为史前雕塑、古典雕塑(又分为原始时期、欧洲中世纪时期)、近代雕塑(文艺复兴时期、封建主义向资本主义过渡时期、启蒙运动时期)、现代雕塑等阶段。每个时期、不同地域的雕塑都有其不同的特色。随着经济的不断发展和人们精神文明的不断进步,中国乃至世界的雕塑艺术都将进入一个全新的阶段,并将呈现一片欣欣向荣的繁荣景象。深圳世界之窗的众多雕塑虽然是复制品,但也能表现的栩栩如生,达到相当高的水平,令人如睹真品。

十八、建筑艺术

（一）建筑文化的定义

建筑是人们用石材,木材等建筑材料搭建的供人居住、使用观赏的物体,如住宅、公共建筑、桥梁、体育馆、园林等等。中国传统的建筑以木结构建筑为主,西方的传统建筑以砖石结构为主。现代的建筑则都是以钢筋混凝土为主。在建筑学范畴里,建筑是指所有建筑活动的全部过程。从规划、设计、财政管理、准备建筑材料、建筑材料的运输和运用、工程上的法律规范、招标、投标、施工、监理、验收、组织管理,后勤服务、维修、建筑安全管理,等等。上下一条龙,任何一个环节都很重要,缺一不可,建筑是百年大计,欧洲的罗马式、哥特式以及中国著名古老的建筑甚至保存至今(虽然各朝代的修补加固也同样重要)!

建筑艺术是通过建筑群体组织、建筑物的形体、平面布置、立体形式、结构造型、内外空间组合、装修和装饰、色彩、质感等方面的审美处理所形成的一种综合性实用造型艺术。建筑也是人类重要的物质文化与精神文化的总和。

(二)建筑的起源

在人类文明发展史上,最初的建筑材料简陋,只能是为了遮挡风雨、防寒驱暑,7000 年前的河母渡遗址已发明了有榫头的木构建筑,仰韶文化遗址的西安半坡村建筑已有了防水、防潮、通风、采光的措施。西安半坡村还是半穴居的茅草屋,只具有实用的目的。随着物质技术的发展和社会的进步,夏商周建筑已有了作为权势象征的城池、宫室。商代有了陶制排水管道,商代晚期已用了青铜构件作柱基上的垫块,春秋时期的壁柱已用青铜构件包镶加固或作装饰品,建筑装修的发展又促进了彩绘与雕刻的专业化。当时鲁国的公输班(也称鲁班,前507—前444)是著名的工程师,建筑工匠的祖师爷。发明了锯子,木匠的各种工具、攻城的器械:云梯、钩拒;农民用的石磨等。春秋末年齐国的《考工记》记载了建造宫殿的测量器具:"圆者中规,方者中距,立者中悬,衡者中水(早期的水准仪)"。秦始皇时期举世闻名的万里长城(连接秦、赵、燕三国的长城)与始皇陵(生前以开始修建)、都江堰、郑国渠四大工程,前三项至今存在,令人叹为观止!汉武帝时期的上林苑是历史上著名的以观赏、打猎为主、可居可游的皇家园林,司马相如的《上林赋》记载了气势浩大的皇家园林:亭台楼阁倚山而筑,离宫别馆建于山中林间。充分显示了古人的高超的技巧与智慧。

(三)建筑的分类

1. 根据建筑材料分,可分为木结构、砖石、钢筋水泥、钢木、轻质材料,装饰材料等;

2. 根据建筑所体现的民族风格分,可分为东亚大屋檐式:中国式(佛教、道教寺院也都是大屋顶中国式)、朝鲜式、日本式;西方古堡尖顶的意大利式、英国维多利亚式、俄国式;西亚的游牧圆顶的伊斯兰式;南亚的印度佛教、印度教式;玛雅人的印第安式(受古埃及金字塔建筑的影响,但塔顶有神庙,又接近中国的高台建筑);澳大利亚综合式(包括希腊式、意大利式、维多利亚式、新哥特式、新巴洛克式)等;

3. 根据建筑的时代风格分,可分为古希腊式(洛阳龙门石窟的佛雕像是希腊风格,古希腊入侵印度时带来的建筑风格、印度佛雕像又传入中国)、古罗马式;中世纪的罗马式、哥特式;文艺复兴时期的大圆屋顶式教堂建筑、巴洛克式、古典主义式、包豪斯国际现代式建筑新风格(实用性,新材料,新结构,摆脱古典式的国际风格,如联合国大厦),后现代风格(对古典,现代任意挑拣,混杂,怪诞、象征,反对一律)等;

4. 根据建筑流派分,如野性主义、象征主义、新古典主义、重技派、怪异建筑派(美国电话电报公司大楼有人形容它象老式木座钟)、有机建筑派(如美国 30 年代的匹兹堡市郊的流水别墅)、新自由派、后期现代空间派等。

5. 根据使用目的分:可分为住宅建筑、宫殿建筑、园林建筑、陵寝建筑、宗教建筑、工业生产建筑、公共建筑、文化建筑、纪念性建筑等。

(四)中国古代建筑

具有朴素淡雅的风格,主要以茅草、木材为建筑材料,以木架构、大屋檐为结构方式(柱、梁、枋、檩、椽等构件),按照结构需要的实际大小、形状和间距组合在一起。由于木质材料制作的梁柱不易形成巨大的内部空间,古代建筑便巧妙地利用外埠自然空间,组成庭院,可以种植花草树木,仰观日月,更进一步发展成园林式建筑。达到天人合一的境界。古人很早就能运用平衡、和谐、对称、明暗轴线等设计手法,达到美观的效果。古代建筑重艺术装饰,但不复杂,只在主要部位作重点装饰,如窗檐、门楣、屋脊(奇兽造型、风玲)等,布局多为衡平方向发展,不重高层建筑,至佛教传入后,出现了楼阁佛塔。雕梁画栋,形体优美而色彩斑斓;楹联匾额,激发意趣而遐想无穷。古代建筑品类繁盛,包括宫殿、陵园、寺院、宫观、园林、桥梁、佛塔等。

(五)中国近代建筑

1840 年鸦片战争爆发到 1949 年新中国成立,中国建筑呈现出中西交汇、风格多样的特点。这一时期,传统的中国旧建筑体系仍然占据数量上的优势,但戏园、酒楼、客栈等娱乐业、服务业建筑和百货、商场、菜市场等商业建筑,普遍突破了传统的建筑格局,扩大了人际活动空间,树立起中西合璧的洋式店面;西方建筑风格也呈现在中国的建筑活动中,在上海、天津、青岛、哈尔滨等租界城市,出现了外国领事馆、洋行、银行、饭店、俱乐部等外来建筑。这一时期也出现了近代民族建筑,这类建筑较好地取得了新功能、新技术、新造型与民族风格的统一。

(六)新中国著名建筑与风格

自 1949 年建国以来,我国相继建造出了一批卓有特色的宏伟建筑,现有 43 座建筑物首次载入英国出版的《建筑史》。它们是:七楼——北京电报大楼、北京民航大楼、北京三里河办公楼、北京建工部办公大楼、上海文远楼、杭州航站楼、乌鲁木齐航站楼。三堂——北京人民大会堂、毛主席纪念堂、重庆大会堂。一宫——北京民族文化宫。一碑——人民英雄纪念碑。十四馆——北京友谊宾馆、北京和平宾馆、北京天文馆、中国历史博物馆、北京地安门旅馆,等。

中国建筑进入新的历史时期,大规模、有计划的国民经济建设,推动了建筑业的蓬勃发展。中国现代建筑在数量、规模、类型、地区分布及现代化水平上都突破近代的局限,展现出崭新的姿态。这一时期的中国建筑经历了:1. 以局部应用大屋顶为主要特征的复古风格时期。2. 以国庆工程 10 大建筑为代表的社会主义建筑新风格时期。3. 集现代设计方法和民族意蕴为一体的广州风格时期。4. 自 20 世纪 80 年代以来,中国建筑逐步趋向开放、兼容,中国现代式建筑开始向多元化发展。

(七)世界建筑十大之最

1. 世界上最长的桥——1969 年,美国路易斯安那州的庞恰特雷恩湖 2 号堤道竣工,全长 38.42 千米,其中有 8 英里只见水不见陆地,桥在湖的正中央纵贯而过。2. 世界上最大的游乐场奥兰多迪士尼乐园——位于佛罗里达州,投资 40,000 万美元。是全世界最大的主题乐园,总面积达 124 平方公里,约等于 1/5 的新加坡面积,拥有 4 座超大型主题乐园、3 座水上乐园、32 家度假饭店(其中有 22 家由迪士尼世界经营)以及 784 个露营地。自 1971 年 10 月开放以来,每年接待游客约 1,200 万人。设有五座国际标准高尔夫球场和综合运动园区,市中心还有迪士尼购物中心——结合购物、娱乐和餐饮设施,有夜间游乐区、各式商店和超过 250 家的餐厅。3. 世界上最大的火车站——纽约大都会终点站,这座车站佔地 19 公顷,为世界之最。分上下两层,上层有 41 条铁路线,下层有 26 条铁路线。每天平均有 550 多列火车、21 万名上下班旅客从这里经过。4. 世界上最大的行政建筑——美国五角大楼(国防部所在地)。占地面积 235.9 万平方米,大楼高 22 米,共有 5 层,总建筑面积 60.8 万平方米,使用面积约 34.4 万平方米,当时造价 8700 万美元,1943 年 4 月 15 日建成,可供 2.3 万人办公。大型停车场,可同时停放汽车 1 万辆。5. 雄伟壮观的万里长城——总长度 6,700 多公里,始建于春秋战国。它是人类建筑史上罕见的古代军事防御工程,被联合国教科文组织列入"世界遗产名录",被誉为"世界八大奇迹"之一。6. 世界上最大的巨石建筑——埃及胡夫金字塔。塔原高 146.59 米,因顶端剥落,现高 136.5 米,相当于一座 40 层摩天大楼,塔底面呈正方形,占地 5.29 万平方米。塔身由大小不一的 230 万块巨石组成,每块重量在 1.5 吨至 160 吨,石块间合缝严密,不用任何粘合物。如把这些石头凿成平均一立方英尺的小块并排列成行,其长度相当于地球周长的 2/3。被称之为人类历史上最伟大的石头建筑。7. 世界上最大的古建筑群——北京故宫(又称紫禁城），为明、清两代的皇宫。始建于 1406 年，至今已近 600 年。故宫是世界上现存规模最大、最完整的古代木构砖石建筑群，占地 72 万平方米，建筑面积约 15 万平方米，拥有殿宇 9000 多间。是中国古建筑的精品。宫内现收藏珍贵历代文物和艺术品约 100 万件。1987 年 12 月它被列入《世界遗产名录》。8. 世界上最大的单一建筑工程——三峡水利工程。总长 2335 米。泄流坝段 483 米，水电站机组 70 万千瓦×26 台，双线 5 级船闸＋升船机。竣工后三峡水库表面积将相当于新加坡的国土总面积，预计整个工程将耗资 245 亿美元。9. 世界上最高的建筑——台北 101 大楼。1998 年 1 月动工，主体工程于 2003 年 10 月完工。有世界最大且最重的"风阻尼器"，还有两台世界最高速的电梯，从一楼到 89 楼，只要 39 秒的时间。在世界高楼协会颁发的证书里，台北 101 大楼拿下了"世界高楼"四项指标中的三项世界之最，即"最高建筑物"（508 米）、"最高使用楼层"（438 米）和"最高屋顶高度"（448 米）。10. 最大的停车库——在美国芝加哥市的奥黑尔机场，共能存放轿车 9250 辆。

（八）中国新时期著名的十大建筑

1 上海世茂国际广场——上海浦西第一高楼，建成后将超过双子塔成为世界第一高楼。主体建筑高达 492 米，塔楼为地上 101 层，总建筑面积 381600 平方米。合计人民币约 70 亿元。2. 新中央电视台（世界第三大电视台）——荷兰库哈斯设计，建筑面积为 55 万平方米，工程总投资约 50 亿元人民币。3. 杭州湾跨海大桥——全长 36 公里，缩短了宁波至上海间的陆路距离 120 余公里。总投资 118 亿元。成为世界上最长的跨海大桥。4. 新首都机场——位于首都机场东跑道东侧。是具有世界一流功能和特色的现代化超大型航空枢纽，建筑面积为 28 万平方米，地下两层，地上 5 层，建筑高度 45 米，结构类型为钢筋混凝土及钢结构设计，标段总价为 48 亿元人民币。根据设计规模，到 2015 年，新航站楼可满足年旅客吞吐量 3500 万人次的需要。届时，扩建后的首都机场年旅客吞吐总量可达到 6000 万人次，货邮吞吐量 180 万吨，飞机起降 50 万架次，高峰时每小时飞机起降 124 架次。5. 国家游泳中心（水立方）——其与国家体育场分列于北京城市中轴线北端的两侧，共同形成相对完整的北京历史文化名城形象。总建筑面积 65000—80000 平方米，其中地下部分的建筑面积不少于 15000 平方米。总投资 1 亿多美元。6. 北京国家体育馆（鸟巢）——国家体育场总投资额约为 31.3 亿元人民币，作为 2008 年北京奥运会的主体育场，"鸟巢"总建筑面积 25.8 万平方米，占地 20.4 公顷，地上高度 69.21 米。整个建筑造型呈椭圆形马鞍形，混凝土结构主体分地下一层，地上七层，组成三层碗状斜看台，可容纳观众 9.1 万人。7. 南京朗诗城市广场——总用地面积 32778.7 平方米,总建筑面积 22 万平方米左右,主楼高达 228 米,地上建筑层数为 45 层。外观品位高雅,超高层主楼采用闪亮的玻璃立面,顶端是四扇独立的玻璃墙。总投资 20 亿。8. 武汉第六座长江大桥——正桥全长 4657 米。公路桥为双向 6 车道,设计时速 80 公里/小时,主跨 504 米,主塔高 189 米,是世界上跨度最大的公铁两用斜拉桥,其中铁路桥可并跑四列火车(两条客运线和两条货运线)。该桥因其独特的设计和特有的施工难度,被桥梁界誉为跨江桥的里程碑。总投资 30 多亿元。9. 国家大剧院工程——位于北京人民大会堂西侧,总占地面积 11.893 公顷,总建筑面积 149520 平方米,总投资额 26.88 亿人民币。主体建筑由外部围护钢结构壳体和内部 2416 个坐席的歌剧院、2017 个坐席的音乐厅、1040 个坐席的戏剧院、公共大厅及配套用房组成。外部围护钢结构壳体呈半椭球形,其平面投影东西方向长轴长度为 212.20 米,南北方向短轴长度为 143.64 米,建筑物高度为 46.285 米,基础埋深的最深部分达到 −32.5 米。椭球形屋面主要采用钛金属板饰面,中部为渐开式玻璃幕墙。椭球壳体外环绕人工湖,湖面面积达 35500 平方米,各种通道和入口都设在水面下。国家大剧院高 46.68 米,比人民大会堂略低 3.32 米。但其实际高度要比人民大会堂高很多,因为国家大剧院地下的高度有 10 层楼那么高,其 60% 的建筑在地下。10. 武汉琴台文化艺术中心——琴台文化艺术中心总建筑面积 6 万平方米,主要包括 1800 座的大剧院、1600 座的音乐厅和附属设施。与大剧院隔湖相望的文化广场由亲水平台、临水舞池和园林绿化组成,可同时容纳 3 万人观赏演出。建成后,它将成为占地达到 2.15 平方公里的文化艺术中心。总投资:5.6 亿元。

十九、书法艺术

书法艺术是世界上独一无二的瑰宝,是中华文化的灿烂之花。书法艺术最典型的体现了东方艺术之美和东方文化的优秀,是我们中华民族永远值得自豪的艺术瑰宝。

(一)书法的起源与发展

书法是汉字的书写艺术。它不仅是中华民族的文化瑰宝,而且在世界文化艺术宝库中独放异彩。中国书法这门古老的艺术,从甲骨文、金文演变而为大篆、小篆、隶书,至定型于东汉、魏、晋的草书、楷书、行书一直散发着艺术的魅力。

汉字在漫长的演变发展的历史长河中,一方面起着思想交流、文化继承等重要的社会作用,另一方面它本身又形成了一种独特的造型艺术。

近代经过考证,关于中国文字起源,一般认为在距今约五六千年黄河中游的"仰韶文化时期",已经创造了文字符号。世界上各民族的文字,概括起来有三大类型,即表形文字;表意文字;表音文字。汉字则是典型的在表形文字基础上发展起来的表意文字。象形的造字方法即是把实物画出来。不过画图更趋于简单化、抽象化,成为突出实物特点的一种符号,代表一定的意义,有一定的读音……我们的汉字,从图画、符号到创造、定型,由古文大篆到小篆,由篆而隶、楷、行、草,各种形体逐渐形成。在书写应用汉字的过程中,逐渐产生了世界各民族文字中独一的、可以独立门类的书法艺术。

当代书坛大抵有五种流派并存:帖派、碑派、碑帖融合派、现代书法、后现代派。

中国书法史的分期,从总的划分,可将唐代的颜真卿作为一个分界点,以前称作"书体沿革时期",以后称作"风格流变时期"。书体沿革时期,书法的发展主要倾向为书体的沿革,书法家艺术风格的展现往往与书体相联。风格流变时期的书体已经具备,无须再创一种新的字体。于是书法家就提出"尚意"的主张,"书体"已经固定,而"意"是活的,这就进一步加强了作者的主体作用。

(二)中国古代著名书法家

中国古代著名十大书法家有:1. 钟繇(151→230),三国魏著名书法家、政治家,官至太傅,魏文帝时与当时的名士华歆、王朗并为三公,工书法,宗曹熹、蔡邕、刘德升,博采众长,自成一家,尤精于隶、楷。与晋王羲之并称"钟王"。2. 卫夫人(272—349),名铄,字茂漪,传为王羲之之师,其家族历代为宦,善书法,卫夫人以大书法家钟繇为师,特善隶书。3. 王羲之(321—379),东晋最杰出的书法家,七岁开始学书,先后从师于出身书法世家的卫夫人和叔父王,被后人誉为"书圣"。晚年书法炉火纯青,达到了登峰造极的境界,《兰亭序》就是他晚年的得意之作。4. 褚遂良(596—659)博涉经史,工于隶楷。5. 虞世南(558—638),跟从王羲之的七世孙、隋朝书法家智永禅师学书法。用笔圆润,外柔内刚,结构疏朗,气韵秀健。6. 薛稷(649—713),曾祖即隋代著名文学家薛道衡。外祖魏征为初唐名臣,家富收藏,其中虞、褚墨迹颇多,薛稷得以日久观摩,进而"锐意模学,穷年忘倦",最终学成,名动天下。7. 欧阳询(557—641),与前三位并称初唐四大书法家。(中国四大书法家,一般的是指楷书四体的创始人:唐朝的颜真卿、柳公权、欧阳询和元朝的赵孟頫)。欧阳询的楷书法度严谨,笔力险峻,世称欧体,为"唐人楷书第一",代表作《九成宫醴泉铭》。8. 颜真卿(709—785)家学渊博,六世祖颜之推是北齐著名学者,著有《颜氏家训》。颜真卿楷书端庄雄伟,气势开张,世称"颜体",代表作

《多宝塔碑》。9. 柳公权（778—865）的楷书清健遒劲，结体严谨，笔法精妙，笔力挺拔，世称"柳体"，代表作《玄秘塔碑》和《神策军碑》。10. 元朝赵孟頫，字子昂（1254—1322）楷书圆润清秀，端正严谨，又不失行书之飘逸娟秀，世称"赵体"，《元史》："孟頫篆籀分隶真行草无不冠绝古今，遂以书名天下"。代表作《玄妙观重修三门记》。（百度知道）。其他著名的书法家还有：宋代四大书法家：苏东坡（1037—1101）、黄庭坚（1045—1105）、米芾（1051—1107）、蔡襄（1012—1067）。明代著名书法家：董其昌（1555—1636）、文征明（1470—1559）、祝允明（1460—1527）、唐伯虎（1470—1523）、张瑞图（1570—1641）、宋克（1327—1387）。清代著名书法家：傅山（1607—1684）、石涛（1630—1724）、朱耷（八大山人，）、郑燮（即郑板桥，1693—1765）、金农（1687—）、邓石如（1743—1805）、伊秉绶（1754—1815）、陈鸿寿（1768—1822）、何绍基（1799—1873）、吴熙载（1799—1870）、赵之谦（1829—1884）、吴昌硕（1844—1927）、刘墉（1719—1804）、王文治（1730—1802）、包世臣（1775—1855）等。

（三）中国书法之美

初看一幅书法作品，首先给人的直观感受是书法作品的整体布局：或严谨有序，或错落有致，或对称完美，此谓之"章法"。从一幅书法作品的章法中，我们可以看出书者谋篇行笔的能力和技巧。也可以寻觅书者行笔的跌宕，行气的贯通，款识的得体等美的因素。在欣赏最初便给予了观者一种对此幅书法作品气势的直观感受。

其次，我们可以细品书法作品中字的笔画。一个字的笔画，结体属于书法的基本功。对于书法中的点画，结体，主要是欣赏它们的造型艺术。不同的书体，不同的书家，点画和结体都是各自拥有自我特点，风格。静默观察便可以从中领悟出它们的美感。亦可以同时欣赏到书者的笔墨功夫及个人书法特色。不要小看一个简繁变化，点横撇捺，对于深谙书法艺术的人而言，甚至可以在这样的变化中领略书体的时代风貌。

再次，书法作品中的感情流露也是欣赏的重点。艺术作品在很大程度上是创作者的感情渲染所成。在书法作品中体现的也是如此。或草或楷或行，诸多书法创作出来时在字里行间里给予人的是一种生机感而远胜于机械的文字排布。情藏于内心而流露笔端。笔端与纸接触的瞬间即为书者自我交付一种。如王右军千古流芳的《兰亭集序》，历来被认为是"古今第一行书"。寥寥数百字，为王右军挥洒于微醺之中。字幅大小之变化，给人的是一种和谐匀称之美。或收或放，恰如王右军手持酒盏与左右之人对饮模样。而字体在整体上呈现出一种流畅美，如同行云流水般。一气呵成。些许地方有涂抹毁改之缺陷，却更是显得自然，真性情。远胜于当时魏晋盛行的古板、单调风气。如此完美，如此性情！也无怪乎位居天下行书之首。

另外，书法作品也如同人物个体具有特点性格。书者用笔代心而书，自然是性情大现。那么严谨或豪放，收敛或怒张，便也有了各自的面目。文徵明一生官宦浮沉，求的是顺风顺水。所以善楷书为一绝。尤其小楷，更是一流。这样的创作风格深刻的反映了他谨小慎微的性格。毛泽东一生向来以擅长草书闻名于世，他的书法作品便活脱脱显示出他的伟大人格。毛泽东书法那种豪迈奔放的博大气势，和他海纳百川的伟大胸襟相生相伴。书法中高远飘逸的艺术境界和毛泽东超凡脱俗的理想主义情怀交相辉映。由书法作品中看这些东西，无疑也是乐趣十足。

二十、音乐文化

（一）音乐的起源与发展

音乐的起源可以追溯到非常古老的洪荒时代。在人类还没有产生语言时，就已经知道利用声音的高低、强弱等来表达自己的意思和感情。随着人类劳动的发展，逐渐产生了统一劳动节奏的号子和相互间传递信息的呼喊，这便是最原始的音乐雏形；当人们庆贺收获和分享劳动成果时，往往敲打石器、木器以表达喜悦、欢乐之情，这便是原始乐器的雏形。古代的两河流域（底格里斯河和幼发拉底河），是重要的人类文化发祥地之一（今伊朗、伊拉克一带），在公元前四千年已有了较为发达的音乐。当时生活在这一带的苏美尔人已有了类似竖琴式的乐器和几种管弦乐器。在当时的宫廷里已产生了专业的歌手和较大型的乐队。古埃及金字塔内石壁的雕刻上，我们可以看到音乐演奏者的行列，从而想象出当时演奏音乐的盛况。雕刻中有以手指弹奏的竖琴状弦乐器，还有各种笛类乐器。古希腊的音乐与诗歌戏剧有着紧密的联系。荷马史诗通过盲诗人荷马的传唱才保存下来，并在公元前 6 世纪编订成册。公元前 6—公元前 4 世纪，古希腊的文化空前繁荣，器乐演奏、戏剧和抒情诗等音乐形式都发展到很高的水平。古希腊器乐演奏主要由弦乐和管乐两类乐器来完成。古罗马的音乐主要是沿袭古希腊音乐的巨大成就。当时的音乐主要是在祭神、婚宴以及军队凯旋时演奏。在不断的发展过程中，出现了用拉丁语演唱的古戏剧。另外，军队中铜管乐器的出现也是古罗马音乐的主要特征之一。

（二）中国古代音乐

出土的公元前 5000 多年的乐器陶埙，从当时的单音孔、二音孔发展到五音孔，根据陶埙发音推断，五声音阶出现在新石器时代的晚期，而七声至少在殷商时已经出现。著名的古代音乐有黄帝时的《云门》，尧时的《咸池》，舜时的《韶》，夏禹治水，造福人民，出现了歌颂夏禹的乐舞《大夏》，商时的《大濩》，周时的《大武》等。周代还有采风制度，收集民歌，以观风俗、察民情，经春秋时孔子删定的《诗经》，收自西周初到春秋中叶 500 多年的入乐诗歌一共 305 首。孔子在古琴方面的造诣很高。学《韶》乐，三月不知肉味儿，在孔子的哲学中，他提倡以音乐来提高道德情操。1978 年湖北随县出土的战国曾侯墓葬中出土的 8种 124 件古乐器，按照周代的"八音"乐器分类法（金、石、丝、竹、匏、土、革、木）几乎各类乐器应有尽有。其中最为重要的 64 件编钟乐器，分上、中、下三层编列，总重量达五千余公斤，总音域可达五个八度。可以得知我国春秋战国时期的音乐已达很高的水平。

（三）中国古代十大音乐家

1. 伯牙：春秋楚国人，著名音乐家，晋国大夫，钟子期对他"高山流水"音乐欣赏的故事传为美谈。2. 师旷：春秋时晋国音乐家。3. 李延年：汉武帝时期，利用张骞从西域带回《摩诃兜勒》编为 28 首"鼓吹新声"，用来作为乐府仪仗之乐，是我国历史文献上最早明确标有作者姓名及乐曲曲名的音乐。4. 嵇康：魏晋时文学家与音乐家，创作有《长清》《短清》《长侧》《短侧》，合称"嵇氏四弄"，与东汉的"蔡氏五弄"合称"九弄"。隋炀帝曾把"九弄"作为科举取士的条件之一。其留传的《广陵散》是我国十大古琴曲之一。5. 苏祗婆：北周至隋朝人，苏氏乐调体系奠定了唐代著名的燕乐 28 调的理论基础。6. 万宝常：隋代音乐家，善弹多种乐器。他的代表作品有《乐谱》。7. 李隆基：我国古代第一位皇帝音乐家。精通琵琶、横笛等丝竹乐，尤喜击羯鼓，称之为"八音之领袖"。他擅长演奏羯鼓和横笛，创作改编了《夜半乐》、《小破阵乐》、《霓裳羽衣曲》等。建立了唐代音乐机构教坊、梨园。8. 李龟年：唐代著名乐师。9. 姜夔：宋代音乐家、词人。他的词集《白石道人歌曲》中有十七首自度曲，并注有旁谱，琴曲《古怨》中并注明指法，是流传至今的唯一完整的宋词和乐谱合集的宝贵资料。10. 朱载堉：明代乐律学家。明太祖朱元璋九世孙。朱载堉是中国乐律学史上的集大成者。著有《乐律全书》、《律吕正论》、《律吕质疑辨惑》等书。《乐律全书》总结了前人的乐律理论，并加以发展，创立了"新法密率"的乐律理论，挖掘古代编钟的原理，提出了"十二平均律"，比 20世纪勋伯格的十二音律早了几百年。

（四）中国音乐的发展分期

中国音乐的发展可以大致分为三个时期：

1. 中国音乐的形成期（约公元前 21 世纪至公元 3 世纪），包括从夏、商、西周到春秋、战国、秦汉。这一时期为中国音乐以后的发展奠定了基础，其最具有代表性意义的音乐艺术形式是钟鼎乐。在汉代，伴随着佛教的传入，印度教音乐和天竺乐开始传入中国。

2. 中国音乐的新生期（约 4 世纪至 10 世纪），包括从魏、晋、南北朝到隋、唐。中国音乐在这一时期发生显著变化，西域音乐传入，开创新乐风。

3. 中国音乐的整理期（约 10 世纪至 19 世纪），包括辽、宋、金、明、清。这一时期的音乐文化与普通的平民阶层保持着密切的联系，呈现出世俗性和社会性的特点。其代表性音乐艺术形式是戏曲艺术及其音乐。

（五）文艺复兴以来的新音乐

中世纪一千年欧洲音乐主要是单声调的教堂音乐。复调音乐在文艺复兴时期开始形成，16 世纪已发展到黄金时代。音乐理论在这时期也趋向成熟：大小调的调性体系已基本确立；和声的功能体系也正在萌芽和发展中；记谱法已由字母法和符号法转为二线谱、四线谱直至五线谱；对位法的应用也已到了十分丰富的程度。这一时期中，器乐的独立性越来越强烈；乐器的发展也逐步加快了步伐。小提琴和古钢琴的出现，更使音乐艺术增添了耀眼的光彩。

17 世纪意大利产生了歌剧，18 世纪德国著名音乐世家巴赫家族二百年内产生了 50 位音乐家，巴赫（1685—1750）是最著名的一个。18 世纪的奥地利维也纳古典乐派产生了著名的三大世界级音乐家：海顿（奥）、莫扎特（奥）、贝多芬（德）。19 世纪欧洲乐坛群星灿烂：著名的音乐家有舒伯特（奥，1797—1828）、韦伯（德，1786—1826）、门德尔松（德，1809—1897）、舒曼（德，1810—1856）、瓦格纳（德，1813—1883）、柏辽兹（法，1803—1869）、肖邦（波兰，1810—1849）、李斯特（匈，1811—1886）、斯特劳斯（奥，1825—1899）、柴科夫斯基（俄，1840—1893）、德彪西（法，1862—1918）、狄盖特（法，1848—1932）。20 世纪著名的音乐家有勋伯格（奥，1874—1951）、斯特拉文斯基（俄，1882—1971）。中国家喻户晓的作曲家有聂耳（1912—1935）、冼星海（1905—1945）、施光南（1940—1990）等。

（六）现代音乐与未来音乐的趋势

1. 美国的爵士乐　发源于西非，贩卖黑奴时，传入美国，兴起于新奥尔良，20 世纪初在美国开始流行。由于其节奏感很强，富于变化，可以即兴发挥，适于现代生活的快节奏，很快流行于世界，以后又发展为摇滚乐，并使用了电声乐器，使其更有气势。

2. 电子音乐　20 世纪 50 年代—60 年代兴起了电子音乐,1951 年西德科隆广播电台首建电子音乐制作室,电子音乐的作品开创人是该台技师爱默特和作曲家拜厄等人。60 年代出现了电子计算机与电子发声合成装置的电子音乐。

3. 空间音乐　20 世纪初美国的爱弗斯曾用管乐器群造成空间音乐的效果。他还将不同风格与种类的音乐镶嵌组合,又叫"镶贴音乐与组合音乐"。电子技术操纵的空间音乐,以多声道的音响设备将各个音源分离安置,从各个方位再现出来,造成具有空间感的音响。在世界广为运用。深受大众喜爱。

4. 电脑音乐　电脑音乐的出现大约是在 20 世纪 80 年代。是指利用多媒体电脑及与音乐相关的软件为工具制作并播放出来的音乐,它既是一种音乐艺术的表现形式,又是一种表现音乐的技术工具。电脑音乐文件有多种格式,如:wav 文件、mp3 文件、midi 文件等。BBC 在 1951 年秋访问曼彻斯特大学时录制下来的一首《Baa Baa Black Sheep》和一首删节版的《In the Mood》,被认为是世界上已知最古老的电脑音乐。BBC 在纪念现代电脑先驱、第一种商业电脑"Baby"诞生 60 周年的活动中,公布了这些录音。音乐和电脑结合起来就是电脑音乐,它是数码时代的听觉新艺术,是音乐与科技的完美结合。电脑音乐在我国出现在 20 世纪 90 年代。

越来越多的软音源的出现使得电脑音乐更丰富,音色更完美。现在的人们只需借助一个音乐制作软件加音色插件就能模拟出各种乐器,音乐制作在人们心中的地位由原来的"遥不可及"变为"唾手可得"。现在的 MIDI 软件也在向"傻瓜式"风格迈进,我们只要懂得一些乐理以及音响知识,就能在上面进行谱曲创作,然后利用软音源插件对每一条音轨进行处理,从而获得悦耳动听,种类万千的音乐。

二十一、昆曲文化

(一)概述

被称为"百戏之祖,百戏之师"的昆曲至今已有 600 多年的历史,它是发源于十四十五世纪江苏苏州昆山的曲唱艺术体系,揉合了唱念、舞蹈及武术为一体的表演艺术。现在一般亦指舞台形式的昆剧。昆曲在 2001 年 5 月 18 日被联合国教科文组织列为"人类口述和非物质遗产代表作"。由此确认了我国昆曲独特的文化特性以及它在人类文化多样性发展中的特殊价值。

（二）昆曲的起源与特色

昆曲在元末明初之际（14 世纪中叶）即产生于江苏昆山一带,它与起源于浙江的海盐腔、余姚腔和起源于江西的弋阳腔,被称为明代四大声腔,同属南戏系统。是我国古老的戏曲声腔、剧种,原名"昆山腔",清朝以来被称为"昆曲",现又被称为"昆剧"。昆曲的伴奏乐器,以曲笛为主,辅以笙、箫、唢呐、三弦、琵琶等。昆曲的表演最大的特点是抒情性强、动作细腻,歌唱与舞蹈的身段结合得巧妙而和谐。在语言上,该剧种原先分南曲和北曲。南昆以苏州白话为主,北昆以大都韵白和京白为主。

（三）昆曲的发展

元末明初,宋元"南戏"从发源地浙江温州流传至江苏昆山一带,与当地方言土语和民间曲调相融合,形成"昆山腔"。初始的"昆山腔"较为粗糙,明代中叶以后开始变革。戏曲音乐家魏良辅以原"昆山腔"为基础,发挥"昆山腔"悠远的特点,参考"海盐"、"余姚"等腔,并吸取北曲中的一些唱法,创建了一种风格雅致、行腔细腻委婉、集南北曲优点于一体的"水磨调",通称昆曲。此时的昆曲仍是清唱,尚未成为舞台艺术,直至梁辰鱼的《浣纱记》问世,从音乐方面把传奇文学与新的声腔和表演艺术融合一起,首次将昆曲搬上舞台,标志昆曲艺术的最终定型与成熟。万历末年,昆曲传入北京,称为"官腔",成为传奇剧本的标准唱腔。从此,昆曲登上了剧坛巅峰,数百年来,对许多剧种的形成和发展都产生过深远的影响,也成为中国乃至世界现存最古老的戏曲形态。

（四）昆曲的历史地位

昆曲是我国传统戏曲中最古老的剧种之一,也是我国传统文化艺术,特别是戏曲艺术中的珍品,被称为百花园中的一朵"兰花"。明朝中叶至清代中叶戏曲中影响最大的声腔剧种,很多剧种都是在昆剧的基础上发展起来的,秦腔与昆曲相融合,成为后来的京剧,有"中国戏曲之母"的雅称。它的基础深厚,遗产丰富,是我国民族文化艺术高度发展的成果,在我国文学史、戏曲史、音乐史、舞蹈史上占有重要的地位。

（五）昆曲名剧

昆曲在长期的演出实践中,积累了大量的优秀剧目。其中有影响而又经常演出的剧目如:《浣纱记》《琵琶记》《西楼记》《南西厢记》《凤凰山》《艳云亭》《金雀记》《南柯山》《墙头马上》《王世贞的》《鸣凤记》,汤显祖的《牡丹亭》《紫钗记》《邯郸记》《南柯记》,沈璟的《义侠记》等。高濂的《玉簪记》,李渔的《风筝误》,朱素臣的《十五贯》,孔尚任的《桃花扇》,洪升的《长生殿》,另外还有一些著名的折子戏,如《游园惊梦》《阳关》《三醉》《秋江》《思凡》《断桥》等。

元代汤显祖所著的《牡丹亭》是昆曲里的代表作。南安富家千金杜丽娘,一日去后花园游玩,春色沉醉,小寐时,梦见一俊朗书生柳梦梅,两情相悦一晌温存,梦醒后怅然若失,思念成疾,竟至重病将亡。弥留之际嘱咐丫鬟春香将她葬在后花园梅树下,将其自画像藏于太湖石下。千里之外的柳梦梅也梦有所感,因赴考路经南安,抱病淹留。因机缘拾得丽娘自画像,一见倾心,幽魂与柳梦梅相会,柳梦梅痴心掘坟救杜丽娘回生,两人终成眷属。这种梦幻手法的描写真实的表达了封建礼教支配下的男女青年对爱情的追求与向往。

孔尚任所著的《桃花扇》也是经典之作。明代末年,曾经是明朝改革派的"东林党"的人们逃难到南京,重新组织"复社",和曾经专权的太监魏忠贤余党,已被罢官的阮大铖斗争。其中复社的名士侯方域邂逅秦淮歌妓李香君,两人陷入爱河,侯方域送李香君一把提诗扇。阮大铖则匿名托人赠送丰厚妆奁以拉拢侯方域,被李香君知晓坚决退回。阮大铖怀恨在心。弘光皇帝即位后,起用阮大铖,他趁机陷害侯方域,迫使其投奔史可法,并强将李香君许配他人,李香君坚决不从,撞头欲自尽未遂,血溅诗扇,侯方域的朋友杨龙友利用血点在扇中画出一树桃花。南明灭亡后,李香君入山出家。扬州陷落后侯方域逃回寻找李香君,最后也出家学道。剧作赞美了李香君的坚贞不阿、不屈服权势的气节与侯李二人的忠贞不渝的爱情。

（六）著名演员

1. 魏良辅(1489—1566),字尚泉,江西南昌人,流寓于江苏太仓。为明嘉靖年间杰出的戏曲音乐家、戏曲革新家,昆曲(南曲)始祖。对昆山腔的艺术发展有突出贡献,被后人奉为"昆曲之祖"、在曲艺界更有"曲圣"之称。2. 俞振飞(1902—1993)是卓越的昆曲艺术家,他具有一定的古文学修养,又精通诗词、书、画,他不但精研昆曲,同时又是一位京剧表演艺术家。他能将京、昆表演艺术融于一体,形成儒雅、飘逸、雄厚、遒劲的风格,特别是以富有"书卷气"驰誉剧坛。他深受海内外推崇的扮演者有:《太白醉酒》中的李白;《游园·惊梦》中的柳梦梅;《惊变·埋玉》中的唐明皇;《琴挑》中的潘必正;《八阳》中的建文君;《断桥》中的许仙等。3. 王瑾(1971—),生于北京,北方昆曲剧院国家二级演员。1982年考入北方昆曲剧院学员班,1988年毕业于北京戏曲学校。至今从事昆曲艺术。主演剧目:《钗钏记》《西厢记》《牡丹亭》《风筝误》等。折戏《胖姑学舌》《思凡下山》《春香闹学》《相约相骂》《昭君出塞》《梳妆掷戟》《痴梦》《小放牛》,等。

二十二、旅游文化

由于目前世界各国学者对"文化"这一概念的表述有很大的分歧,导致了对"旅游文化"的不同认识和解释,它的内涵和外延都停留在探讨的阶段。总的来说,我国学者对旅游文化的表述,大致有下面三种类型:

(一)旅游文化是与旅游有关的物质财富与精神财富的总和

它是人类过去和现在所创造的与旅游活动紧密相关的精神文明与物质文明。有的学者还进一步指出:"它包括两方面的内容,一是广义的:举凡旅游路线、旅游途中、旅游景点上一切有助于增长旅游者文化知识的物质财富和精神财富,都属于旅游文化的范畴;二是狭义的:举凡一切能够使旅游者在旅游途中舒适、愉快并能提高旅游文化素质的物质财富和精神财富,都属于旅游文化的范畴。这两个旅游文化的概念既有联系,也有区别。前者,我们要求弘扬民族优秀文化;后者,我们要求加速旅游事业的现代化"。

(二)旅游文化,是旅游主体、旅游客体和旅游媒介相互作用的结果

它不是旅游和文化的简单结合,而是旅游主体(旅游者的文化需求和情趣)、旅游客体(旅游资源的文化内涵和价值)、旅游媒介(旅游业的文化意识和素质)三者相互作用所产生的物质和精神成果。具体地说,潜在的旅游者由于受到旅游动机的冲击和旅游客体的吸引,在旅游业的介入下,实现了旅游,在旅游过程中产生欢快愉悦的心理状态和审美情趣,这种心态和情绪是旅游三要素中任何一个要素都不能没有的,是旅游文化最初和最核心的部分。因此,旅游者处于旅游文化的中心位置,旅游者在旅游活动中所显示出来的特殊的欣赏取向、审美情绪、心理状态及其文字、形象的记载、构成了旅游文化的主要内容。

(三)旅游文化是旅游生活的一种文化形态,是旅游这一独特的社会现象体现出来的文化内涵

它是由旅游者与旅游从业者在旅游活动共同创造的,说得具体一点,就是旅游者或旅游服务者在旅游观赏中或服务过程中所反映出来的观念形态及其外在表现。

这三类定义从不同角度揭示了旅游文化的本质属性。我们比较赞同"旅游文化是与旅游有关的物质财富与精神财富的总和"这一定义,因为它表述简洁明了,内涵具体,包含的内容也很宽广,避免了把对旅游事业有用的文化知识排除在外的消极后果,比如个人旅游爱好者的单独行动也是旅游文化中的一部分。古代的

徐霞客游记,李白的山水诗,许多中外游客的旅游散文,游记,都是旅游文化中的艺术精品,可以陶冶性情,提供许多文化知识,包括地理山水,风俗民情,等,所以我们可以把旅游文化表述如下:旅游文化是人类过去和现在创造的与旅游关系密切的物质财富与精神财富的总和,凡在旅游活动过程中能使旅游者舒适、愉悦、受到教育,能使旅游服务者提高文化素质和技能的物质财富和精神财富,都属于旅游文化的范畴。

二十三、服装文化

(一)服装文化的定义

对人类来说,遮体御寒是其首要功能。但是人类服装文明,自走出了唯一使用目的的时代以后,它的功能就复杂了。尤其在中国,自古,服装制度就是君王施政的重要制度之一。服装是一种身份地位的象征,是一种符号,它代表个人的政治地位、社会地位,使人人各守本分。所以,在中国传统上,服装是政治的一部分,其重要性,远超出服装在现代社会的地位。在古代服装具有阶级性,是政治地位的象征与标志。

(二)东西方服装文化的不同特色

中西方服装的发展历程,内涵,风貌,形态有着千差万别的不同。在其形成过程中,与中国的礼乐文化有密切的联系,注重内涵,具有浓厚的政治理论倾向。在其发展过程中,因袭、守旧,继承性连续性远大于变异性与创新性。西方服装文化在其形成过程中,将服装视作一门特殊的人体艺术,注重形式,认为形式即内容。在其发展过程中,时代特征明显,风格变化昭然。变异与创新性远大于继承与连续性。

以中国为代表的东方服装文化深受传统文化的影响。强调线形和纹饰的抽象寓意表达,透漏出一种含蓄美。林语堂先生曾有深切的领悟,他说:"中国服装和西方服装在哲学上的不同之点就是,后者意在显示出人体的线形,而前者在意遮隐之。"这使得中装和西装的直观静态含蓄美与外向线条姿态美产生了根本上的差别。

追本溯源,西洋服装从诞生之日起就充满了激进的思想与吸收外来文化的大度,它的文化源于古希腊、古罗马文化,受当时的绘画、雕塑等造型艺术的影响至深,其审美视觉历来重视立体的造型。在西方的服装史上,13世纪初期就已确立了立体三维的裁剪方法。而三维裁剪的发明和运用成为东西方服装的分水岭,从此,西方服装变得立体,外形富于变化,同时尽量让造型显现体形美。而以中国为代表的东方文化含蓄为美,以朦胧隐约,藏而不露给人委婉含蓄的审美感受,通过款式、布局、色彩、线条给人整体的和谐之美,大量采用刺绣、飘带、图案和其它的装饰手法,表达丰富的寓意与想象,如皇帝服装绣上龙的形象,以象征最高权力,大臣只能绣上象征等级的动物图案。可以说中国人对服装重装饰之美,讲究与地位环境和谐。

西方人对服装造型之美,讲究与环境形成对比,与骑马出行都有关系,以便利活动与交际。东方服饰重"意",西方服饰重"形";东方表达含蓄,西方表达鲜明。东西方服饰完全是两种不同文化的反映,因而服饰文化特色的风格形成与民族风俗,历史文化的渊源有着密切联系。可见服装是一种文化,中西服装文化之间的内涵有着很大的差别。

在服装发展历史的漫漫长河中,我们时不时也会看到东西方服装风格融合的实例。"丝绸之路"的开辟使得来自遥远东方中国的精美丝绸传入了古罗马,这让古罗马的贵族爱不释手,贵妇们更是不惜花费昂贵的价格来达到自己追求时尚的目的。欧洲中世纪的拜占庭式服装,继承和发扬了古希腊,古罗马的文明和艺术风格,同时糅合了东方精美华丽的刺绣图案,以丝绸为贵。

中国的陶瓷和园林艺术深深影响了18世纪欧洲的艺术风格——洛可可。中国陶瓷上的精描绘画,镶金嵌银,极尽曲线绕转之美的装饰,直接影响了洛可可艺术风格。这种风格不仅体现在服装上,还体现在建筑、绘画等艺术上。

东西方服饰有着不同的优势和魅力,同时也存在着不足与偏颇。洛可可时期强调人体体形的紧身胸衣给女性身体的正常机能带来了严重的危害。而宽袍大袖始终贯穿于3000多年的中国服装史,时常给人以呆板,停滞不前,少有变化,创新的感觉。十分巧合的是,19世纪末20世纪初,东西方服装都发生了革命性的变革。在变革中,两者又有着相反的发展倾向。但相同的都是为了适应新的生活,东西方都改变了繁琐的装饰和累赘的服装结构,将东方精美华丽的刺绣赋予西方立体合身的服装上展现出了耀眼的光彩。当今,世界各地的服装元素相融合,互相碰撞是历史发展的必然趋势。即合体,不再拖沓;经久耐用,又经济实用;端庄大方,又休闲随意,追求朴素与华丽兼有的优雅,也追求亮眼惹人注目,时髦独特的风格服装,是全世界服装发展的共同趋势。

（三）服装文化的分类

服装的种类很多,由于服装的基本形态、品种、用途、制作方法、原材料的不同,各类服装亦表现出不同的风格与特色,变化万千,十分丰富。不同的分类方

法,导致我们平时对服装的称谓亦不同。目前,大致有以下几种分法:

1. 根据服装的基本形态分类

(1)体形型——符合体形结构的服装,起源于寒带地区。这类服装的一般穿着形式分为上装和下装两个部分。

(2)样式型——以宽松、舒展的形式将衣料覆盖在人体上,起源于热带地区的一种服装样式。这种服装不拘泥于人体的形态,较为自由随意。

(3)混合型——是寒带体形型和热带样式型综合、混合的形式,兼有两者的特点,裁剪采用简单平面结构,但以人体为中心,基本的形态为长方形。

2. 根据服装的穿着组合、用途、面料、制作工艺分类

(1)按穿着组合分类:整件装——上下两部分相连的服装。套装——上衣与下衣分开的衣着形式。外套——穿在衣服最外层。背心——穿至上半身的无袖服装。裙——遮盖下半身用的服装。裤——从腰部向下至臀部后分为裤腿的衣着形式。

(2)按用途分——分为内衣和外衣。内衣紧贴人体,起护体、保暖、整形的作用;外衣则由于穿着场所不同,用途各异,品种类别很多。

(3)按服装面料与工艺制作分类——中式服装、西式服装、刺绣服装、呢绒服装、丝绸服装、毛皮服装、针织服装、羽绒服等。

3. 其他分类方式

(1)按性别分类——男装和女装。

(2)按年龄分类——婴儿服、儿童服、成人服。

(3)按民族分类——汉族服装、藏服、墨西哥服装、印第安服装,阿拉伯长袍,美国的牛仔裤等。

(4)按特殊功用分类——耐热的消防衣、高温作业服、不透水的潜水服、宇航服。

(5)按服装厚薄、衬垫不同分类——单衣类、夹衣类、棉衣类、丝绵类。

(四)中国传统服饰文化的发展简述

服装是人类所特有的劳动成果,它既是物质文明的产物,也是精神文明的结晶。人类经历了由愚昧、野蛮到文明的复杂过程,而在这一过程中,服饰成为一个标志。从早期的兽皮、树叶到之后的麻布、丝绸再到今天的化纤材料,服饰的历史是人类历史不可缺少的一部分。中国历经五千年的风风雨雨,服饰文化也同样源远流长。五千年来,在各民族互相影响渗透以及对外来文化的吸收融合的基础上形成了独具特色、丰富多样的服饰文化,傲然屹立于世界服饰文化之林。

1. 创始期。战国时人撰写的《吕氏春秋》及稍晚的《淮南子》提到,黄帝、胡曹或伯余创造了衣裳。从出土文物方面考察,服饰史的源头,可上溯到原始社会旧石器时代晚期。在北京周口店山顶洞人(距今1.9万年左右)遗址中,发现有1枚骨针和141件钻孔的石、骨、贝、牙装饰品。证实当时已能利用兽皮一类自然材料缝制简单的衣服。中华服饰文化史由此发端。距今约1万年,进入了新石器时代,纺织技术发明,已出土有石质的纺轮,服装材料从此有了人工织造的麻丝布帛(相传黄帝的妻子嫘祖发现了蚕丝),服装形式发生变化,功能也得到改善。新石器时代(前1.8万年——前2000年)一些陶塑遗物发现已有冠、靴、头饰、佩饰。

2. 商周服装。商代衣服材料主要是皮、革、丝、麻,丝麻织物已占重要地位。商代人已能精细织造极薄的绸子,提花几何纹锦、绮,和绞织机的罗纱。

西周时,等级制度逐步确立,周王朝设"司服"、"内司服"官职,掌管王室服饰。根据文献记载和出土文物分析,中国冠服制度,初步建立于夏商时期,到周代已完整完善。从周代出土的文物看,服饰装饰虽繁简不同,但上衣下裳已分明,奠定了中国服装的基本形制。

春秋战国时期织绣工艺的巨大进步,使服饰材料日益精细,品种名目日见繁多,山东齐鲁的纨、绮、缟、文绣,风行全国。不仅王侯本人一身华服,大臣客卿也是装着饰珠玑,腰金佩玉,衣裳冠履,均求贵重。古人佩玉,尊卑有度,并赋以人格象征,上层人士不论男女,都须佩带几件或成组的美丽雕玉。剑,是当时的新兵器,贵族为示勇武兼用自卫,又必佩带一把镶金嵌玉的宝剑。腰间革带还流行各种带钩,彼此争巧。公元前307年赵武灵王推行胡服骑射,便于骑射活动。

3. 秦汉服饰。衣料较春秋战国时期丰富。汉代,随着舆服制度的建立,服饰的官阶等级区别也更加严格。秦汉服装面料仍重锦绣。西汉建元3年(公元前138)、元狩4年(公元前119),张骞奉命两次出使西域,开辟了陆路通道,成千上万匹丝绸源源外运,历魏晋隋唐,迄未中断,史称丝绸之路。于是,中华服饰文化传往世界。

据胡适作的《西游记》考证:玄奘是中国史上一个伟大的人物。他26岁立志往印度去求经,途中经过了无数困难,出游17年(628—645),经历50多国,带回佛教经典657部。归国之后,他着手翻译,于19年中译成重要经论73部,凡1330卷。唐沙门慧立做的《慈恩三藏法师传》(常州天宁寺有刻本),写玄奘的事迹最详细:玄奘到高昌后,国王款待极恭敬,坚留玄奘久住国中,玄奘坚不肯留,国王无法,赠他:"黄金一百两,银钱三万,绫及绢等五百疋(匹),充法师往还20年所用之资。给马30疋,手力25人,遣殿中侍御史欢信送至叶护可汗衙。又作24封书,通屈支等24国,每一封书附大绫一疋为信。又以绫绢五百疋,果味两车,献叶护可汗。根据胡适的考证,丝绸之路的说法更加真实具体。(百度百科。胡适《西游记》考证)

4. 魏晋南北朝时期的服装。等级服饰有所变革,民族服饰大为交融。魏初,文帝曹丕制定九品官位制度,"以紫绯绿三色为九品之别"。这一制度此后历代相沿,直到元明。晋代时具有了上衣短小、下裙宽大的特色。

南北朝时,北方少数民族入主中原,人民杂处,文化风习相互渗透,形成大融合局面,服饰也因而改易发展。北方民族短衣打扮渐成主流。女子衣着"上俭下丰"。东晋末至齐、梁间,衣着为襦裙套装,沿袭了汉代服装。鲜卑族北魏于太和18年(494)迁都洛阳后,魏孝文帝推行汉化政策,改拓跋姓氏,率"群臣皆服汉魏衣冠"。

5. 隋唐时期的服装。无论衣料还是衣式,都呈现出一派空前灿烂的景象。男子冠服特点主要是上层人物穿长袍,官员戴幞头,百姓着短衫。直到五代,变化不大。

天子、百官的官服用颜色来区分等级,用花纹表示官阶。隋唐女装富有时装性,往往由争奇的宫廷妇女服装发展到民间,被纷纷仿效。最时兴的女子衣着是襦裙,即短上衣加长裙,裙腰以绸带高系,几乎及腋下。流行长巾子,名曰披帛(近似于今日的披肩)。女鞋一般是花鞋,多用锦绣织物、彩帛、皮革做成。唐贞观至开元年间十分流行胡服新装。

6. 宋辽夏金元服饰。宋代基本保留了汉民族服饰的风格,辽、西夏、金及元代的服饰则分别具有契丹、党项、女真及蒙古民族的特点。各民族服饰再度交流与融合。宋代服饰大致有官服、便服、遗老服等三式。宋代官服面料以罗为主,政府因五代旧制,每年要赠送亲贵大臣锦缎袍料。官服服色沿袭唐制,三品以上服紫,五品以上服朱,七品以上服绿,九品以上服青。

宋代官服又沿袭唐代章服的佩鱼制度,有资格穿紫、绯色公服的官员都须在腰间佩挂"鱼袋",袋内装有金、银、铜制成的鱼,以区别官品。"方心曲领"也是朝服的特征,即朝服项间套上圆下方的饰物。宋代官员公服、制服之外的日常便服,主要是小袖圆领衫和帽带下垂的软翅幞头,依然唐式,脚下却改着更便于平时起居的便鞋。宋代遗老的代表性服饰为合领(交领)大袖的宽身袍衫、东坡巾。袍用深色材料缘边,以存古风。

宋代民间首服也有种种流行。男子流行幞头、幅巾,女子则流行花冠和盖头。妇女发式和花冠,是当时对美追求的重点,最能表现宋代装束的变化。唐及五代的女子花冠已日趋危巧,宋代花冠再加发展变化,通常以花鸟状簪钗梳篦插于发髻之上,无奇不有。

契丹、女真族一般穿窄袖圆领齐膝外衣,足下着长统靴,宜于马上作战射猎。元代参酌蒙汉服制,对上下官民服色等作了统一规定。汉官服式仍多为唐式圆领衣和幞头;蒙古族官员则穿合领衣,戴四方瓦楞帽;中下层为便于马上驰骋,最时兴腰间多褶的辫线袄子(圆领紧袖袍,宽下摆、折褶、有辫线围腰),戴笠子帽。

7. 明清服饰。明代以汉族传统服装为主体,清代则以满族服装为主流。自唐宋以降,龙袍和黄色为王室所专用。百官公服自南北朝以来紫色为贵。明朝因皇帝姓朱,遂以朱为正色,又因《论语》有"恶紫之夺朱也",紫色自官服中废除不用。用"补子"表示品级。补子是一块约40—50厘米见方的绸料,织绣上不同纹样,再缝缀到官服上,胸背各一。文官的补子用鸟,武官用走兽,各分九等。从戏剧中的官员服装也可看到这一特点。

皇帝戴乌纱折上巾,帽翅自后部向上竖起。官员朝服戴展翅漆纱幞头,常服戴乌纱帽。受到诰封的官员妻、母,也有以纹、饰区别等级的红色大袖礼服和各式霞披。

此外,上层妇女中已着用高跟鞋,并有里高底、外高底之分。明代普通百姓的服装或长、或短、或衫、或裙,基本上承袭了旧传统,且品种十分丰富。服饰用色方面,平民妻女只能衣紫、绿、桃红等色,以免与官服正色相混;劳动大众只许用褐色。

清王朝时,以暴力手段推行剃发易服,按满族习俗统一男子服饰。顺治九年(1652),钦定《服色肩舆条例》颁行,从此废除了浓厚汉民族色彩的冠冕衣裳。明代男子一律蓄发挽髻,着宽松衣,穿长筒袜、浅面鞋;清时则薙发留辫,辫垂脑后,穿瘦削的马蹄袖箭衣、紧袜、深统靴。

清代官服主要品种为长袍马褂。官帽与前朝截然不同,凡军士、差役以上军政人员都戴似斗笠而小的纬帽,按冬夏季节有暖帽、凉帽之分,还视品级高低安上不同颜色、质料的"顶子",帽后拖一束孔雀翎。翎称花翎,高级的翎上有"眼"(羽毛上的圆斑),并有单眼、双眼、三眼之别,眼多者为贵,只有亲王或功勋卓著的大臣才被赏戴。皇帝有时还赏穿黄马褂,以示特别恩宠。影响所及,其他颜色的马褂遂在官员士绅中逐渐流行,成为一般的礼服。四五品以上官员还项挂朝珠,用各种贵重珠宝、香木制成,构成清代官服的又一特点。丝纺绣染及各种手工专业的进步,为清代服饰品种的丰富创造了条件。

8. 现代服饰。辛亥革命结束了 2000 多年的封建君主专制,中华民族的服饰进入了新时代。中国留学生改穿西装。随着中外交流的加强,五彩纷呈的服装终于冲垮了衣冠等级制度。传统的袍、衫、袄、裤、裙越来越多地接受西方服饰影响,并被许多新品种新款式取而代之。

民国初年出现西装革履与长袍马褂并行不悖的局面。穿着中西装都戴礼帽,被认为是最庄重的服饰。20 年代前后出现中山装,逐渐在城市普及。广大农村一直沿用传统的袄裤,头戴毡帽或斗笠,脚着自家缝纳的布鞋。女装一身袄裤之外,又多穿用袄裙套装。20 年代以来,妇女喜爱旗袍,旗袍逐渐成为时装而不衰。

中华人民共和国建立后,服饰崇尚简朴实用。50—70 年代,中山装渐成男子主体服装,此外流行过军便装,人民装;女装受苏联影响,连衣裙风靡城市,此外还流行过列宁装等。但在农村,上衣下裤一直是大多数农民的传统装束。1978 年后,中国实行改革开放政策,30 年的发展,国强民富,服装也体现时代精神,具有中华民族特色的服饰如雨后春笋,五彩缤纷,以式样独特华贵优雅闲适为时髦。

现代人在考虑穿着时往往是为交流服务,故各行各业兴起样式与服色独特的职业服装,于是有了"白领"与"蓝领"之说,美观大方,整齐划一,感觉豪爽,代表了人们的敬业精神,道德规范与礼仪文明,而并非只有简单的穿用功能。

紧张的工作压力与快节奏的生活使现代人越来越讲究与追求休闲的生活,旅游与休闲服装也随之产生。而服装设计师就是要将这种现代生活的变化与追求通过服装表现出来。同时服装策划也借助各种现代化技术手段,如电脑艺术设计,音乐、灯光、摄影配合模特艺术表演等,这些都成为服装文化的载体。

服饰有时还与时代变迁有密切关系。如美国成为第一发达国家,服装也领导时代新潮流,全世界都流行源自于美国西部劳动阶层的牛仔裤,至今经久不衰,为大众所喜爱。海湾战争时,迷彩服便很流行。设计师要善于捕捉环境、时代的特点,将其体现在服饰中,使之实用化,使服装变成艺术化的商品。

面对世界经济一体化的今天,东西方文化的融合,中国的服装也走向了世界。西式,中式,职业服装,唐装,裙子加旗袍,各种款式,纷纭杂陈,令人目不暇接。只有将服装文化植根于民族传统、时代特征,结合企业文化、商业运作加以研究、发展,才能创造良好的服装文化,促进服装业的发展,弘扬中国民族文化,重振"衣冠王国"的雄风。

二十四、装饰文化

泰戈尔说:"采摘花瓣,得不到花的美丽。"这是说被采摘的花失去了作为整体的绿叶陪衬而显得孤立无韵。装饰是对生活用品或生活环境进行艺术加工的手法。它必须与所装饰的客体有机地结合,成为统一、和谐的整体,以便丰富艺术形象,扩大艺术表现力,加强审美效果,并提高其功能、经济价值和社会效益。完美的装饰应与客体的功能紧密结合,适应制作工艺,发挥物质材料的性能,省工省料,并具有良好的艺术效果。

(一)装饰的定义

装饰文化是文化的一部分,但同时又具有自己的特点,泛指一切与装饰有关的物质的与精神的产物的总和。不同的学科中有不同的解释,具有代表性的可以归结为以下四种:

1.《现代汉语词典》对"装饰"的解释为:作动词时,指在身体或物体表面加些附属的东西,使美观;作名词时,单指装饰品。

2. 装饰是一种对生活用品或生活环境进行艺术加工的手法。

3. 装饰是装裱、书籍装帧、各种物品的装潢(潢、原意染纸,与装饰通用)、建筑与室内装修等的总称。

(二)装饰的分类

1. 平面装饰和立体装饰。平面装饰包括单独纹样、适合纹样、带状纹样和网状纹样等图案组织。立体装饰包括建筑造型、浮雕、圆雕、镂雕、浅刻等。装饰包括对人和物的装饰。

2. 按所用装饰材料又可以分为硬装饰和软装饰。硬装饰,如设计中的木石、水泥、瓷砖、玻璃、石膏等建筑材料;软装饰,如窗帘、地毯、壁挂,还有卧室内的被套、床单、毛毯、枕巾、枕套等。事实上,现代意义上的"软装饰"已经不能和"硬装饰"割裂开来,人们把它们硬性分开,很大程度上是因为两者在很大程度上,尤其是在施工方面存在明显的先后之分,但就其在应用上,两者都是为了丰富概念化的空间,使空间异化,以满足建筑与家居的需求,展示人的个性。

(三)室内装饰不同的风格

主要是通过软装饰来完成不同风格的演绎,而图案和色彩无疑是软装饰的灵魂所在,两者的无穷变化造就了装饰如下三种迥异的风格:

1. 欧式古典主义风格。用精美的罗马帘、华贵的床罩与纯手工地毯以及造型典雅的灯具和高贵的油画来达到雍容华贵的装饰效果。但需特别注意的是应避免过于奢华的装饰破坏了自然的家居气氛。

2. 中式古典主义风格。以清新淡雅为主,碎花的窗帘,通透的帷幔,书香浓郁的卷轴画以及水仙、文竹等墨绿色植物已成为中式古典主义不可或缺的软装饰。

3. 现代主义风格。这种风格强调功能至上,以实用、舒适为原则,没有标志性的软装饰,以兼收并蓄为其特色。它的优点是搭配灵活,容易产生变化,但弄不好也容易使之散乱,难以形成统一风格。

（四）室内装饰艺术

是为了满足人们的社会活动和生活需要,合理、完美地组织和塑造具有美感而又舒适方便的室内环境的一种综合性艺术,是生活环境艺术的一个门类,又称室内设计。它融合了现代科学技术与文化艺术,并与建筑设计、装潢艺术、人体工程学、心理学、美学有着密切的联系。

就室内装饰所研究的范围和对象而言,它又可以分为家庭室内装饰、宾馆室内装饰、商店室内装修和公共设施室内装饰。室内装饰依附于建筑实体,如空间造型、绿化、装饰、壁画、灯光照明以及各种建筑设施的艺术处理等,统称为室内装修;另一类依托于建筑实体,如家具、灯具、装饰织物、家用电器、日用电器、卫生洁具、炊具、文具、和各种陈设品,统称为室内陈设,具有独立性,可以移动或更换。

室内装饰,可以改善空间,即通过装修对室内空间进行美化和修饰,创造一个符合美的规律的室内空间,创造一定的氛围,即通过室内家具、陈设品的选择与设计,创造一种理想的室内气氛,使人赏心悦目,怡情逸性。现代的室内设计更加强调以人为中心进行设计。其大致可以分为两大潮流,一是从使用功能上对室内环境进行设计,如科学的通风、采光、进行色彩选择等,以提高室内空间的舒适性和实用性。另一种是创造个性化的室内环境,强调个人的风格和独特的审美情调。此外,一个国家的经济发展水平、文化传统、风俗习惯和民族的审美趣味也会在室内装饰中留下记忆。

现代室内装饰大致可归纳为如下七个新趋势:回归自然化、整体艺术化、高度现代化、高度民族化、个性化、服务方便化和高技术情感化。

总之,在对室内进行装饰时,必须注意考虑:以满足使用需求、符合经济实力、合理布置环境、适当艺术点缀、讲求空间完善为标准。要考虑居住者的兴趣、爱好,告诉设计者,他就会为你作出更杰出的布局,是对比还是统一,是中式还是欧式,是传统的还是现代的,会有一个更适合你个性的,具有当代文化特点的,经济又实用的文化艺术之家,呈现在你面前。

由于现代人生活节奏的加快,会使人们的神经紧张,下班后,很想真正的放松一下,这是很需要家的温暖。所以,在作室内装饰时,一定要注意温暖。首先是装修去味,最好用芦荟等,晚上不仅能吸收二氧化碳,放出氧气,还能使室内空气中的负离子浓度增加。其次是建筑装饰对颜色的选择。专家指出,集中颜色最佳为乳白色、象牙色、白色,这三种颜色与人的视觉神经最吻合,因为太阳光是白色系列,代表光明,人的心、眼也同样需要光明来调和,而且家中白色系列最好配置家具,白色系列也代表希望。有的专家建议,木材原色是最佳色调,木材原色使人易生灵感与智慧,尤其是书房部分,尽量使用木材原色。总而言之,各种色调不宜过多,以恰到好处为原则。再有就是对建筑装饰进行设计时,要特别注意室内的空气是否流通。专家建议,最好不要在门窗附近设置隔断等东西,阻碍空气流通,对于厨房、卫生间等空气不易流通的空间,要利用排风扇强制换气。还需要格外保证室内空气质量。最后是安全问题。一个人的居家最担心的是安全,安全到位,心理就会踏实。所以,家中一定要有漏电保护装置;抽油烟机要有煤气泄漏报警器;电话机旁必须设有报警电话号码,以及最亲近人的电话号码。总之,装饰的形式虽然多种多样,装饰的作用在于它可以使原本丑的东西变的美丽,使原本美丽的东西变的更美。

（五）建筑装饰

现代人生活节奏加快,下班后,很想真正的放松一下,所以天天与人见面的建筑装饰与环境逐步成为人类品味生活,品味人生的重要艺术,是人们生活中不可缺少的欣赏内容与实用艺术。随着房地产热潮的逐步兴起,建筑装饰行业也是快速成长起来的朝阳产业。建筑装饰是为保护建筑物的主体结构、完善建筑物的物理性能、使用功能和美化建筑物,采用装饰装修材料或饰物对建筑物的内外表面及空间进行的各种处理过程。

在我国,建筑装饰行业是国民经济五大支柱产业之一,是一个劳动密集行业。在近十年的发展过程中,由于人们对建筑物外观质量和内在要求的不断提高,使装饰装修的比重在工程造价中不断提升,在高档建筑建设中,装饰装修已占工程造价的40%以上。与此同时,建筑装饰材料行业随着房地产、建筑装饰业的发展得到了快速发展。建筑装饰行业愈加显示出了其巨大的发展潜力,市场增长空间以平均每年20%左右的速度递增。目前,中国已经成为世界上装饰材料生产大国、消费大国和出口大国。

（六）汽车装饰

中国汽车消费市场的持续升温,为汽车用品行业的发展提供了巨大商机,

2006年,中国汽车产量为728万辆,比上年增长27.6%,已超过德国,仅次于美国、日本,居世界第三位。其中,占汽车用品市场比重最大的汽车电子市场发展势头良好,2007年全年汽车电子产品销售额达到867.6亿元,销售额年同比增长达38.97%。中国汽车用品行业的发展潜力很大,预计到2011年,仅汽车电子类产品市场规模将达到近2400亿元,每年以平均26%的速度增长。汽车安全系统、美容养护市场等也将有较大发展。

汽车装饰是通过增加一些附属的物品,以提高汽车表面和内室的美观性、这种行为叫做汽车装饰,所增加的附属物品,叫做装饰品或者装饰件。

随着生活水平的快速提高,大街上涌现出了越来越多的新车新手,许多新手都选择在自己的爱车后面贴上一两条车贴,充当自己爱车的"护身符",在保护爱车的同时,又能够提醒别的司机多多注意自己的爱车。这些车贴有买来的,有自己亲手制作的,看起来个性十足,五花八门,叫人看了一眼就难以忘记!然而有些车主并不知道,车贴不能随意贴。比如:"二挡以上不敢挂,熟练中!""手潮胆小,越催越面!""人老眼花,反应不快""千万别吻我,我怕羞!""撞了可不白撞呀!""此车曾经上过树!""拒绝和你接吻!""我不想和你亲密接触!"等。

二十五、中国传统文化

中国传统文化是中华文明演化而汇集成的一种反映民族特质和风貌的民族文化,是民族历史上各种思想文化、观念形态的总体表征,是指居住在中国地域内的中华民族及其祖先所创造的、为中华民族世世代代所继承发展的、为广大民众所需求的,具有鲜明民族特色的、历史悠久、内涵博大精深、传统优良的文化。它是中华民族几千年文明的结晶,除了儒家文化这个核心内容外,还包含有其他文化形态,如道家文化、佛教文化等等,包括自然科学、人文科学的各个门类,包括中国历史发展各个时期的文化积累,包括中国社会和中华民族的风土人情等等。所以,我们认为中国传统文化是指中华民族经过长期酝酿发展形成的,主导国民思想并指导行为方式的精神支柱,可以说是一种哲学体系。

中国传统文化有以下几个方面特点:

其一,人文传统。与希腊、印度的文化相比,中国文化以政治、伦理为中心,不追求自然界之奥秘,不追求纯自然的知识体系,不追求知识上的功利主义,它不仅不把人与自然对立,而且是"天人合一"思想占主导地位。从古代知识分子道统论思想宣传的价值取向上看,中国传统文化基本上是反功利,致力于人格的自我实现,贬低物质享受的价值,重义轻利;从道德观上看,中国传统文化强调在道德面前人人平等。中国传统文化的人文精神,要义不在只尊重个人价值和个人的自由发展,而是将个体融进类群,强调人对宗教和国家的义务,构成一种宗法集体主义人学。

其二,伦理中心。中国社会是以父亲家长为中心的宗法制度,形成以宗法传统,一向高度重视伦常规范和道德教化,形成以"求善重德"为旨趣的伦理型文化。伦理型文化不讲或少讲脱离伦常的智慧,齐家、治国、平天下皆以修身为本,伦理成为出发点和落脚点。

其三,尊君重民。中国古代道德观中首先有着以君权为本位的尊君思想,然而君权又是在对民众实行统治的过程中体现出来的,君与民是对立的统一体,二者相互抗衡,又互为依存。故同时也重视民众,形成了特有的民本思想,成为传统政治哲学与为官之德的重要组织部分,二者共同融汇为相反而又相同的"重民尊君",共同组成了中国传统政治文化的一体两翼。

其四,中庸和谐。崇尚中庸,安居一处、以稳定和平为旨趣的农业自然经济和宗法社会培育的人群心态,显示出中国式智慧特征,崇尚调和、力主平衡的中庸之道是一种顺从自然节律的精神。中庸之道是"和合文化"在为人处世方面的具体准则,它在儒家乃至整个中国传统文化中被视作一种人生和道德的至高境界和追求目标。中国古代的"和谐"理念指的是"和而不同"、事物的对立统一,即具有差异性的不同事物的结合、统一、共存,但又要遵循事物发展客观规律,追求人与自然的和谐,达到配合得适当和匀称。

其五,延绵坚韧。"自强不息"和"厚德载物"精神使中国文化的认同力和适应力双强。"认同"使中国文化具有内聚力,保持自身传统;"适应"使中国文化顺应时势变迁,不断吸取新的内容。中国文化历经沧桑,饱受艰难与不断完善,充满了务实与理想精神。不仅数千年传承不断,拥有不断更新的阶段性递变,又有贯穿始终的自强不息,厚德载物的传统精神与民族灵魂! 是世界文化史上仅有的独特的重物质更重精神的民族传统文化。

二十六、中国史学文化

(一)史学的定义

亦称"历史学"。社会科学的一个部门,研究和阐述人类社会发展的具体过程及其规律性的科学。马克思主义认为,史学是社会意识形态的一部分,具有鲜明的阶级性。其主要任务是按照时代顺序,运用具体历史事实,阐明并揭示从原始公社制经过奴隶制、封建制、资本主义到社会主义并向共产主义过渡的历史发展的规律。今天则是向世界现代化迈进的历史规律及其过程的总结。

（二）中国史学的特点

中国的历史文化在世界上独树一帜,从《尚书》《易经》《春秋》《左传》《国语》《战国策》（西汉刘向）,到司马迁的《史记》,班固的《汉书》,司马光的《资治通鉴》,到各朝代的历史书。中国的历史记载不论是官方的,还是民间的族谱,家谱,地方志,几乎延绵不绝了两千多年。鸦片战争后的近代史,20 世纪的现代史,当代史的撰写,留下了中华民族几千年来的发展足迹。中国人总有"留取丹心照汗青"的历史情结。这正是中国传统精神与历史记载不曾中断的一大原因。

（三）中国史学的起源与发展

早在原始社会时期,就已出现了史学的萌芽。据传说,汉字的发明者仓颉就是黄帝的史官。刘知几于《史通·史官建制》曰:"盖史之建官,其来尚矣。昔轩辕氏受命,仓颉、沮诵实居其职。至于三代,其数渐繁。"（百度百科·中国史学史）。中国史学是随着文字和历法的产生而产生的。我国现在所发现的最古的文字是在殷墟出土的甲骨文,这说明早在商代我国就已经有了明确的文字记载。被孔子删定的《尚书》（原有 3240 篇,但应归于竹简的不便）中的《虞夏书》中的尧典、舜典、大禹谟、《商书》《周书》最早记录了以德治国的宝贵经验与历史教训。

1. 先秦时期。"我国从西周共和元年（公元前 841 年）起,有了按年记载的编年史。从此以后,中国历史,基本上有了持续不断的记载,差不多每年都有史可查。当时的重要诸侯国如楚、齐、鲁、燕、晋、陈、宋,都有了明确的纪年"（见山东大学张知寒《中国史学史概述》先秦史学）。而且名称不一,如楚国称《梼杌》,晋国称《乘》,鲁国称为《春秋》。春秋末年,孔子以鲁国国史为基础,编纂成《春秋》。《春秋》是我国现存最早的一部编年体史书。还有春秋末年鲁国史官左丘明的《左传》（18 万字,写作历时 30 年、记载了 200 多年的历史）、《国语》等史书问世,不仅注重记录,还有一定的社会评价内容与栩栩如生的文学价值。对后世影响很大。

2. 两汉时期。重要的史书有刘向的《战国策》,司马迁的《史记》,班固的《汉书》。司马迁《史记》130 卷,52 万多字（记载了自黄帝到汉武帝 3000 多年的历史）,开创了本纪、表、书、世家、列传于一书的纪传体通史体例。班固的《汉书》100卷,80 万字,记述西汉一代史事,开创了纪传体断代史的先例。《史》、《汉》两部著作各有所长,思想倾向不同（《汉书》已儒家化）,文风上各有特色,在中国史学史上都有突出的地位和深远的影响。为中国古代史学发展奠定了坚实的基础。此后各朝代都有史书记载,形成了著名的 24 史,成为世界历史记载中最系统,最独特的史学著述系列。

3. 三国两晋南北朝时期。修史风气大盛,史学摆脱了经学的附庸地位。著名的史书有西晋陈寿的《三国志》,南朝宋的范晔的《后汉书》,被后人称为"前四史"(史记、汉书、三国志、后汉书),历仕宋、齐、梁三朝的沈约的《宋书》,北齐魏受的《魏书》,南朝梁萧子显的《南齐书》,都被收进 24 史中。

4. 隋唐五代时期。设立史馆修史,并以宰相监修国史,自唐太宗时形成定制。中国史学的第一部史学理论刘知几《史通》问世,系统和全面总结了唐以前史学的发展状况。杜佑的《通典》是一部成熟的典制体史书。收在 24 史中的唐人记载的史书有房玄龄的《晋书》;姚察、姚思廉父子的《梁书》《陈书》;李大师、李延寿的《南史》《北史》;李百药的《北齐书》;令狐德芬的《周书》;魏征的《隋书》;后晋的刘昫的《旧唐书》。

5. 宋辽金元时期。收在 24 史中的宋人史书有欧阳修、宋祁的《新唐书》;薛居正的《旧五代史》;欧阳修的《新五代史》。司马光的《资治通鉴》294 卷(自战国初年叙至五代末年),是一部编年体通史。南宋郑樵著有《通志》。24 史中收有元人托克托的《宋史》《辽史》《金史》;辽金元三朝还有《元朝秘史》、《元史》等著作。元代史学是宋代史学的延续,是多民族史学的进一步发展和深化。

6. 明清史学时期。收在 24 史中的史书有明代宋濂的《元史》。明朝历代皇帝都有实录,合成《明实录》。明朝私人修史的风气盛行:李贽有《藏书》《续藏书》。顾炎武史论与政治结合的《日知录》。黄宗羲学术史《明儒学案》,史论专著《明夷待访录》。王夫之《读通鉴论》和《宋论》。张岱的《石匮书》《石匮书后集》。茅元仪的《武备志》、谈迁的《国榷》、顾祖禹的《读史方舆纪要》、唐甄的《潜书》等。收在 24 史中的《明史》,为清人张廷玉撰写。

清代史学中,章学成所著《文史通义》和《校雠通义》,总结了中国古代的史学理论。清朝乾嘉以后注重考据学。清朝历代皇帝除宣统帝外都有实录,现在一般将清朝 11 位皇帝的实录和《宣统政纪》合并成《清实录》出版(百度百科·中国史学史)。近人赵尔巽的《清史稿》被人称为 25 史。1921 年徐世昌下令将《新元史》列入 24 史,合称 26 史。

以史为鉴,可以知得失,知兴替。虽然上古,中古时期中国文化都在世界遥遥领先,鸦片战争后,近现代中国则进入饱受欺辱的百年痛史与革命战争时期(1840—1949)。当代中国进入社会主义建设时期,改革开放的经济发展与向现代化进程迈进时期。今人编写的近代史,现代史,当代史都已进入高中、大学的殿堂。这其中的兴衰变化自有许多经验教训可以总结,以启示后人。

二十七、中国考古学文化

（一）考古学的概念

考古学属于人文科学的领域,在中国是历史科学的重要组成部分。考古学的产生有长远的渊源,但到近代才发展成为一门科学。近代考古学发祥于欧洲,以后普及到世界各国。震惊世界的考古成就,是德国考古学家施里曼 1871 年对荷马史诗中的特洛伊古城遗址的挖掘的成功。

在中国,东汉时已有"古学"之称,来泛指研究古代的学问。北宋中叶诞生了一门金石学,即考古学的前身,到清代末叶,金石学的研究对象扩大到其他各种古物。汉文中"考古学"一词,是从欧洲文字翻译过来的,

（二）考古学的三种涵义

1. 指考古研究所得的历史知识,有时还可引申为记述这种知识的书籍;

2. 指借获得这种知识的考古方法和技术,包括搜集和保存资料、审定和考证资料、编排和整理资料的方法和技术;

3. 指理论性研究和解释,用以阐明包含在各种考古资料中的因果关系,论证古社会历史发展过程中的规律。

考古学研究的对象是实物。主要是物质的遗存,或者是遗物与遗迹。以仰韶文化为例,其以 1921 年最先发现于河南渑池仰韶村而得名,大都分布于整个黄河中下游地区。在对仰韶文化遗址的认定上,通常将以磨制为主的石器、彩陶、农业经济、家畜饲养等方面作为基本的标准。

（三）考古学的分类

1. 按照研究的年代范围、具体对象、所用手段和方法的不同,可以划分为史前考古学、历史考古学、田野考古学及各种特殊考古学等。

史前考古学——没有任何文献记载但有实物可供依据;承担了研究史前时代人类历史的责任。

历史考古学——以文字的发明为界限。研究文字产生以后的历史与人类社会发展的情况与规律。

田野考古学——是 20 世纪初正式提出来的,世界各地的田野考古转入以发掘为中心,并扩大调查的对象和范围,方法逐渐完美,技术快速进步。由于调查发

掘有一套完整的方法,而且还是用许多特殊的器材和设备,使得田野考古学有其相对的独立性,也因此成为考古学的一个重要的分支。

特殊考古学——按研究对象的不同分:美术考古学、宗教考古学、古文字学等;按所用的手段和方法不同分:航空考古学(是指使用飞机从空中向地面摄影,通过对所得照片的观察、分析,判定遗迹和遗物的形状、种类及它们的分布情形)、水底考古学(发现、打捞和研究水底的古代沉没物、沉船以及淹没于江河湖海中的都市、聚落和港口遗址等,可为研究古代造船术、航海术、水文变化、海上交通和贸易等提供重要资料。

2. 考古学与其他学科的关系。

考古学是一门涉及面极广的科学,与其他许多学科都有关系,必须得到这些学科的支持和协助,才能完成各项研究任务。

①自然科学方面——自然地理学、地质学、气象学和生态学等学科,主要是协助研究遗址所在地区的地史和天然资源,从各个方面复原当时的自然环境。

②工程技术科学方面——建筑学和土木工程学应用于对遗址的发掘、测量、制图,对发掘出来的遗迹进行复原或现场加以保存等。采矿冶金学、陶瓷学和染织学应用于对工场址、矿址、窑址等遗迹的考察。

③人文、社会科学方面——民族学、语言学、社会学、宗教学、经济学等,是分别对遗迹和遗物所提供的有关各该学科的资料,进行研究和解释。美术史学和建筑史学研究各种美术品建筑物遗存,就其样式、风格、年代、建筑技术以及保存方面的问题,作出判断和说明。

(四)中国考古学的重大发现

1. 甲骨文的发现。清光绪二十五年(1899 年),任国子监祭酒(相当于中央教育机构的最高长官)的王懿荣(1845—1900)患病,派人买药,看到甲骨上刻有符号,引起他的注意。他对金石文字有研究,觉得很像古文字,以每片二两银子的高价,把药店刻有符号的龙骨全部买下,累计共收集了 1500 多片,引起了轰动。原来是安阳市小屯村的农民在耕作时在农田里挖刨出的甲骨,并按中药卖给商人。后人誉王懿荣为"甲骨文之父"。(百度百科网·甲骨文)

截至目前殷墟安阳遗址已发现有大约 15 万片甲骨,4500 多个单字。从甲骨文已识别的约 1500 个单字来看,甲骨文已具备了现代汉字结构的基本形式。考古发掘所证实的商代都城遗址安阳,距今已有 3300 年的历史。1961 年 3 月,被公布为第一批国家重点文物保护单位。目前,在宫殿宗庙区已发现大型夯土建筑基址 80 余座。这些建筑基址,按照中国古代宫殿建筑"前朝后寝、左祖右社"的格局排列。2001 年 3 月,殷墟被评为"中国 20 世纪 100 项考古大发现"之首。2006 年 7 月 13 日,第 30 届世界遗产委员会会议上被列入《世界遗产名录》。(百度百科·安阳殷墟)

2. 1921 年仰韶文化遗址的发现。瑞典地质学家安特生来到河南渑池县仰韶村(当时他担任中国北洋政府农商部矿政顾问),听说有古生物化石发现,便来到这里进行采集,他的中国助手刘长山不仅采集到了化石,还收集到数百件先民使用的石器。这是田野考古学在中国迈出的第一步。仰韶村遗址分别在 20 世纪 50 年代和 80 年代进行了两次发掘,这些工作对于研究我国早期的社会发展史提供了丰富的实物资料,也为世界考古学的研究作出了重大贡献。(见谷歌网·中国经济网·国家文物局·滕磊)

3. 周口店遗址。位于北京房山周口店龙骨山,是北京猿人和山顶洞人化石的发现地。山上有 8 个古人类文化遗址和哺乳动物化石遗存点。1929 年,中国古人类学家裴文中在龙骨山发掘出第一颗完整的"北京猿人"头盖骨化石,震撼了全世界。1936 年,考古学家贾兰坡又在这里发现了 3 个"山顶洞人"头盖骨化石。20 世纪 60 年代末,这里又发现了距今 10 万年的"新洞人"遗址。田园洞遗址是周口店遗址群的第 27 个地点。属于晚期智人,接近现代人的解剖结构。古人类学家吴新智院士认为这是新中国成立以来出土化石最丰富的一次。该遗址的发现,对东亚地区现代人的演化研究具有重要意义。(见百度百科·田园洞遗址)

4. 龙山文化遗址。1928 年的春天,考古学家吴金鼎在山东省章丘市龙山镇发现了举世闻名的城子崖遗址。距今约 4350—3950 年。分布于黄河中下游的山东、河南、山西、陕西等省。1959 年在山东宁阳县发现的大汶口文化是龙山文化的前身。大汶口文化出现的快轮制陶技术在这一时期得到普遍采用,磨光黑陶数量更多,质量更精,烧出了薄如蛋壳的器物,表面光亮如漆,是中国制陶史上的巅峰时期。(百度百科·龙山文化遗址)

5. 河姆渡遗址。2005 年余姚市罗江乡河姆渡村东北,首次发现了距今约 7000 年的河姆渡文化早期原始村落——傅家山遗址。傅家山遗迹为木构建筑基址。1973 年和 1977 年曾两次科学发掘,出土了骨器、陶器、玉器、木器等各类质料组成的生产工具、生活用品、装饰工艺品以及人工栽培稻遗物、干栏式建筑构件,动植物遗骸等文物近 7000 件,全面反映了我国母系氏族社会时期的繁荣景象。河姆渡遗址的发掘为研究当时的农业、建筑、纺织、艺术等东方文明,提供了极其珍贵的实物佐证,是我国建国以来最重要的考古发现之一。河姆渡遗

址出土的文物曾多次出国展览,深深地震撼着整个世界。(百度百科·河姆渡文化遗址)

（五）现代自然科学的广泛采用

1965 年底建成中国第一个放射性碳素断代实验室,这为建立各种文化类型的年代序列,提供了科学根据。在探寻中国新石器时代早期的文化遗存,夏、商、周文化的探寻与研究方面,放射性碳素断代起着重要的推动作用。在通过对孢子花粉的分析考察古代的自然环境,鉴定作物标本的品种、动物骨骼的种属,探讨中国农业和家畜的起源方面,也有相当的进展。

（六）中国考古学体系日臻完善

从对旧石器时代的考古研究到青铜铸造业、手工业和科学技术的研究,从西周时期的田野考古工作到过去不被重视的秦汉及其以后时期的考古研究,从对边疆和少数民族地区的调查发掘到充分重视中外关系方面的考古研究,中国的考古学体系在逐步地建立,不断地完善并取得了丰硕的成果。

（七）中国考古学的命名与发展的意义

一般以首次发现的典型遗址所在的小地名作为考古学名称,例如周口店文化、丁村文化、仰韶文化、龙山文化、河姆渡文化等。也有对发现地点的名称加前缀的,如甘肃仰韶文化、西安仰韶文化,山东龙山文化,河南龙山文化等。以遗物特征来命名的方法也经常被采用,如中国过去所称的细石器文化、彩陶文化、黑陶文化就是采用的这种方法,此外还有以族别与朝代来命名的,如巴蜀文化,夏文化,商代文化,汉代文化遗址,等等。

考古学不仅要根据遗存文化研究人类社会发展史的共同规律,还要研究各地区各民族发展的特殊性,以便对不同的文化共同体,分别地加以深入研究,以探寻物质文化和社会发展的联系与其规律性。

中国古代文化博大精深,留下来的文化遗存是相当丰富的。为探寻古代人们的生活及发展规律提供了重要的帮助。同时大量的古代文化遗物的出土再现了中国古代文化的辉煌,极大的提高了中国古代文化在人类历史中的地位。再者中国考古学是世界考古学的一部分,中国考古学的发展对于研究人类社会的发展历程,对于研究农业、文明和城市的起源与发展、演变的进程,都具有不可替代的作用。

二十八、中国政治文化

政治学是研究政治的科学。在实际生活中,政治关系具有多种外延形态,如政治思想、政治行为、政治体系、政治文化、各国政治文化等,这些都是政治学研究的对象。

中国的政治文化分为两种,传统时期的政治文化和现代社会的政治文化:

(一)中国传统时期的政治文化

中国传统文化中,政治占有很重要的地位。在传统的中国,权利和等级制度造就了中国的"神"文化。在古代,权利大于一切。封建统治者号称自己的权威来源于"神"或天,皇子称为"天子"。平民们形成了一种"拜天、拜神"文化。

圣君、贤相、清官、顺民,这是中国传统社会的政治理想,君君、臣臣、父父、子子、修身,齐家,治国,平天下,充分体现了家国一体的传统政治,及儒家政治文化的人文道德特征。从孔子删定六经,秦汉统一以来,特别是在董仲舒"罢黜百家、独尊儒术"之后,儒家思想就成为了统治阶级的官方哲学与正统思想。中国传统的政治文化是一种思想潮流,平民都是跟着这个潮流走,统治阶级信仰什么,平民就跟着信仰什么,可以说,统治阶级的政治思想决定了文化的发展。正如马克思早已说过的:社会的思想就是统治阶级的思想。

(二)中国现代社会的政治文化

从鸦片战争时期就已经开始到20世纪及今天的21世纪初,中国社会经历了不少次的变革。中国屡次实验,而几乎没有一个制度和思想能够在中国社会得到满意的结果,唯有中国共产党取得了辉煌的成就。

我们现在的政治就是要建立有中国特色的社会主义的政治,它是政治民主化,社会法制化,管理科学化,经济市场化,工业农业等百业的现代化。以及对外关系的五项原则基础上的友好往来与更加主动灵活的经济贸易交流。

一个国家的文化繁荣可以体现这个国家的政治水平。中国的儒家政治文化向来被誉为最厚重、最源远流长、最有影响的。近几年来,中国与世界各地许多国家建立友好合作关系,就体现了儒家思想的"和而不同"的方略。包括2008年举办的29届北京奥运会及2010年在上海举办的世界博览会。这些都将承载着中国的政治思想和文化意蕴。

二十九、中国医药学

(一)中国医药学发展简述

中国医药学已有数千年的历史,是中国人民长期同疾病作斗争的极为丰富的经验总结,对于中华民族的繁荣昌盛有着巨大的贡献。由于药物中草类占大多数,所以记载药物的书籍便称为"本草"。现知的最早本草著作称为《神农本草经》,著者不详,根据其中记载的地名,可能是东汉医家修订前人著作而成。《神农本草经》全书共三卷,收载药物包括动、植、矿三类,共 365 种,可说是汉以前中国药物知识的总结,并为以后的药学发展奠定了基础。南北朝,梁代陶弘景(公元452—536 年)将《神农本草经》整理补充,著成《本草经集注》一书。唐李勣主持增修陶氏的本草经注,称《唐本草》。后又命苏敬等人重加修正,增药 114 种。《唐本草》记有 844 种。北宋后期,蜀医唐慎微的《证类本草》将《嘉祐补注本草》与《图经本草》合并,增药 500 多种,作为官书刊行。明代李时珍(1518—1593 年)的《本草纲目》,载药 1892 种,附方 11000 多个。分为 16 纲,60 类。李时珍亲自上山采药,远穷僻壤,遍询土俗,足迹踏遍了大江南北,达到前代一切本草远未达到的水平,这部书在 16 世纪初就流传中外,曾被译成多种文字,不但对世界医学作出了伟大的贡献,也是研究动植矿物的重要典籍。清代乾隆年间赵学敏编成《本草纲目拾遗》一书,增药 716 种。此外,还有东汉张仲景所著的《伤寒论》和《金匮要略》、东晋葛洪的《肘后备急方》、唐·孙思邈的《千金备急方》和《千金翼方》、宋·陈师文等所编的《太平惠民和济局方》、明·朱橚等的《普济方》等等,至今还被广泛地运用。

(二)中国古代十大名医

(1)扁鹊(前 407—前 310),战国时医学家。姓秦,名越人,齐国渤海卢(今济南长清县)。《史记·扁鹊仓公列传》中对他的事迹有详细的记载。(2)张仲景(150—219),据传当过东汉长沙太守,南阳郡涅阳(今河南省南阳县)人,经过几十年的奋斗,张仲景收集了大量资料,包括他个人在临床实践中的经验,写出了《伤寒杂病论》16 卷。注释、阐发《伤寒论》的著作,竟达三四百种之多。对亚洲各国,如日本、朝鲜、越南、蒙古等国的影响很大。(3)华佗,字元化,三国魏沛国谯(今安徽亳县)人。《后汉书·华佗传》说他"兼通数经,晓养性之术",尤其"精于方药"。他发明了酒服麻沸散的麻醉术,在当时已能做肿瘤摘除和胃肠缝合一类的外科手术,后世尊华佗为"外科鼻祖"。(4)皇甫谧(215—282),安定朝那(今甘肃灵台县朝那镇）人。魏晋人，他把古代著名的三部医学著作，即《素问》，《针经》（即《灵枢》），《明堂孔穴针灸治要》，纂集起来，并结合自己的临证经验，写出了《针灸甲乙经》，简称《甲乙经》。共10卷，128篇，穴位654个，被人们称做"中医针灸学之祖"。（5）葛洪（283—363），晋代人，号抱朴子，丹阳句容县（今江苏省句容县）人。他的著作，约有530卷。大多已散佚，流传至今的，主要有《抱朴子》和《肘后救卒方》。葛洪的医学著作，据史籍记载，尚有《金匮药方》，《神仙服食方》，《服食方》，《玉函煎方》。（6）孙思邈（581—692），京兆华原（今陕西省耀县）人，隋唐之际人，他所著的《千金要方》30卷。计232门，收方5300。《千金翼方》是对《千金要方》的补编30卷，收录了唐代以前本草书中所未有的药物800余种。影响到朝鲜，日本。（7）钱乙（1032—1113），宋代东平郓州（今山东郓城县）人。我国医学史上第一个著名儿科专家。撰写的《小儿药证直诀》，是我国现存的第一部儿科专著，为"儿科之圣"。（8）朱震亨（1281—1358），被后世称为"滋阴派"的创始人。时人誉之为"朱一贴"，弟子众多，方书广传，是元代著名的医学家。（9）李时珍（1518—1593），明代湖北蕲（今湖北省蕲春县）人。他不但读了八百余种上万卷医书，经过长期的艰苦的实地调查，搞清了药物的许多疑难问题，于1578年完成了《本草纲目》编写工作。全书约有190万字，52卷，载药1980种，新增药物374种，载方一万多个，附图一千多幅，成了我国药物学的空前巨著。达尔文称赞它是"中国古代的百科全书"。（10）叶天士（1666—1745）清代江苏吴县人，门人取其方药治验，分门别类集为一书，取名《临证指南医案》。

（三）中医药学的新发展

近代在西方科技文化大量涌入的情况下，出现了中西药并存的局面。有了"中医"、中药"，"西医"、西药"之称。1935年陈存仁编著的《中国药学大辞典》全书270万字，收药4300条。是中药发展史上第一部大型词典。新中国建立后国家卫生部曾六次出版《中华人民共和国药典》，中医药教育科研事业有了空前的发展。据探明，我国现存中药资源种类达12807种。其中药用植物11146种，药用动物1581种，药用矿物80种；仅对320种常用植物类药材统计，总蕴藏量就达850万吨。此外，我们拥有一批具有现代医学科学知识和技术的中药科研队伍。其中（全国）中医院2552所，中医药院校30所，独立的医药科研机构77所，以及上百个中药新产品开发机构。特别是改革开放以来，我国中药工业企业有了长足发展，全国中药企业达1059家，产值235.4亿元，占中西药总产值的21.5%；还有中药商业法人机构11360个，商业网点35339个。中成药工业的优势和改革开放的坚实基础将使我国中药现代化事业取得前所未有的发展。一批来源于传统中药的临床与经验，依靠现代科学方法和手段，严格按GCP、GMP要求生产的优质、高效、安全、稳定，质量可控，服用方便，符合并达到国际医药市场标准的现代中药将会适时诞生。中药已出口到130多个国家和地区，每年创汇5—7亿元。

三十、中国礼仪文化

（一）礼的起源

礼最早出现在金文里面。在人类发展的初期，人们对火山，地震，电闪雷鸣等自然现象无法解释，认为天地间有神鬼的存在。对天地鬼神的惧怕敬仰，使人们举行祭拜仪式；诞生了礼的萌芽。到了周朝，周文王的弟弟周公旦，应是制礼第一人。春秋末年的孔子的编订"六经"并带领学生演习"周礼"，奠定了儒家学说在传统礼仪文化的核心地位。核心思想"仁爱及人"一直影响至今。后人对《周礼》《礼记》《仪礼》三部典籍的整理与传播，全面直观地保留了传统礼仪文化的内容。

（二）礼仪的概念

古代礼仪的概念：中国古代的"礼"和"仪"，实际是两个不同的概念。"礼"是制度、规则和一种社会意识观念；"仪"是"礼"的具体表现形式与规范，它是依据"礼"的规定和内容，形成的一套系统而完整的程序，不同的等级有不同的礼仪；祭祀时天子为七庙，诸侯为五庙，大夫为三庙，士为一庙，孔子认为乱了礼制就是僭越等级，天下就会大乱。现代礼仪的概念：礼仪就是行为规范。我们日常生活的行为规范就是现代的礼仪。各国礼仪的礼节表达也各有特色，西方人为拥抱，中国人为握手，世界各国外交礼仪中还有许多禁忌：1. 涉外活动言行忌：（1）举止：严忌姿势歪斜，手舞足蹈，以手指人，拉拉扯扯，相距过近，左顾右盼，目视远处，频频看表，舒伸懒腰，玩弄东西，抓耳挠腮。（2）话语：严忌荒唐淫秽，探寻他人履历，女子私事，工资收入，私人财产，衣饰价值，批评尊长，非议宗教，嘲弄异俗。（3）语气：严禁大声辩论，高谈阔论，恶言恶语，寻根问底，争吵辱骂，出言不逊。（4）礼遇：严忌冷落他人，独谈到底，轻易表态，打断异议，纠缠不止，随意插话，随意辞别。2. 涉外活动拍照忌：拍照时，不能违犯特定国家、地区、民族的禁忌。凡在边境口岸、机场、博物馆、住宅私室、新产品与新科技展览会、珍贵文物展览馆等处，应严忌随意拍照。在被允许的情况下，对古画及其他古文物进行拍照时，严忌使用闪光灯。凡在"禁止拍照"标志的地方或地区，人们应自觉忌讳拍照。在通常情况下，应忌讳给不相识的人（特别是女子）拍照。3. 涉外活动卫生忌：（1）个人卫生：忌蓬头垢面,忌衣装鞋帽或领口袖口不洁。在正式场合,忌讳挖眼屎、擤鼻涕、抠鼻孔、挖耳秽、剔牙齿、剪指甲等不卫生的动作。患有传染病的人严忌参加外事活动。(2)环境卫生:切忌随地吐痰、乱弹烟灰、乱丢果皮纸屑或其他不洁之物,忌讳把雨具及鞋下的泥水、泥巴等带入室内,忌讳把痰盂等不洁器具放在室内醒目的地方。

(三)中国礼仪文化的意义与规范

中国的"礼乐射御书数"传统六艺中,"礼"字第一。子曰:"不知礼,无以立也。"充分说明了中国人重视礼仪的传统。其实,礼貌、仪表、风度是反映一个人文化素质和修养高低的重要方面。《礼记》中认为:人与动物的根本区别不是语言的有无,而是礼,礼是文明与野蛮的区别。我们的公民应做到:1. 尊老爱幼。2. 礼貌待人。3. 仪容整洁。4. 语言文明。5. 规矩适宜。人们把那些在礼仪上不拘小节的人,认为"潇洒";把身穿奇装异服,口讲粗话的人,认为"有个性"。坐没有坐相,站没有站相,吃没有吃相,穿着邋遢,见了尊长连个招呼都不打,麻烦了别人连句感谢话也不说,在公共场所目无他人、任意所为,这都是没有修养的表现。作为当代大学生,我们应该具有良好的礼仪,正所谓"乐所以修内也,礼所以修外也。"学习礼仪文化有助于我们自身修养的形成,对我们以后的学习工作都很有好处。

三十一、雅文化与俗文化

有人认为:中国古代,琴棋书画,谓之雅;杂耍打斗,谓之俗。"雅"与"俗"是相对而言的,没有绝对的分界线。"雅"或"俗"本身是对文化现象品位的一种描述和判断,它以文化产品和文化行为的质量为中心,并不是对文化主体(精英或大众)的界定,不应该将二者轻易地等同或混淆。

有人认为:雅文化,是由专门从事文化生产的知识分子在劳动群众创造的基础上实行再创造或最后成型而造成的文化财富,它基本上是以理性形态、社会意识形态和书面著作形式出现在社会上层的、格调较高、加工较细的文化成果。它包括科学、技术、政治、法律、道德、文学、艺术、宗教、哲学以及其他文化方面的理论、观念和著作。俗文化,是由普通群众在日常生活中创造、拥有和享用的比较粗糙、比较直观的文化。

(一)中国古代雅文化与俗文化

1. 中国古代雅文化:(1)琴,中国最古老的乐器之一。士林聚首,抚琴吟咏,相互唱和,是一种高雅精神享受。士人独居,读书作诗疲倦之时,抚琴静养,可以调节身心疲倦。所以琴是一种学识、气质、品味的象征。(2)棋,指围棋,古代称为"弈"。历代名士多乐"棋"不疲,不少文人笔下都记载了玄机莫测、雅趣盎然的弈棋场面。(3)书,中国传统文化中的一朵奇葩。包括篆书、隶书、楷书、草书、行书等。历代专攻书法、卓然成家而名重千古者不乏其人,如王羲之。但更普遍的是许多读书人常以书法自娱自乐,陶冶性情。(4)画,分为人物、山水、花鸟等类别。中国画重想象求神似,无论泼墨写意还是鉴赏品玩,都要求具有神韵、含蓄、象征、意境的个人审美品格,这是画的大雅之所在,也是诗、书、画往往浑为一体的根本原因。(5)中药名称的雅文化:萝卜籽称莱菔子,来自《诗经》;蚯蚓,叫地龙;僵蚕,叫天虫;橘子皮,青的叫青皮,老的叫陈皮;益母草叫坤草,等(见《读者》2010年第1期《本草·莱菔子》)。(6)雅文化还包括歌舞、养花、品茗、收藏等。

2. 中国古代俗文化:俗文化主要体现在平民百姓对酒,玩鸟斗虫,赌博游艺等的偏爱。劳动之余,他们以此调节生活,寻找娱乐。(1)饮酒。原是一种雅俗共享的娱乐,后更为俗化。感情相投的人聚在一起,一人有愁,壶酒相助,大家分忧;一人高兴,举杯相庆。聚饮中最热闹的是民间遇喜事、逢节日喝喜酒。单影只身时,自酌慢斟,让人世间的忧患和不平在酒中化为乌有。(2)玩麻将。古代叫博弈戏,后来演变成叶子戏、马吊牌和纸牌,清末发展成正宗的麻将。因为麻将具有很强的趣味性、娱乐性和益智性,所以深受人们的喜爱,流行广、影响大,自古以来就是中国人最盛行的娱乐形式之一。但是,麻将又是一柄双刃剑,很容易以麻代赌,赌博成瘾,玩物丧志。(3)还包括杂技、魔术、驯兽表演、口技、相声、木偶戏、套圈打弹、武术、荡秋千等等,形式多样。俗文化以消遣和娱乐为主要功能,正是这种来自于广大民众的"俗",才使其比雅文化更有鲜活力。

(二)当今时代的雅俗观

在我们的潜意识中,视古为雅,以寡为雅,以远为雅,以静为雅,以庄为雅,以虚为雅。但是,一个不可忽视的问题就是我们提到的"雅文化"的同时,也不得不提到"俗文化",因为绝大多数人认为"雅文化"和"俗文化"本来就是冰火两重天,"雅俗共赏"只不过是说的好听而已。

然而文化并无雅俗之分,至少一开始并无雅俗之分,像具有"雅文化"代表的《诗经》如今已经放在象牙塔中,供学者专门研究。从古到今,每个时代都有自己的"文化",每个民族也都有自己的"文化",能不能保存下来,历史就是最好的筛子,但是也有一定的潜规则,就是到底何为"雅文化"? 评价"雅文化"的标准是什么? 揭晓这个答案,让我们不得不重新提到"俗文化",因为"俗文化"的价值会随着时间的推移而升值。

　　《诗经》对当今社会来说,无疑是一种高雅的文化,但是当时 15 国风中的 160 首诗,都是一些民间的地方歌曲,当时的宫廷派官员"采风"从民间收集的诗歌,这些诗是被孔子用"一言以蔽之,思无邪"的儒家正风俗,按常情,重民心的文艺标准选定的,三千多首诗只选了 305 首。由俗到雅,自然的得以提升,无非是这些诗表达了人之常情,并且达到了纯净的精神境界,如孔子所说:"一言以蔽之,思无邪。"在民间,雅与俗同时存在,文人们把他们提取出来,才有了雅俗之分。

　　事实上,从四大名著《西游记》《三国演义》《水浒传》《红楼梦》,我们谁能说这些是雅文化还是俗文化呢? 如果说描写皇亲国戚贵族生活与爱情悲剧的《红楼梦》是雅文化的杰作,但作者已经沦落为平民,"举家食粥酒常赊",最后中年早逝。如果不是大起大落的悲剧性命运,落了个"满纸荒唐言,一把辛酸泪",作者也许写不出荡气回肠,催人泪下的《红楼梦》。《三国演义》《水浒传》《西游记》最早则是源于民间的艺人的说话与元杂剧的传布,经过了几百年的流传,与平话、杂剧的加工改造,被罗贯中,施耐庵,吴承恩进行了艺术整合,高度的艺术概括与加工整理而成为不朽的经典名著。

　　文化的"雅俗高低"是要在每一次的创造中具体的显现和接受批判的,并不是固定不变的专利,历史证明,不管是大众文化、雅文化还是俗文化,这些都是我们中国传统文化的瑰宝,应该说,不论是大众的还是精英的文化,都有自己的"俗"和"雅",都有自己从低向高,从浅入深,从粗到精的发展提高的过程。

　　当前,什么文化都会有自己的精品,都会有自己的高贵和优美,而文化也难免不出粗俗之作,也有它的俗气,无聊与平庸,只有凭借理想的境界,创造的智慧和精心的劳动,而不是凭借某种身份与高人一等的地位,才能产生艺术精品。《刘三姐》中的书生怎能赛过来自大自然与丰富多彩的现实人生中的歌仙刘三姐与众人的智慧呢?《刘三姐》就是民间文化中涌现出的精英文化与雅文化。其精神正是《诗经》中的国风精神!

　　伴随着整个社会向市场经济的转型,在文化领域出现了"重心下移"的趋势,大众文化的文化需求量日渐成为市场的主导力量,在时间就是金钱的观念支配下,在人人为就业问题而困扰的情景中,人们不可能坐下来对艺术精雕细刻。精英文化难免在市场上会受到某种程度的冷落,所以在这个"文化世俗化"或"俗文化泛滥"的时代,我们更应该来捍卫我们的雅文化。到了人们进入精益求精的层次,俗文化也会变成雅文化。大众文化也会成为精英文化,当今的流行歌曲与流行服装,特别是那些拥有众多粉丝的令人震撼,发人深思,又感动人心,被大众喜爱的艺术精品,为什么不能成为雅文化的一部分呢?

三十二、中国民俗文化

（一）民俗文化的定义

民俗是指人民受一定区域环境的影响，在生活生产方式、语言、习惯、饮食、情感、信仰等方面，互相影响、适应或创造的文化，民俗文化是指普通人民的生产生活过程中所形成的一系列物质与精神的文化形式。

（二）民俗文化的种类

主要有：传统文化（指精神气质）；传统艺术：泥人，年画，对联，剪纸、刺绣、皮影，木偶剧、相声，各种地方戏曲、东北二人转；武术、摔跤、马术、杂技；少数民族的载歌载舞、灯谜、民间故事等等；服饰文化；民俗礼仪；饮食文化；婚育习俗；游艺文化；风水与巫术；姓氏文化等来表现古代人民社会生活的丰富多彩。

1. 传统节日

中国的传统节日形式多样内容丰富，是我们中华民族悠久的历史文化的一个组成部分。如冬至吃饺子不冻掉耳朵、南方叫吃馄饨；吃汤圆等；腊八粥；年前23祭灶官，吃麻糖粘老灶爷的嘴，不让他在上天说人间的坏话。还有一年一度最热闹，仪式也最隆重的除夕守岁、春节联欢，元宵灯火；到了农历二月二，民间称这一天龙抬头，象征着春回大地万物复苏，又叫"春龙节"。普通人家在这一天吃面条、春饼、猪肉等。如吃水饺叫吃"龙耳"，吃春饼叫吃"龙鳞"，吃面条叫吃"龙须"，吃米饭叫吃"龙子"，吃馄饨叫吃"龙眼"。

八月十五中秋节在我国是一种十分古老的习俗。宋时，形成了以赏月活动为中心的中秋民俗节日，正式定为中秋节。中国人爱热闹，传统节庆的各项游艺活动最为常见的就是舞龙与舞狮了。民间常见的游艺也很多，如跑旱船和踩高跷，苗族的芦笙舞等。演绎着独具特色的民族文化。还有九九重阳节登高赏菊。

2. 服饰文化

服饰是人类特有的劳动成果，它既是物质文明的结晶，又是精神文明的象征。例如旗袍，从20世纪20年代至40年代末，大城市旗袍风行20多年，款式几经变化，让女性体态的曲线美充分显示出来，正适合当时的风尚。

汉服，既汉族服装的简称。主要指明末以前，在自然的文化发展和民族交融过程中，形成的汉族服饰。少数民族服装更是花样繁多，异彩纷呈。改革开放以来的服装业更是空前繁荣：中西荟萃，质量上乘，流行的时尚服装更是一年一新，休闲服装千姿百态。

3. 民俗礼仪

礼仪即礼节与仪式。礼仪起源于鬼神信仰的各种仪式,后来发展为政治制度与等级制度,人际交往的各种相关规定,"三礼"(《仪礼》《礼记》《周礼》)的出现标志着礼仪发展的成熟阶段。地方礼仪各有特色,当今的礼仪与社会的道德文明相适应。

4. 饮食文化

饮食则成为民俗生活中不可或缺的重要内容,可分为饮、食两部分。茶是中华民族的举国之饮,还有酒,早在战国时期,人们结婚时就有喝交杯酒的习俗。饮食有很多讲究,不同时节饮食有不同的内容,并与养生结合起来,花样繁多,有的还具有象征与纪念意义,代表着特殊的文化内涵,如中秋节吃月饼以示团圆,端午节吃粽子纪念屈原。

少数民族的饮食也各具特色,维吾尔族最有代表性的食品是烤羊肉串和手抓饭等。

5. 婚礼习俗

不同的民族婚礼习俗也迥然不同,各有特色。如满族婚礼,订婚两种形式:一是自由恋爱,二是托媒人为子女订婚。不少地方用红枣与花生象征早生贵子。

6. 风水与巫术

风水也是一种相术,古人称作堪舆,它是根据宅基或坟地四周风向水流等形式来推断住地或墓地的福祸吉凶,俗称"看风水"。风水习俗过去大到城郡县衙,小到百姓家室,墓地选择都要择请风水先生来策划一番,寻找吉地。巫术是企图借助超自然的神秘力量对某些人、事物施加影响或给予控制的方术。如山西民俗的收魂术:人们因惊吓而紧张发抖,神色恍惚,这其实是一种生理反应,但在民间却认为丢了魂,因为人们相信人的肉体和灵魂是可以分离的,丢失了灵魂还可以找回来。招魂与降神做法都是巫师们经常使用的办法。

7. 姓氏文化

中国科学院遗传与发育生物学研究所袁义达副研究员经过多年的收集和研究,发现中国人古今姓氏已超过 22000 个(百度网,中国姓氏有多少?),其中包括少数民族的汉译姓氏。现代的姓氏大部分是从几千年前代代相传下来的,主要有以下几类:

①以母姓为姓氏:母权制氏族社会以母亲为姓,所以诸多姓是女字旁。如姜子牙,父姓吕,又叫吕尚,姓母性,标志着母系社会的遗存在西周初期仍有表现。

②以国名为氏:如我们所熟悉的春秋战国时期的诸侯国:秦、齐、鲁、晋、楚、

邹,皆成为今天常见的姓。

③以先人的字为姓氏。

④以官职为氏:如司徒、司马等。

⑤以居住地为姓氏。

⑥古代少数民族融合到汉族中带来的姓;西域、沿海诸国融入中原带来的姓,如:海、米、康、胡、安、史、毕、穆,等等。

中国传统文化之源远流长,博大精深。古代传统民族文化,至今仍无时无刻不影响着我们的生活,而存在于每一细微处。

(三)中国民俗文化的主要特点

民俗文化是民众的生活文化,它与民众所处的特定的自然、人文环境紧密相关。中国传统社会是以农耕为主业的社会,还是一个多民族国家,中国民俗具有独特的民族气质。中国民俗文化特征主要有以下表现:

1. 多元性与复合性

中国民俗因为民族文化的关系呈现出多元复合的性格特征。56 个民族文化处于独特又共处的状态。各民族文化在不断融合中,又保存着各自的民俗特性,从而丰富了中国的民俗文化。中国民俗的多元性不仅体现在各民族不同习俗上,还表现在中国统一的地域空间内及在不同历史阶段中,共存着不同性质的民俗文化。

多元性与复合性紧密相关。中华文化向以厚德载物、包容四方的浩然之气著称于世。自古及今,民族文化的融合,首先是民俗层面的接纳,汉俗中复合了不少少数民族习俗,赵武灵王的"胡服骑射"即为一例。

2. 阶层性与地方性

处于社会中下层的广大民众,是民俗文化的主要创造者和承载者,中下层社会内部亦有着民俗差异。农民与手工业者是物质财富的直接创造者,因此形成了淳朴、节俭、勤劳的民俗本色。中层社会的商人与城市平民,在行业的竞争与酬对中,他们逐渐养成铺张、浮靡、好新慕异的风尚。而居于社会支配地位的达官贵人,追求的自然是华贵与奢侈。但传统文化中的美德:勤奋节俭慷慨好客又有共同之处。民俗文化又显现出浓烈的地方特色。所谓"十里不同风,百里不同俗",受地理环境、人们谋生方式与历史传统的影响和制约。

3. 神秘性与实用性

民间传承着大量古老风习,"万物有灵"的原始观念依然浓烈,民俗事象大多蒙上了神秘色彩。如佛、道二教的传播与流行,尤其是道教对民俗生活的介入,钟馗捉鬼是民间有名的传说;使中国传统民俗的神秘色彩更为浓厚,其次还有地方宗教,如"萨满教"与古老的巫风有密切联系。实用性是中国民俗最本质的特点,民俗服务于人们的生产与生活,具有功利性特点。不仅表现在信仰心理方面,更重要的是许多民俗活动在民众实际生活中发挥着效用。

4. 稳定性与变异性

民俗文化因其传承的特殊性,在日常生活中人人相袭,代代相传,具有相对稳定性。如家族观念、节日传统、仪礼习俗;也随着时空的变化不断地发生变化,形成了变异性特征。一般有3种情况:表现形式的变化;民俗性质的变异;旧俗的消亡。有许多陈规陋俗不利于发展,自然会被民众所抛弃。

三十三、中国民居文化

中国哲学强调人与自然的和谐相通,即儒家的"天人合一"与道家的"万物与我为一"思想。这种思想集中体现在中国传统建筑艺术的追求上。数千年来的建筑形式,万变不离其宗,都讲究占尽天下形势,归根结底就是追求八个字:造化之内,天人一体。这种建筑文化是中华文明的精髓所在。中国传统建筑的传奇里程碑——民居,就是在遵循了传统建筑追求的基本规律下,充分发挥了五花八门的地方特色及不同风情的民俗,造就了不同地理环境和民族风俗下的民居文化。

(一)端庄秀丽、恬静舒适的四合院

中国人的文化中一直有"天圆地方"的观念,"天圆"即是天、神的象征图像,故明清留下的祭天神坛是圆形的,而北方民居的代表,以中轴线对称布局为四四方方或长方形的四合院则为"地方"的实证。

中国人非常迷信风水学和八卦方位,讲求风水宝地和吉祥朝位。正规的四合院一般走向东西而坐朝南北,大门位于院落的东南角,这种格局在风水学说能为居者招来财运。四合院分有前后两院,有正屋及厢房的区别。正屋位置居中,在整个主群的中轴线上,最为尊崇,一般是整个房子光照通风及风水最好的,作为接见家庭贵客和举行家庭礼仪的地方,也有作为父母的居所,讲求的是父尊子卑。正屋东西两侧是对称的厢房,这是子孙辈居住的地方,正屋与东西厢房的室内陈设多有辈分等级之分。中国封建社会宗法观念有男女之别,家庭居住亦是如此,因此有内宅与外宅之说,区分四合院内外宅的是前院北端的"垂花门",它位于南北向中轴线上。垂花门内就是四合院的主庭院,四合院主庭院方阔,在各屋前都栽种有花木,宁静亲切,环境悠然。

(二)质朴敦厚、冬暖夏凉的窑洞

居中在黄土高原上的人们从骨髓里都渗透出对黄土的热爱和眷恋感情。人们在黄土高原又深又厚,立体性能极好的黄土层上打个洞,用泥土平面,就造出西北人们赖以生存的栖居之地:窑洞。

窑洞穿凿在黄土层中,多有数个门,门旁开个小窗,门上挂个布帘,掀帘而入,别有洞天,窑洞里冬暖夏凉,保温隔音效果非常好,处处体现出西北粗犷中的丝丝细腻。特别一提的是,窑洞还防火,这在干燥的西北是尤为可贵的。在窑洞的四周还筑有一个蓄水池,专门用来储存稀少的雨水,在雨水贵如油的西北这是必须的。有些靠山窑需要先用石块砌成窑洞顶部的拱形洞,在上面覆于厚厚的黄土,显得更坚固,立体效果更好,美观又大方。住在窑洞里的人们,要经常平整土层,拍实窑顶泥土。窑洞顶上,四周也要随时清理,不能长草,不然若窑顶常年长草,窑洞会存在塌跨的危险。

窑洞节省土地,经济耐用,是黄土地上的人们天人合一的写实与象征,黄土地上的炎黄子孙是勤劳智慧的,他们爱这土地,爱得深沉,才创造了黄土高原上沟壑粗犷的灿烂建筑文化:窑洞。

(三)雨声中的壮家风情

位于广西丘陵山地中的壮家人们,具有自己独特的房屋。南方多水多山,树木青翠,生活在这一带,南北不好分辨,壮家的房屋多没有统一的朝向方位,错错落落,同一个家族的房屋大多都是相向而对。

壮家房屋大多是由当地烧制的灰色砖块搭建,明显特征是高大、宽广。房屋内部用木板分隔成两层,里面有由木做的坚固厚重的梯子相连,梯子讲求耐用,一般都可以用上五六十年。隔开的上层住人,是用木板隔成数间房间,一家老小都住在一起,房子的下层用途很多,大多人家是储存粮食,堆放杂物,有些人家则是用做饲养牲畜的地方,这种分层居住是因为南方气候潮湿,以此与地下水汽隔开。

南方多雨水,故房屋的挡雨要很好,房顶是由弧形的灰瓦片搭遮,瓦片的摆放是请专门的瓦匠摆放,流水性很好,房前都有一条与各家相通的道路,由山石板铺就,当雨水倾盆,瓦上的水击打在石板上,别有一番韵味。壮家的房屋一两年就要请人修一次瓦片,大概修一整天的时间,否则,长时间的不动,瓦片与瓦片之间会松动,屋里就漏水。壮家的房屋还有一个特点,就是起卧的房子与厨房是分开的,壮家人的厨房是另建一间小瓦房,坐落在正房屋的旁边。相比大小明显。丘陵地带的壮家村落,整体看来各有各的不同,在群山的凹洼里错落有致。雨水来时,雾雨朦胧中,瓦韵婉转,美不胜收。

(四)似梅花怒放的客家土楼

福建西南、广东东北的崇山峻岭中,点缀着数以千计的客家人的土楼,客家人依山而住,偎翠而息,其土楼犹如现代的体育馆般庞大巍峨,如雨后粗壮的春笋、蘑菇,苍朴恢弘,绚丽多彩,威严壮观。客家土楼形状各异,有圆形的,椭圆形的,和方形的,其中,以圆形土楼为主。客家人居住在深山里,造就如此庞大的土楼,客家先民是以保护家族安全和团结子孙后代为出发点的,这种巨大的圆形古堡土楼,重于防卫。土楼占地面积大,由同心圆两三环组成,外圈达到十多米高,坚不可破。内部分为上下三层组成,每一个土楼的格局很统一,第一层为厨房,第二层为仓库,三层才是客家人的卧房,这种分层是根据多雨水,空气潮湿的考虑。一座圆形土楼,大概可以住下几十户人家,相当于整个家族的几百口人,家族间没有高低贵贱之分,都是平分每家一个房间。客家土楼里的每户人家是由走廊相通,圆形的房屋里有座露天的八卦形的八角祖堂,与土楼大门同在一条线上,一般是家族节日活动场地,所有的家庭都可以在圆形的走廊上观看,热闹非凡。客家土楼坐落在深山里,从山顶俯瞰,犹如山谷怒放无数的梅花,方圆错落,美轮美奂。

(五)碧草连天,美丽如珠的蒙古包

天苍苍,野茫茫,风吹草低见牛羊,位于中国脊背的内蒙古一望无垠,蓝天、草地、白云,孕育了豪放的一代天骄。在蒙古高原上,北风凛冽,点缀着适合我国游牧民族居住的蒙古包。蒙古包外观为白色的帐篷,整体是圆形的,圆顶上凸,四周和顶由一层或多层的厚毡毯裹住。内部顶高3—5米,居住在里面也不觉得窄小。蒙古包有大门和一个天窗,大门一般朝南或东南。从外看,蒙古包像绿草地上圣洁的白珍珠,十分壮观耐看。蒙古族人是游牧民族,经常迁移放牧,所以蒙古包的建造和拆迁都很方便简单,携带轻便且制作简便就是它最大的特点。

蒙古包看似只是由木质支架和毡毯围成,但它的御风性很好,抵御蒙古高原上的寒风很有效用,这得利于其形状和材质,圆形外观,受风面小,减少受风压力,多层厚毡毯,透风性很小,风刮不进。蒙古包,牛羊群,策马急飞的蒙古族人,构成了我国绿草地上的绝美画卷,令人神往。

中华民族是一个拥有五千年悠久历史、56个民族的国家。在漫长的岁月里,先人们利用当地特有的地理环境,结合对自然的尊崇及中国人的共同思想,积累了丰富的建筑经验,创造出灿烂的、具有地方特色和民族风俗的民居,这种承载了风雨飘摇的历史的建筑民居,让我们今人叹为观止,从心底感叹,前人的智慧不容小看啊。

三十四、客家文化

客家,是中华民族大家庭里重要的一员,是中国汉族一个庞大的民系共同体,形成历史悠久。关于客家文化的研究,历来备受关注。客家文化是中华文化的一部分;是以汉民族传统文化为主体、融合了南方土著文化而形成的一种多元化文化;是这个群体在特定历史条件下、在其形成和发展过程中为适应和改造生存条件而创造出来的全部物质文化与精神文化之和。客家文化具有朴实无华的风格,务实避虚的精神和返本追源的气质,内容主要包括:历史文化遗迹、客家话、饮食文化、民俗文化、客家建筑、风水文化和民间文艺等。

（一）客家源流

客家民系总的来说是孕育于唐,成熟于宋,发展于明清。公元四世纪魏晋南北朝时期,中原地区战乱不息,灾荒频繁,成千上万失去家园的灾民往较平静富庶的南方逃亡,到了宋末至清代中期才逐渐在福建、江西、广东、广西、湖南、四川及台湾等地定居下来,其中有一部分则渡海至欧美等地。"先到为主,后到为客",相对于本地人而言,流落南方的汉人就是外来的人,故称"客人",后来通称为客家、客家人。由此可见,客家并非是一个民族的概念,而是我国中原汉民族的一个分支。

（二）客家人的分布

客家,是汉族在世界上分布范围最广阔、影响最深远的民系之一。如今,中国境内的客家人大概有七千万,主要聚居在广东、江西、福建、四川、广西、湖南、海南、台湾、香港与澳门等地,其中,广东、江西、福建更是分布着不少纯客家县。陕西南部、河南南部也有不少从闽、粤、赣客家地区返迁的客家人,有不少客家住区。中国境外的客家人遍布世界五大洲的近百个国家和地区,所谓"有海水的地方就有华侨,有华侨的地方就有客家人"。

（三）客家方言

一个民系成立的重要因素之一就是有共同的语言。客家民系的共同语言(母语)既是客家方言,又叫客家话,属于汉语七大方言之一(汉语七大方言包括:北方方言、吴方言、湘方言、赣方言、客家方言、闽方言、粤方言)。客家话是客家文化最显著的标志之一,被称为"唐宋中原古汉语的活化石"。根据内部的差异,客家话大致分为三个类型:以长汀话为代表的闽西话;以梅州为代表的粤东客家话;以赣县蟠龙话为代表的赣南客家话。客家话成了维系全世界客家人的重要"纽带",不少阔别故土的多年海外客家人都以"乡音未改"为荣。

（四）客家建筑

客家居民建筑的风格和形式,在不同历史时期和不同地区有不同变化,有圆寨、围龙屋、走马楼、四角楼等,其中最具代表的是围龙屋,其与北京的"四合院"、陕西"窑洞"、广西的"杆栏式"、及云南的"一颗印"合称为我国最具乡土风情的五大传统住宅建筑形式,被中外建筑学界称为中国民居建筑五大特色之一。最小的围龙屋面积也在上千平方米,大则上万米。有抵御当地人欺侮、防止匪盗侵扰之功。

（五）客家饮食

客家人的饮食与汉族其他地区很多相同或基本相同,而又由于本民系发展有其独特的地理条件、历史背景等,故而造就了别具特色的饮食文化。

"逢山必有客,无客不住山"。客家人居住的地方大多是被大山包围的丘陵山地,这里山高水冷,地湿雾重,食物宜温热,忌寒凉,故多用煎炒,少吃生冷。虽然容易上火,但客家人却普遍爱吃香辣食物,且偏咸、油。客家比较有特色的菜肴有:酿豆腐、酿春卷、梅州扣肉、白切鸡、簸箕饭、擂茶、东坡肉等。

（六）客家民俗

客家民俗节日热闹而朴实,大部分节日跟全国各地的传统节日大同小异,保持了许多中原古风,但也有很多区域性的节日风俗,如过年时的点年光、姐妹节、牛王诞等。客家人在婚俗、丧葬等方面有很多繁文缛节,如婚姻形式都依照古制"六礼"。即"说亲、定亲、报日子和送聘礼、盘嫁妆、接亲与送亲、拜堂与吃面碗鸡";二次葬是最具特色也是最普遍的客家葬俗二次葬,全称"二次捡骨葬",指人死后第一次安葬时选址、仪式等较为简单,待若干年后,择吉日开墓地、拾遗骨、贮骨坛并于吉时吉地再次安葬,体现了客家人的祖先崇拜和孝道观念、灵魂观念以及浓厚的生命意识。客家人好唱山歌,在广东民歌中,数量最多、影响最大、艺术最臻完美的应首推客家山歌,有《诗经》遗风的天籁之音。客家山歌除了受先秦时代流行的中原古名歌的影响外,也吸收了江南民歌的新血液,灌注了南方的生活内容和情调。客家山歌语言平白,情感直露,多用赋比兴手法,如"落大水,发大风,刘三妹嫁老公,嫁去哪里? 嫁去石岩窿,吃嘛改菜? 吃鸡爪捞虾公"。

（七）客家名流

不管是古代,还是近现代,客家人都在扮演着一个又一个重要的角色,甚至影响深远、震惊中外。宋、明之际正好是理学兴盛的时期,加上客家地域是宋、明理学的主要传习地,宋明理学的几位主将均是客家人,如北宋的杨时、南宋的朱熹、陆九渊,明代的王阳明及其四大弟子(何廷仁、黄弘纲、何春、管登)、陈白沙、湛若水等都是,他们的理学建树,对后世影响非常大。清代客家名人有著名外交家和诗人黄遵宪、著名诗人和书法家宋湘等。宋代的抗元英雄文天祥、明代抗金英雄袁崇焕都是客家人。领导轰轰烈烈的太平天国运动的领袖洪秀全及其麾下五王(东王杨秀清、西王肖朝贵、南王冯云山、北王韦昌辉、翼王石达开)都是客家人,军中的大部分士兵也是客家人,其中的娘子军更是由客家妇女组成。革命时期,辛亥革命领袖孙中山及其左右手:廖仲恺、黄兴、谢逸桥、邹鲁、姚雨平、朱执信、胡汉民、邓仲元、丘逢甲、宋庆龄、等都是客籍人。日本人山日县造著《客家语中国革命》评说:没有客家,便没有中国革命,换言之,客家的精神,是中国的革命精神……"由此可见,客家人在中国革命时期的发挥的作用影响之大。此外,国民党将领张发奎、薛岳,新中国原全国人大委员长、元帅朱德、叶剑英、叶挺、杨成武,原全国人大副委员长郭沫若、王首道、陈丕显、卢嘉锡、张鼎丞、廖承志等都是客籍英雄豪杰。客籍伟人邓小平带领中国人民走进了改革开放的新时代,翻开了中国的新篇章。侨居海外客属华人华侨当上国家元首的有新家坡原总理李光耀,马来西亚首任国王叶莱,南美圭亚那前总统钟亚瑟、千里达总督何才、原缅甸总理尼温、原泰国总理他信、曾任悉尼市副市长的曾攸龙等,他们在执政期间,在弘扬中华文化和客家文化方面做了大量工作,他们将被人们永记于心。

还有很多的客家名人未摘录在此,但他们都有很多值得我们学习的地方,是他们,让客家人扬眉吐气,更让客家人深深地知道自己肩上的责任。

（八）客家文化特征

在漫长的辗转迁徙和定居过程中,客家人形成了自己显著特征的客家文化。一、为了适应当地的地理、气候条件,形成了护林、狩猎和农耕相结合的经济模式;二、在礼仪上客家人遵循周朝的旧制,同时又和侨居地和聚居地的习俗相融合,如重视"四季八节"的习俗惯例;三、在这闭塞但富饶的土地上,客家人形成了重视礼仪、迷信神灵、崇拜祖先的文化心理特征,同时又具有坚强、勤劳、团结、进取、重节、自卫的精神气质;四、在语言上保留了中原古汉语特征,形成了客家方言语系。

古今中外,对客家文化的研究名家百出。懂得客家文化,有助于我们更好的理解汉族文化,从而很好的研究中国文化。

三十五、中国绘画艺术

中国文化博大精深,绘画艺术更是源远流长,从最初的岩画,陶绘,壁画,画像砖,再到卷轴画,扇面,构成了琳琅满目的绘画史长廊。从先秦两汉时期,开启了传统绘画的基本样式。魏晋南北朝时期,朝代更替频繁,文化思想活跃,绘画艺术得以蓬勃发展,卷中画开始兴起;出现了开宗立派的专业画家,书法家,绘画理论研究也开始发端。隋唐五代绘画对前期绘画艺术有所融合并发扬光大,南朝的华美与北朝的雄浑相结合,孕育出豪放的特征,是我国绘画走向成熟的时期。宋代是我国绘画艺术全面成熟的时期,全国宫廷绘画的兴盛,职业画家的活跃,文人作画的雅趣,使画坛非常活跃,画风多样,题材众多,绘画作品丰富而精致;皇帝赵佶(1082—1135 宋徽宗)本人即痴迷于绘画,上行下效,手下人到各地为他收集"花石纲",不理朝政,腐败官吏把持朝政,最后导致农民起义,可见一斑。元代文人画家多因怀才不遇而逃避现实,以绘画寄托性情,抒发忧愤,因此文人画成为绘画主流。明代绘画出现许多区域性画家和流派,创造出各具特色,蕴藉风流的艺术流派及艺术成就;清代画坛风格多样,文人画形成巨大潮流,讲究诗,书,画,印结合,风格上提倡"士气",贬斥"匠气",既师法造化,又抒发个性。

中国古代著名十大画家:1. 顾恺之(晋 346—407,无锡人,是对中国画保持影响的第一位画家)。2. 吴道子(唐 686—760,河南禹县人,表现衣褶,圆转而有飘举之势,北宋郭若虚在其《图画见闻志》中称之"吴带当风"。寺观壁画多流行"吴家样")。3. 周昉(唐、仕女画之冠)。4. 荆浩(五代·后梁,创造了全景山水的基本模式)。5. 倪瓒(无锡人,1301—1374,开创了水墨山水的一代画风,在绘画史上被列为元代中后期的"元季四大家"之一,又被当代评为"中国古代十大画家"之一,英国大不列颠百科全书将他列为世界文化名人)。6. 米芾(1051—1107 北宋,创米家山水)。7. 赵孟頫(元,1254—1322,创造了中国书画的雅文化,读赵孟頫的作品,就是品一杯香茗,听一段丝竹,享受一种心灵安静的状态,在他之后,南方的娟秀文化渐渐成为中国画家心目中的文化主流)。8. 八大山人(朱耷,明末清初,明宁王朱权后裔,与弘仁、髡残、石涛并称为"清四僧"。绘画创造上的最大特色,是简练单纯而寓意深邃。对吴昌硕、齐白石有影响)。9. 石涛(清,1642—1707。中国画发展到石涛,已经到了变幻无穷的境地,但他的理论更好,他的《苦瓜和尚画语录》可以说是中国绘画理论登峰造极之作)。10. 郑板桥(清 1693—1765,扬州八怪之一,江苏兴化人,工诗词书画,擅花卉木石,尤长兰竹)。

近现代画坛涌现出一批杰出画家,以吴昌硕,陈师曾,齐白石,黄宾虹,潘天寿为代表的画家,坚持传统绘画,借古开今,创造出雅俗共赏的风格。以徐悲鸿,林风眠,刘海粟为代表的画家,引进西方艺术,实行中西合璧,将生命体悟融入艺术创作中。以张大千,傅抱石为代表的画家,借助西方技法对我国绘画技法进行改革,留下了可贵的足迹。

与西方绘画相比较,我国绘画更讲究"画为心声",画家于笔墨勾勒挥洒中,或抒志向,或富情趣,或寓禅意,表现清高人格,表达或淡泊,或失意,或激愤的情怀。所以读中国绘画艺术史,也是在倾听中国文人士大夫的心声,体悟中华文化与民族心里之间的联系。忧患之时的感伤,亡国失地之时的悲愤,太平盛世之中的淡泊宁静,都是中国文人士大夫表现在绘画艺术中的心灵绝唱,是中华民族宝贵的精神财富和艺术精华。中国的绘画艺术精彩纷呈,从古至今,涌现出无数优秀的艺术家,往后还会有更多的大家出现。我们一定要好好保护我们的文化财产,将其发扬光大。

三十六、中国园林文化

中国园林像诗,因为它含蓄;中国园林像画,因为它耐看;中国园林既不是诗,也不是画,而是由自然与人工巧妙结合的生命体,一年四季都蕴涵着勃勃生机。它体现出一种模仿自然艺术的完美境界。

（一）中国园林的发展历史

1. 生长期:"中国古代园林起源于帝王狩猎的'囿'和神话里'台'。首先出现的是皇家园林,最早的皇家园林是殷商纣王所建的'沙丘苑台'和周文王的'灵囿'"。不仅可游可居,也祭祀神灵。

2. 转折期:"魏晋南北朝时期是古代园林的重要转折。风景式园林由单纯模仿自然山水向高于自然山水方向发展"。这一时期的特点是民间私家园林异军突起,寺观园林开始兴盛。形成私家、皇家、寺观三足鼎立局面。

3. 全盛期:隋唐是古代园林发展的全盛时期,这一时期私家、皇家、寺观园林的发展达到鼎盛。

4. 成熟期:从宋代到清代雍正年间是古代园林的成熟前期。园林创作逐渐向写意化转化。从乾隆到清末是古代园林的成熟后期。皇家园林全面引进民间的园林建造技艺,形成南北园林艺术的大融合,形成北方、江南、岭南三大地方风格鼎峙局面。

5. 现代园林:随着改革开放的深入发展,人民生活的不断提高,旅游业的蓬勃发展,越来越多的园林被开发成旅游景点,同时也建造了许多新的园林景观,如深圳的世界之窗,昆明的世博园等等。这些都极大的提升了城市形象,促进了经济的发展。

（二）中国园林的艺术内涵

1．"本于自然，高于自然"的艺术手法。是中国园林的创作主旨。目的在于采用艺术手法创造一个典型、概括、精练而不失自然的环境。

2．建筑美与自然美的融合。园林中建筑与山、水、植物的有机组合使各种造园要素彼此协调、相互融合从而在总体上达到一种人与自然高度和谐的完美境界，一种天人合一的哲理境界。

3．诗画的情趣。园林常融诗画艺术于创作之中使园林从整体到局部都包含着浓郁的诗画情趣。如开封的清明上河园，就是根据张泽端的《清明上河图》建造的，具有很强的历史价值、美学价值、旅游价值。

4．意境的蕴涵

人们从园林中所领略的不仅是眼前所看到的景观，而且还有在人们的头脑中不断闪现的景外之景，人们随处皆能触景生情。像承德的避暑山庄，几乎成了长城以北的塞外江南，把苏杭园林、西湖美景，镇江金山寺，都"搬"到山庄之内，皇家宫殿也"搬"了进去，几乎让人联想起故宫。还有外八庙的小布达拉宫的建筑，都引人联想到祖国的山山水水与名胜古迹。令人叹为观止！深圳世界之窗的创意是否受了这一著名的人造避暑胜地的启发呢？她带给人们的遐想实在太多，耐人寻味。

（三）中国园林的分类

1．根据园林主人的身份分

古代根据园林主人的不同身份，园林可以分为皇家园林、私家园林、寺观园林。皇家园林属于皇帝和皇室所私有，如故宫、圆明园、颐和园、承德避暑山庄等等。私家园林属于官僚、文人、地主、商人所私有，如豫园、拙政园等。寺观园林是指佛寺和道观的附属园林，也包括寺观内外的园林环境，如杭州的灵隐寺，苏州的狮子林、普宁寺，登封少林寺、中岳庙，洛阳白马寺，等。

现代园林常根据城市的特点，山水自然景色的搭配，打造出新的旅游胜地。包括象无锡的中央电视台影视拍摄基地：三国城，唐城；即真实生动，古香古色；又因为依傍太湖，浩然大气，雄伟壮观，给人留下深刻的印象；以及国家创办的深圳世界之窗，开封的清明上河园等；都带动了旅游业的发展。

2．根据园林的地理位置分

①北方类型其特点是地域宽广、规模宏大、建筑富丽堂皇，但河川湖泊和长绿树木较少，秀丽优美稍显不足。北方园林代表大多集中在北京（几大名园）、承德、西安、登封、洛阳、开封（包公祠，龙亭湖），其中尤以北京为代表。

②江南类型其特点是园林景致较细腻精美,明媚秀丽、淡雅朴素、曲折幽深,但面积小略感局促。南方园林大多集中在南京(寄畅园)、上海(豫园)、无锡(梅园)、苏州(拙政园、留园、沧浪园)、杭州(留余山居)、扬州(个园)等地,其中尤以苏州为代表。

③岭南类型其特点是具有热带风光风格,繁缛富丽,建筑较高而宽敞,园内植物终年长绿。现存的岭南类型园林,有著名的广州顺德的清晖园、东莞的可园等等。

（四）中国园林文化的意义

园林在古代的作用主要是居住和彰显园林主人身份地位,随着社会的发展,我国园林的作用发生了根本性的变化,尤其是改革开放以来旅游业的发展,中国园林日益成为休闲娱乐的场所,成为旅游业的重要组成部分。成为老百姓陶冶情操、休闲娱乐、放松心情、缓解工作压力的重要场所,促进了地方经济的发展,成为国民经济的重要组成部分。此外中国园林也吸引了大批的外国游客,成为外国游客了解中国历史、了解中国文化的重要媒介,成为沟通中西文化的桥梁,同时也为国家创造了大量的外汇。

三十七、中国酒文化

（一）酒之意义

中国是酒的王国。酒是人类最古老的食物之一。自从酒出现之后,作为一种物质文化,酒的形态多种多样,其发展与经济发展几乎同步。作为一种精神文化,它体现在社会政治生活、文学艺术乃至人的人生态度、审美情趣等诸多方面。在这个意义上讲,饮酒不是就饮酒而饮酒,它也是在饮文化。在中国人的眼里,酒可不仅仅是用来应酬、公关、朋友聚会和家族聚会的主要手段,更是一种涵养,一种情趣,一种格调,一种性情,一种文化,亦是一份情谊,一份不羁,一份在意。

（二）酒之起源

中原文化源远流长,造酒的祖宗在河南,河南人好酒,在外省喝酒划拳的十有七八是河南的。酒的起源的记载虽然不多,但关于酒的记述却不胜枚举,酒酿造于何时? 有以下几种说法:

1. 源于神农时代。

《黄帝内经》已有黄帝与医家岐伯讨论"汤液醪醴"的记载,《神农本草》又肯定神农时代就有了酒。

2. 仪狄造酒说

"酒之所兴,肇自上皇,成于仪狄"。意思是说,自上古三皇五帝的时候,就有各种各样的造酒的方法流行于民间,是仪狄将这些造酒的方法总结出来,流传于后世的。仪狄是夏禹的属下,公元前二世纪《吕氏春秋》云:"仪狄作酒"。汉代刘向的《战国策》说:"昔者,帝女令仪狄作酒而美,进之禹,禹饮而甘之,曰:'后世必有饮酒而亡国者。'遂疏仪狄而绝旨酒"。

3. 杜康造酒说

传说酿酒始于杜康,杜康也是夏朝时代的人。东汉《说文解字》中解释"酒"字的条目中有:"杜康作秫酒(即高粱酒)。""杜康造酒"经过曹操"何以解忧,唯有杜康"的咏唱,人们心目中杜康已经成了酒的发明者,并有了各种传说。历史上杜康确有其人。古籍中如《吕氏春秋》《战国策》《说文解字》等书,对杜康都有过记载。清乾隆十九年重修的《白水县志》中,对杜康也有过较详的记载。陕西白水县康家卫村,传说是杜康的出生地;河南汝阳县的杜康矶、杜康河,传说是杜康酿酒处;河南伊川县的上皇古泉,传说是杜康汲水酿酒之泉。

4. 猿猴造酒说

猿猴居于深山野林中,人们发现了猿猴的一个致命弱点,那就是"嗜酒"。猿猴不仅嗜酒,而且还会"造酒",我国的许多典籍中都有记载。明代文人李日华在他的著述中,记载曰:"黄山多猿猱,春夏采杂花果于石洼中,酝酿成酒,香气溢发"。猿猴在水果成熟的季节,收贮大量水果于"石洼中",堆积的水果受自然界中酵母菌的作用而发酵,这样的结果,并未影响水果的食用,而且析出的液体——"酒",还有一种特别的香味供享用,猿猴居然能在不自觉中"造"出酒来。实在是人们想象不到的趣事。

(三)中国名酒简介

1. 茅台酒

茅台酒始于何时?当从赤水河酿酒的历史说起。赤水河发源于云南镇雄,因沿岸土壤为紫红色,雨水流入河中成红色而得名。经考证原为贵州仁怀赤水河一带生产的水果加入粮食经发酵酿制的酒。清道光年间的《遵义府志》载:"茅台酒,仁怀城西茅台村制酒,黔省称第一。其料用纯高粱者上,用杂粮者次。制法:煮料和曲即纳窖中,弥月出窖烤之,其曲用小麦,谓之白水曲,黔人称大曲酒,一曰茅台烧。仁怀地瘠民贫,茅台烧房不下二十家,所费山粮不下二万石。"这段记载,描绘了当年茅台酒的制作工艺及生产规模。

1952 年 9 月,中国有史以来的全国第一届评酒会在北京举行。经过来自全国的酿造专家、评酒专家及学者的认真评品,最终选出并命名了中国八大名酒,茅台酒名列榜首,成为中国的国酒。当茅台走向国际舞台时,还是工作人员有意打碎一瓶茅台酒,其香味扑鼻引来各国订货商,才名扬海外,成为人所共知的商界佳话。

2. 四川名白酒:五粮液,泸州老窖特曲、剑南春、全兴大曲、郎酒和沱牌曲酒

我国的各省名白酒中,四川所产的占的数量最多。原有五种国家名酒,素有"五朵金花"之美称,后又增加到六个。在第五次全国名白酒评比中,有五粮液,泸州老窖特曲,剑南春,全兴大曲,郎酒,四川沱牌曲酒荣获国家名酒称号。除郎酒属酱香型白酒外,其余都属于浓香型白酒。

五粮液,产于四川宜宾五粮液酒厂,该酒由高粱,大米,糯米,小麦和玉米五种谷物为原料酿制而成,相传创始于明代。现在该厂还有明代留传下来的酿酒老窖,宜宾市博物馆还保存着一张"杂粮酒"的技术秘方。1929 年定名为"五粮液"。五粮液酒具有"香气悠久,味醇厚,入口甘美,入喉净爽,各味谐调,恰到好处"。被认为在大曲酒中,以酒味全面著称。该酒四次被评为国家名酒。

泸州老窖特曲酒,作为浓香型大曲酒的典型代表,以"醇香浓郁,清洌甘爽,饮后尤香,回味悠长"的独特风格闻名于世。1915 年曾获巴拿马国际博览会金质奖。

剑南春产于四川省绵竹县。其前身当推唐代名酒剑南烧春。唐宪宗后期李肇在《唐国史补》中,就将剑南烧春列入当时天下的十三种名酒之中,当时所指的剑南,是指剑门关之南,绵竹作为当时剑南道属下的一个县。现今酒厂建于 1951年 4 月。1979 年第三次全国评酒会上,首次被评为国家名酒。

3. 江苏名白酒:洋河大曲与双沟大曲

洋河大曲产于江苏省泗洋县洋河镇洋河酒厂。洋河镇地处白洋河和黄河之间,距南北大运河很近,在古代时,水陆交通极为方便。是重要的产酒和产曲之乡。洋河大曲属于浓香型白酒。在第三届全国评酒会后,三次被评为国家名酒。

双沟大曲产于江苏省泗洪县双沟镇。1984 年的第四次全国评酒会后,该酒以"色清透明,香气浓郁,风味协调,尾净余长"的浓香型典型风格连续两次被评为国家名酒。

4. 山西名酒:汾酒 甘泉酒 木瓜黄酒 干榨黄酒

汾酒产于山西省汾州市杏花村,是我国名酒的鼻祖,距今已有 1500 多年的历史。我国最负盛名的八大名酒,都和汾酒有着十分亲近的血缘。汾酒清亮透明,气味芳香,落口甘甜,回味生津的特色,一直被推崇为"甘泉佳酿"和"液体宝石"。

汾酒酿造有一套独特的工艺,"人必得其精,粮必得其实,水必得其甘,曲必得其明,器必得其洁,缸必得其湿,火必得其缓。"形成了独特的品质风味。虽为60度高度酒,却无强烈刺激的感觉,有色、香、味"三绝"的美称,为我国清香型酒的典范。

甘泉酒是山西省的地方历史名酒,产于平顺县酒厂,因该厂位于平顺县境内的甘泉村,故名为甘泉酒。在清代乾隆三年(公元1741年),甘泉村就有用本村甘泉井水酿酒的记载。传说很久以前,甘泉村住着一位姓王的老人。在清泉旁修缮了一座娘娘庙,并在庙院内植有松树一株,至今枝叶茂盛,形如龙状,故称"龙松"。据历史记载,此树已有380余年的历史。

木瓜黄酒是山西省传统地方名酒,久负盛名的是义安镇的"咸享涌"黄酒。"咸享涌"酒坊开办于清代咸丰年间(1851—1861年),至今已有100余年的历史,主要生产木瓜黄酒、佛手黄酒、玫瑰黄酒。在当地传有"若想活到九十九,天天得饮咸享酒"之说。抗战时停止生产。1978年在广交会上,一位经销过义安镇黄酒的外商,向中方提出要订购"中国义安老酒",引起了有关方面的重视。几经查证核实,才知义安老黄酒是义安镇的传统历史名产。1980年介休县义安经济开发公司在广泛收集传统工艺的基础上,首先恢复了传统木瓜黄酒的生产。干榨黄酒是大同市酒厂的产品,为山西省的优质产品,在1981年山西省名酒质量品评会议上,荣获第一名。该酒选用优质黄米为原料,附加一定量的炒黄米和红枣、竹叶,以大曲和新曲为糖化发酵剂。工艺特点是:蒸米时,锅底水加入花椒以串味,将饭捣烂冷却,加大曲进行糖化,在糖化中加入一定比例的65度白酒,浸泡数十天。压榨取得第一次酒液后,再加入黄米,蒸制、冷却、加曲、进行第二次糖化。然后将第一次酒液加入第二次糖化醅中,入缸密封,经陈酿、压榨、过滤、杀菌、装瓶等工序而成。干榨黄酒色泽棕黄、清亮透明、香气醇正、有焦糖味、酸甜协调、爽口舒适、风味十分独特,是山西黄酒类中的特殊品种。

(四)酿酒技术的发展

中国是最早掌握酿酒技术的国家之一。中国古代在酿酒技术上的一项重要发明,就是用酒曲造酒。酒曲里含有使淀粉糖化的丝状菌(霉菌)及促成酒化的酵母菌。利用酒曲造酒,使淀粉质原料的糖化和酒化两个步骤结合起来,对造酒技术是一个很大的推进。中国先人从自发地利用微生物到人为地控制微生物,利用自然条件选优限劣而制造酒曲,经历了漫长的岁月。至秦汉,制酒曲的技术已有了相当的发展。南北朝时,制酒曲的技术已达到很高水平。北魏贾思勰所著《齐民要术》记述了12种制酒曲的方法。这些酒曲的基本制造方法,至今仍在酿造高梁酒中使用。唐、宋时期,中国发明了红曲,并以此酿成"赤如丹"的红酒。宋代,制酒曲酿酒的技术又有进一步的发展。1115 年前后,朱翼中撰成的《酒经》中,记载了 13 种酒曲的制法,其中的制酒曲方法与《齐民要术》上记述的相比,又有明显的改进。中国古代制曲酿酒技术的一些基本原理和方法一直沿用至今。

随着农业生产的发展,酿酒有了充足的原材料,如广为种植的谷物,水果和牲畜的奶汁,蜂蜜等。而经济的发展,使酿酒技术得以大规模化和不断提高。随着奴隶社会和封建社会的形成和发展,人类的酿酒技术也越来越完善。陶瓷制造业的发展也推动了酿造业的进步。人们制作了精细的陶瓷器具,用以盛载各种酒类并使好的酒能够长期保存。

经过长期实践,人类逐渐完善了酿酒技术,特别是在 17 世纪,蒸馏技术应用在酿酒业上,使大批多种类,高质量的酒品得以成功地酿制并长期保存。世界著名的法国白兰地和苏格兰的威士忌以及伏特加都是从那时就开始酿造出来的。

（五）酒的分类

1. 按酒的生产方法分,有发酵酒、蒸馏酒和配制酒。

2. 按是否含酒精量分类:软饮料和硬饮料

3. 按酒精含量分:高度酒、中度酒、低度酒;

4. 按酒的含糖量分:甜型酒、半甜型酒、半干型酒、干型酒;

5. 按酒的生产方法分:有发酵酒、蒸馏酒和配制酒。

6. 按商品类型分:白酒、黄酒、啤酒、果酒、药酒、仿洋酒。

（六）红葡萄酒的保健养颜功效

适量饮酒可以促进血液循环,可以改善身体微循环,减少血栓危险,防止冠心病,提神解乏。红葡萄酒能降低血浆粘度使血栓不易形成,预防动脉硬化。红酒由整颗红葡萄经发酵酿制而成,从医学的最新研究结果看,经常饮用红葡萄酒,起码有四大好处:第一是延缓衰老:人体跟金属一样,在大自然中会逐渐"氧化"。金属氧化是铁生黄锈,铜生铜绿,人体氧化的罪魁祸首不是氧气,而是氧自由基,是一种细胞核外含不成对电子的活性基因。这种不成对的电子很易引起化学反应,损害 DNA(脱氧核糖核酸)、蛋白质和脂质等重要生物分子,进而影响细胞膜转运过程,使各组织、器官的功能受损,促进机体老化。红葡萄酒中含有较多的抗氧化剂,如酚化物、鞣酸、黄酮类物质、维生素 C、维生素 E、微量元素硒、锌、锰等,能消除或对抗氧自由基,所以具有抗老防病的作用。据调查统计表明,生活在盛产葡萄酒区域的人们,由于饮用葡萄酒的机会较多,所以平均寿命较长。在葡萄种植园工作的农民,平均寿命达 90 岁以上。第二是预防心脑血管病:红葡萄酒能使血中的高密度脂蛋白(HDL)升高,而 HDL 的作用是将胆固醇从肝外组织转运到肝脏进行代谢,所以能有效的降低血胆固醇,防治动脉粥样硬化。不仅如此,红葡萄酒中的多酚物质,还能抑制血小板的凝集,防止血栓形成。虽然白酒也有抗血小板凝集作用,但几个小时之后会出现"反跳",使血小板凝集比饮酒前更加亢进,而红葡萄酒则无此反跳现象。在饮用 18 个小时之后仍能持续的抑制血小板凝集。第三是预防癌症:葡萄皮中含有的白藜芦醇,抗癌性能在数百种人类常食的植物中最好。可以防止正常细胞癌变,并能抑制癌细胞的扩散。将白藜芦醇加到人工培养的人类白血病细胞中,结果发现这些血癌细胞丧失了复制能力。科学家已经从葡萄、桑树、花生等 70 多种植物中发现了白藜芦醇,其中以葡萄制品含量最高。在各种葡萄酒中,又以红葡萄酒的含量最高。因为红葡萄酒是用果皮、果肉果仁、果梗共同酿制的,而有些葡萄酒则仅用果肉酿制,所以红葡萄酒是预防癌症的佳品。第四是美容养颜作用:自古以来,红葡萄酒作为美容养颜的佳品,倍受人们喜爱。有人说,法国女子皮肤细腻、润泽而富于弹性,与经常饮用红葡萄酒有关。红葡萄酒能防衰抗老,这就包括延缓皮肤的衰老,使皮肤少生皱纹。除饮用外,还有不少人喜欢将红葡萄酒外搽于面部及体表,因为低浓度的果酸有抗皱洁肤的作用。(摘自百度贴吧·红葡萄酒保健养颜功效)

此外,黄酒对妇女美容、老年人抗衰老更为适宜。啤酒中含有氨基酸、维生素等,啤酒的代谢较快,易使人发胖。适当饮米酒可以开胃。喝酒酿最好,酒酿有生发的效果,能滋生阳气,女子喝最好,男子喝也养生。

适量饮酒对身体有好处,但是过量饮酒就会伤身。长期大量饮酒,遗传基因会受到损害,陶渊明就是因为大量饮酒,后代迟钝,失去了他本人的聪明与才智。他的五个儿子都顽皮不学,最小的一个长到七、八岁说话还不清楚。他的《责子》一诗云:"虽有五男儿,总不好纸笔""雍端年十三,不识六与七"。此外大量饮酒,不无可避免地会导致肝硬化,大量饮酒的人还会发生心肌病,空腹饮酒,还会出现急性胃炎,喝酒时吃食物,甚至是在参加社交聚会时吃些小点心。就可以减缓酒精吸收的速度。酒后饮茶有利于醒酒。

三十八、中国茶文化

(一)概述

我国是茶树的原产地,是世界上产茶、饮茶最早的国家。寻根溯源,世界各国最初所饮用的茶叶,所种的茶树,品饮方法、茶食礼仪都是直接或间接由中国传播出去的。在我国，种茶、制茶、饮茶经历了漫长的历史过程。人们在饮茶中创造了灿烂的文化，可以说，饮茶文化是我国民族文化宝库中的精品。随着社会的发展与进步，茶不但对经济起到了很好的促进作用，成为人们生活的必需品，而且逐渐形成了灿烂夺目的茶文化，成为社会精神文明的一颗明珠。

（二）茶文化研究的分类

涉及科技教育、文化艺术、医学保健、历史考古、经济贸易、餐饮旅游和新闻出版等学科与行业，包含茶叶专著、茶叶期刊、茶与诗词、茶与歌舞、茶与小说、茶与美术、茶与婚礼、茶与祭祀、茶与禅教、茶与楹联、茶与谚语、茶事掌故、茶与故事、饮茶习俗、茶艺表演、陶瓷茶具、茶馆茶楼、冲泡技艺、茶食茶疗、茶事博览和茶事旅游等 21 个方面。

（三）中国茶文化的形成与发展过程

中国是茶的故乡，是世界上最早发现茶树、利用茶叶和栽培茶树的国家。茶树的起源至少已有六七万年的历史。茶被人类发现和利用，大约有四五千年的历史。

依照《诗经》等有关文献记录，在史前期，"茶"是泛指诸类苦味野生植物性食物原料的。在食医合一的历史时代，茶类植物的止渴、清神、消食、除瘴、利便等药用功能是不难为人们所发现的。据考察，"茶"字最早出现在唐朝中期，公元841—855 年前后，在此之前，"茶"多用"荼"表示，本意是"苦菜"。茶由药用转化为习常饮料，其典型标志便是"茶"（chá）音的出现。中国从何时开始饮茶，众说不一，西汉时已有饮茶之事的正式文献记载，饮茶的起始时间当比这更早一些。茶以文化面貌出现，是在汉魏两晋南北朝时期。

1. 三国以前的茶文化启蒙

很多书籍把茶的发现时间定为公元前 2737—2697 年，其历史可推到三皇五帝。东汉华佗《食经》中："苦茶久食，益意思（提神）"记录了茶的医学价值。西汉将茶的产地县命名为"荼陵"，即湖南的茶陵。

2. 晋代、南北朝茶文化的萌芽

随着文人饮茶之兴起，有关茶的诗词歌赋日渐问世，茶已经脱离饮食走入文化圈，起着一定的精神和社会作用。两晋南北朝时期，门阀制度业已形成，不仅帝王、贵族聚敛成风，一般官吏乃至士人皆以夸豪斗富为荣。一些有识之士提出"养廉"的问题。于是，出现了陆纳、桓温以茶代酒之举。饮茶不仅为了提神解渴，也成为以茶待客、用以祭祀，并表示一种精神、情操的文明形式。

魏晋南北朝时期，最初有清谈家多酒徒（如竹林七贤）。后来，清谈之风渐渐发展到一般文人。玄学家喜演讲，普通清谈者也喜高谈阔论。酒能使人兴奋，喝多了便会胡言乱语,有失雅观。而茶则可竟日长饮而始终清醒,令人思路清晰,心态平和。对一般文人来讲,整天与酒肉打交道,经济条件也不允许。于是,许多玄学家、清谈家从好酒转向好茶。

随着佛教传入、道教兴起,饮茶已与佛、道教联系起来。在道家看来,茶是帮助炼"内丹",升清降浊,轻身换骨,修成长生不老之体的好办法;在佛家看来,茶又是禅定入静的必备之物。

3. 唐代茶文化的形成

780年陆羽著《茶经》。把儒、道、佛三教融入饮茶中,首创中国茶道精神。以后又出现大量茶书、茶诗,有《茶述》《煎茶水记》《采茶记》《十六汤品》等。唐代形成的中国茶道又分:宫廷茶道、寺院茶礼、文人茶道。

4. 宋代茶文化的兴盛

宋代文人中出现了专业品茶社团,有官员组成的"汤社"、佛教徒的"千人社"等。宋太祖赵匡胤是位嗜茶之士,在宫廷中设立茶事机关,宫廷用茶已分等级。茶仪已成礼制,赐茶已成皇帝笼络大臣、眷怀亲族的重要手段,还赐给国外使节。民间茶文化更是生机活泼,有人迁徙,邻里要"献茶"、有客来,要敬"元宝茶",订婚时要"下茶",结婚时要"定茶",同房时要"合茶"。

5. 元代茶文化的曲折发展

自元代以后,茶文化进入了曲折发展期。宋人拓展了茶文化的社会层面和文化形式,但茶艺走向繁复、琐碎、奢侈,过于精细的茶艺淹没了茶文化的精神。在朝廷、贵族、文人那里,喝茶成了"喝礼儿"、"喝气派"、"玩茶"。

6. 明、清茶文化的普及

此时已出现蒸青、炒青、烘青等各茶类,茶的饮用已改成"撮泡法",明代不少文人雅士留有传世之作,如唐伯虎的《烹茶画卷》、《品茶图》,文徵明的《惠山茶会记》、《陆羽烹茶图》、《品茶图》等。

7. 现代茶文化的发展

1982年,杭州成立了第一个弘扬茶文化社团——"茶人之家",1983年湖北成立"陆羽茶文化研究会",1990年"中国茶人联谊会"在北京成立,1991年中国茶叶博物馆在杭州西湖乡正式开放,1993年"中国国际茶文化研究会"在湖洲成立,1998年中国国际和平茶文化交流馆建成。随着茶文化的兴起,各地茶艺馆越办越多。国际茶文化研讨会已开到第五届,吸引了日、韩、美及港台地区纷纷参加。各省各市各县纷纷主办"茶叶节",如福建武夷市的岩茶节、云南的普洱茶节,浙江新昌、泰顺、湖北英山、河南信阳的茶叶节不胜枚举。

（四）茶文化特性

1. 历史性

茶文化的形成和发展其历史非常悠久。原始公社后期,茶叶成为货物交换的物品。武王伐纣,茶叶已作为贡品。战国,茶叶已有一定规模。先秦《诗经》也有茶的记载。

2. 时代性

物质文明和精神文明建设的发展,给茶文化注入了新的内涵和活力,在这一新时期,茶文化内涵及表现形式正在不断扩大、延伸、创新和发展。新时期茶文化溶进现代科学技术、现代新闻媒体和市场经济的文化精髓,使茶文化价值功能更加显著、对现代化社会的作用进一步增强。茶的价值是茶文化核心的意识进一步确立,国际交往日益频繁。新时期茶文化传播方式形式,呈大型化、现代化、社会化和国际化趋势。其内涵迅速膨胀,影响扩大,为世人瞩目。

3. 民族性

各民族酷爱饮茶,茶与民族文化生活相结合,形成各自民族特色的茶礼、茶艺、饮茶习俗及喜庆婚礼,以民族茶饮方式为基础,经艺术加工和锤炼而形成的各民族茶艺,更富有生活性和文化性,表现出饮茶的多样性和丰富多彩的生活情趣。

4. 地区性

名茶、名山、名水、名人、名胜、孕育出各具特色的地区茶文化。我国地区广阔,茶类花色繁多,饮茶习俗各异,加之各地历史、文化、生活及经济差异,形成各具地方特色的茶文化。在经济、文化中心的大城市,以其独特的自身优势和丰富的内涵,也形成独具特色的都市茶文化。

5. 国际性

古老的中国传统茶文化同各国的历史、文化、经济及人文相结合,演变成英国茶文化、日本茶文化、韩国茶文化、俄罗斯茶文化及摩洛哥茶文化等。在英国,饮茶成为生活一部分,是英国人表现绅士风格的一种礼仪,也是英国女王生活中必不可少的程序和重大社会活动中必需的议程。日本茶道源于中国,具有浓郁的日本民族风情,并形成独特的茶道体系、流派和礼仪。韩国人认为茶文化是韩国民族文化的根,每年5月24日为全国茶日。中国茶文化是各国茶文化的摇篮。茶人不分国界、种族和信仰,茶文化可以把全世界茶人联合起来,切磋茶艺,学术交流和经贸洽谈。

（五）茶的种类：中国茶叶可分为基本茶类和再加工茶类两大部分

1. 基本茶类：

①绿茶——我国产量最多的一类茶叶，其花色品种之多居世界首位。绿茶具有清香、味醇、形美、耐冲泡等特点。其制作工艺都经过杀青——揉捻——干燥的过程。由于加工时干燥的方法不同，绿茶又可分为炒青绿茶（龙井）、烘青绿茶（黄山毛峰）、蒸青绿茶（恩施玉露）和晒清绿茶（滇绿）。

绿茶是我国产量最多的一类茶叶，全国18个产茶省（区）都生产绿茶。我国绿茶，每年出口数万吨，占世界茶叶市场绿茶贸易量的70%左右。我国传统绿茶——眉茶和珠茶，向以香高、味醇、形美、耐冲泡，而深受国内外消费者的欢迎。主要有：峨眉雪芽、西湖龙井、日照绿茶、云雾毛尖、曾侯银剑、雪青茶、碧螺春、黄山毛峰、庐山云雾、安化松针、安化银毫、云台春芽、求喜银币、六安瓜片、蒙顶茶、太平猴魁茶、顾渚紫笋茶、信阳毛尖、竹叶青、都匀毛尖、平水珠茶、西山茶、雁荡毛峰、华顶云雾茶、涌溪火青茶、敬亭绿雪茶、峨眉峨蕊茶、都匀毛尖茶、恩施玉露茶、婺源茗眉茶、雨花茶、莫干黄芽茶、五山盖米茶、普陀佛茶、西农毛尖。

②红茶——红茶与绿茶的区别，在于加工方法不同。红茶加工时不经杀青，而且萎凋，使鲜叶失去一部分水分，再揉捻（揉搓成条或切成颗粒），然后发酵，使所含的茶多酚氧化，变成红色的化合物。这种化合物一部分溶于水，一部分不溶于水，而积累在叶片中，从而形成红汤、红叶。

主要有：小种红茶（正山小种，外山小种）、工夫红茶（祁红）和红碎茶（立顿红茶）三大类。祁红，产于安徽祁门、至德及江西浮梁等地；滇红，产于云南佛海、顺宁等地；霍红，产于安徽六安、霍山等地；苏红，产于江苏宜兴；越红，产于湖南安化（湖南省安化茶厂）、新化、桃源等地；川红，产于四川宜宾、高县等地；吴红，产于广东英德等地。其中尤以祁门红茶最为著名。世界上红茶的品种很多，产地也很广，除我国以外，印度、斯里兰卡也有类似的红碎茶生产。功夫红茶是我国特有的红茶品种，也是我们传统出口商品。世界的四大名红茶有：祁门红茶，阿萨姆红茶，大吉岭红茶，锡兰高地红茶。

③青茶（乌龙茶）——乌龙茶也就是青茶，是一类介于红绿茶之间的半发酵茶。乌龙茶在六大类茶中工艺最复杂费时，泡法也最讲究，所以喝乌龙茶也被人称为喝功夫茶。主要花色有：武夷岩茶、安溪铁观音、凤凰单丛、冻顶乌龙茶等。

④白茶——是我国的特产。它加工时不炒不揉，只将细嫩、叶背满茸毛的茶叶晒干或用文火烘干，而使白色茸毛完整地保留下来。白茶主要产于福建的福鼎、政和、松溪和建阳等县，主要有"银针""白牡丹""贡眉""寿眉"。

⑤黑茶——原料粗老,加工时堆积发酵时间较长,使叶色呈暗褐色。是藏、蒙、维吾尔等兄弟民族不可缺少的日常必需品。主要销往边区,像云南的普洱茶和湖南的安化黑茶就是中国传统的经典黑茶。普洱茶又分两种:一是传统普洱茶也就是生茶,是以云南特有的大叶种晒青毛茶,经蒸压自然干燥一定时间贮放形成的特色茶。另一种也就是现代普洱茶,也就是熟茶;是经过潮水微生物固态发酵形成的。安化黑茶也分两种,一种是黑砖茶,形似砖块,经发酵后由砖模压制而成。另一种是千两茶,形似树桩,经发酵、蒸制后由多层竹篾捆压而成,每件按16两古市称计重1000两,现代为了便于销售携带,一般制成100两茶或10两茶。黑茶具有降脂、减肥和降血压的功效,在东南亚和日本很普及。

还有"湖南黑茶"、"湖北老青茶"、"广西六堡茶"、四川的"西路边茶""南路边茶"、云南的"紧茶"、"饼茶"、"方茶"和"圆茶"等品种。

⑥黄茶——著名的君山银针茶就属于黄茶,黄茶的制法有点像绿茶,不过中间需要闷黄工序。

主要花色有:君山银针、沩山毛尖、霍山黄芽、霍山黄大茶等。

2. 再加工茶类:

以各种毛茶或精制茶再加工而成的称为再加工茶,包括花茶、紧压茶,液体茶、速溶茶及药用茶等。

①药茶——将药物与茶叶配伍,制成药茶,以发挥和加强药物的功效,利于药物的溶解,增加香气,调和药味。这种茶的种类很多,如"午时茶"、"姜茶散"、"益寿茶"、"减肥茶"等。

②花茶——这是一种比较稀有的茶叶花色品种。它是用花香增加茶香的一种产品,在我国很受喜欢。一般是用绿茶做茶坯,少数也有用红茶或乌龙茶做茶坯的。它根据茶叶容易吸附异味的特点,以香花以窨料加工而成的。所用的花品种有茉莉花、桂花、珠兰等好几种,以茉莉花最多。

（六）茶文化的意义

我们的祖先从茶的含嚼阶段走来,经过了漫长的进化和探索。不知从何时起,茶叶从"柴米油盐酱醋茶"中走出来,饮茶也终于从药用、解渴走向高层次的品茗,开始步入"文化"的行列。

我国茶文化博大精深。从广义上说茶文化是指几千年来人们在茶事实践活动中所创造的物质成果和精神成果。它将自然科学、社会科学和人文科学融为一体,涵盖了中华文化的丰富内蕴,体现了民族精神和东方哲理。在古代,国人曾把饮茶作为养生保健的一种途径。现在积极倡导以茶养生,"不吸烟少喝酒,多饮茶,饮好茶"已为越来越多的人们所接受。当今世界人们追求的是"绿色饮料"和"绿色食品"。"绿色"乃天然、安全之意。茶是天然的、符合人体生理健康的、卫生、安全、保健、无公害的饮料。茶不仅是中国的"国饮";而且是世界性的饮料。因此,在迈向新世纪的今天,宣传茶文化,弘扬茶文化,研究茶文化,促进茶文化在新的历史条件下创新,大力发展茶文化事业,这对于营建精神文明,提高民族素质,发展民族经济,倡导人类进步,都具有积极的促进作用。

茶文化是一项具有实践性、创造性和体现主体精神的事业。单纯的茶叶生产经营和单一的品饮功能,不可能构成完整意义上的茶文化。只有赋予茶以审美上的意义,将茶饮从解渴疗疾的日常生活层面,上升到精神寄托的高度,体现一种特定的文化心理,包含着一种特定的文化意蕴,这样,茶文化才能得以产生和发展。茶的发展延续至今,经过几千年的悠久历史和各民族文明进步的沉积,从茶的培植、制作、品饮、茶艺、茶俗和相应的文化艺术的创造,构成了独特的绚丽多彩的茶文化。

中国茶文化贯穿着以和为贵的和合文化,中国茶德——廉、美、和、敬精神,都同源于中华民族优良的道德传统,特别在现代社会中,生活节奏快,竞争压力大,有的人为此而心力交瘁;有的人存在失落感,心绪不平衡;有的人为利禄所驱,心浮气躁,等等。这都可以通过茶道、茶艺等茶文化的活动,通过茶的色、香、味、形的物质内涵和清廉、平和、冲淡、雅致的精神内涵,以调节人们的生活节奏,消除疲劳、浇胸中之块垒、缓解心理之压力,使心情趋于淡泊、恬静,提高生活情趣和品味,建立平和、友谊环境;起着促进人与人之间的和谐,创造出更祥和的社会,巩固和发展安定团结的政治局面的积极作用。

社会发展的经验表明,现代化不是唯一目标,现代化社会需要与之相适应的精神文明,需要发掘优秀传统文化的精神资源。茶文化所具有的历史性、时代性的文化因素及合理因素,在现代社会中已经和正在发挥其自身的积极作用。茶文化是高雅文化,社会名流和知名人士乐意参加。茶文化也是大众文化,民众广为参与。茶文化覆盖全民,影响到整个社会。国际茶文化的频繁交流,使茶文化跨越国界,广交天下,成为人类文明的共同精神财富。

参考书目

[1]袁珂. 中国古代神话[M]. 上海:商务印书馆,1950.

[2]莫尔. 乌托邦[M]. 北京:三联书店,1956.

[3]弥尔顿. 复乐园[M]. 朱维之,译. 上海:新文艺出版社,1957.

[4]卢梭. 论科学与艺术[M]. 何兆武,译. 上海:商务印书馆,1960.

[5]周一良. 世界通史[M]. 北京:人民出版社,1962.

[6]赫恩,蒙让. 爱尔维修的哲学[M]. 上海:商务印书馆,1962.

[7]希罗多德. 历史[M]. 上海:商务印书馆,1962.

[8]朱维之. 文艺复兴时期欧洲文学[M]. 天津:南开大学出版社,1963.

[9]保尔·昂利. 霍尔巴赫. 自然的体系[M]. 北京:商务印书馆,1964.

[10]塔西陀. 编年史选[M]. 上海:商务印书馆,1964.

[11]哥白尼. 天体运行论[M]. 北京:科学出版社,1973.

[12]任继愈. 中国哲学史简编[M]. 北京:人民出版社,1973.

[13]伽利略. 关于托勒密和哥白尼两大世界体系的对话[M]. 上海:上海人民出版社,1974.

[14]丹皮尔. 科学史[M]. 上海:商务印书馆,1975.

[15]修昔低德. 伯罗奔尼撒战争史[M]. 上海:商务印书馆,1978.

[16]范文澜. 中国通史简编[M]. 北京:人民出版社,1978.

[17]翦伯赞. 中国史纲要[M]. 北京:人民出版社,1979.

[18]柏拉图. 文艺对话集[M]. 北京:人民文学出版社,1980.

[19]孟德斯鸠. 法意[M]. 上海:商务印书馆,1981.

[20]拉美特利. 人是机器[M]. 上海:商务印书馆,1981.

[21]奥古斯丁. 忏悔录[M]. 上海:商务印书馆,1981.

[22]亚里士多德. 政治学[M]. 上海:商务印书馆,1981.

[23]任继愈. 宗教辞典[M]. 上海:上海辞书出版社,1981.

[24]申漳. 简明科技史话[M]. 北京:中国青年出版社,1982.

[25]马基雅维利. 弗洛伦萨史[M]. 上海:上海译文出版社,1982.

[26]洛克.论宗教宽容[M].上海:商务印书馆,1982.

[27]莱布尼茨.人类理智新论[M].上海:商务印书馆,1982.

[28]伏尔泰.路易十四时代[M].上海:商务印书馆,1982.

[29]卢梭.论人类不平等的起源和基础[M].上海:商务印书馆,1982.

[30]艾哈迈德.艾敏.阿拉伯—伊斯兰文化史[M].上海:商务印书馆,1982.

[31]柏拉图.巴曼尼得斯篇[M].上海:商务印书馆,1982.

[32]何兆武.中国思想发展史[M].北京:中国青年出版社,1983.

[33]崔连仲.世界史·古代史[M].北京:人民出版社,1983.

[34]宋原放.简明社会科学辞典[M].上海:上海辞书出版社,1983.

[35]林亚光.简明外国文学史[M].成都:四川人民出版社,1983.

[36]朱维之.外国文学简编亚非部分[M].北京:中国人民大学出版社,1983.

[37]朱维之.外国文学简编欧美部分[M].北京:中国人民大学出版社,1983.

[38]索柯洛夫.文艺复兴时期哲学概论[M].北京:北京大学出版社,1983.

[39]科尔宾斯基.希腊罗马美术[M].北京:人民美术出版社,1983.

[40]柏拉图.游叙弗伦:苏格拉底的申辩[M].上海:商务印书馆,1983.

[41]罗伯特·路威.文明与野蛮[M].北京:三联出版社,1984.

[42]布克哈特.意大利文艺复兴时期的文化[M].上海:商务印书馆,1984.

[43]培根.新工具[M].上海:商务印书馆,1984.

[44]辛海山.西方伦理思想史[M].沈阳:辽宁人民出版社,1984.

[45]林举岱.世界近代史[M].上海:上海人民出版社,1984.

[46]色诺芬.回忆苏格拉底[M].北京:商务印书馆,1984.

[47]杨周翰.欧洲文学史[M].北京:人民文学出版社,1985.

[48]袁伟信.外国文学新编[M].郑州:河南人民出版社,1985.

[49]苏联艺术科学院.文艺复兴欧洲艺术[M].北京:人民美术出版社,1985.

[50]孙秉莹.世界通史纲要[M].长春:吉林文艺出版社,1985.

[51]霍尔巴赫.健全的思想[M].王荫庭,译.北京:商务印书馆,1985.

[52]张洪岛.欧洲音乐史[M].北京:人民音乐出版社,1985.

[53]吴钊,刘东升.中国音乐史略[M].北京:人民音乐出版社,1985.

[54]弗伯斯.科学技术史[M].北京:求实出版社,1985.

[55]吕鸿儒.宗教的奥秘[M].郑州:郑州大学出版社,1985.

[56]李浴.中国美术史纲[M].沈阳:辽宁美术出版社,1986.

[57]徐连达.中国通史[M].上海:复旦大学出版社,1986.

[58]安作璋.中国史简编[M].济南:山东教育出版社,1986.

[59]张士慧.在历史的地平线上[M].北京:人民出版社,1986.

[60]朱寰.世界中古史[M].长春:吉林文史出版社,1986.

[61]汤因比. 历史研究[M]. 上海:上海人民出版社,1986.

[62]陈小川. 文艺复兴史纲[M]. 北京:中国人民大学出版社,1986.

[63]张世华. 意大利文学史[M]. 上海:上海外语教育出版社,1986.

[64]坚尼,布鲁克尔. 文艺复兴时期的佛罗伦萨[M]. 北京:三联书店,1985.

[65]斯宾诺莎. 知性改进论. [M]. 上海:商务印书馆,1986.

[66]伏尔泰. 哲学通信[M]. 上海:上海人民出版社,1986.

[67]刘健统. 科学技术史[M]. 长沙:国防科技大学出版社,1986.

[68]杨沛霆. 科学技术史[M]. 杭州:浙江教育出版社,1986.

[69]伯恩斯,拉尔夫. 世界文明史. [M]. 上海:商务印书馆,1987.

[70]威尔斯. 文明的脚步:世界简史[M]. 哈尔滨:黑龙江人民出版社,1987.

[71]马基雅维利. 君主论[M]. 长沙:湖南人民出版社,1987.

[72]斯宾诺莎. 神,人及其幸福简论[M]. 上海:商务印书馆,1987.

[73]郑积渊. 科学技术简史[M]. 上海:上海人民出版社,1987.

[74]格罗塞. 艺术的起源[M]. 上海:商务印书馆,1987.

[75]朱伯雄. 世界美术史[M]. 济南:山东美术出版社,1987.

[76]克里斯特勒. 意大利文艺复兴时期八个哲学家[M]. 上海:上海译文出版社,1987.

[77]沈福伟. 中西文化交流史[M]. 上海:上海人民出版社,1987.

[78]陈秉钊等. 建筑史话[M]. 上海:上海科技出版社,1987.

[79]朱日耀. 中国古代政治思想史[M]. 长春:吉林大学出版社,1988.

[80]廖星桥. 西方现代派文学[M]. 沈阳:辽宁出版社,1988.

[81]袁征. 世界现代史[M]. 上海:上海社会科学院出版社,1988.

[82]斯宾格勒. 西方的没落[M]. 哈尔滨:黑龙江教育出版社,1988.

[83]袁华音. 西方社会思想史[M]. 天津:南开大学出版社,1988.

[84]张瑞琨. 近代自然科学史概论[M]. 上海:华东师大出版社,1988.

[85]仓孝和. 自然科学史简编[M]. 北京:北京人民出版社,1988.

[86]杨堃. 民族学概论[M]. 北京:中国社会科学出版社,1988.

[87]恩伯夫妇. 文化的变异[M]. 沈阳:辽宁人民出版社,1988.

[88]怀特. 文化的科学[M]. 济南:山东人民出版社,1988.

[89]吴泽义. 文艺复兴时代的巨人[M]. 北京:北京人民出版社,1988.

[90]拉尔夫·林顿. 文化树[M]. 重庆:重庆人民出版社,1989.

[91]柯文. 在中国发现历史[M]. 上海:中华书局,1989.

[92]吴汝康. 古人类学[M]. 北京:文物出版社,1989.

[93]郎绍君等. 中国书画鉴赏辞典[M]. 北京:中国青年出版社,1989.

[94]徐天新. 世界当代史[M]. 北京:人民出版社,1989.

[95]庄锡昌. 世界文化之谜[M]. 上海:文汇出版社,1989.

[96]友松芳郎．综合科学史[M]．北京：求实出版社,1989.

[97]马坚译．古兰经[M]．北京：中国社会科学出版社,1989.

[98]庄锡昌．世界文化史通论[M]．杭州：浙江人民出版社,1989.

[99]朱维之．圣经文学十二讲[M]．北京：人民文学出版社,1989.

[100]朱韵彬．圣经文学通论[M]．郑州：河南人民出版社,1989.

[101]金宜久．伊斯兰教．[M]．北京：中国社会科学院出版社,1990.

[102]伏尔泰．睿智与偏见[M]．余兴立等,译．上海三联书店,1990.

[103]刘汝礼,张少侠．西方美术发展史[M]．北京：人民美术出版社,1990.

[104]童鹰．世界近代科学技术发展史[M]．上海：上海人民出版社,1990.

[105]汉纳法胡里．阿拉伯文学史[M]．北京：人民文学出版社,1990.

[106]杨子竟．外国图书馆史简编[M]．天津：南开大学出版社,1990.

[107]张凯．中国文化史[M]．北京：燕山出版社,1991.

[108]杜继文．佛教史[M]．北京：中国社会科学出版社,1991.

[109]张忠义．外国文学简史[M]．郑州：河南人民出版社,1991.

[110]郑忠信．外国文学名著导读[M]．开封：河南大学出版社,1991.

[111]房龙．人类的艺术[M]．北京：中国文联出版社,1991.

[112]笛卡尔．探求真理的指导原则[M]．上海：上海商务印书馆,1991.

[113]朱韵彬．世界文学新教程[M]．南宁：广西教育出版社,1992.

[114]唐逸．基督教史[M]．北京：中国社会科学出版社,1993.

[115]张良村．世界文学[M]．天津：天津人民出版社,1993.

[116]世界民族概论[M]．北京：中央民族学院出版社,1993.

[117]张广智,张广勇．史学,文化中的文化——文化视影中的西方史学[M]．杭州：浙江人民出版社,1994.

[118]钱乘旦,陈晓律．在传统与变革之间——英国文化模式溯源[M]．杭州：浙江人民出版社,1994.

[119]高毅．法兰西风格：大革命的政治文化[M]．杭州：浙江人民出版社,1994.

[120]姚海．俄罗斯文化之路[M]．杭州：浙江人民出版社,1994.

[121]张椿年．从信仰到理性——意大利人文主义研究[M]．杭州：浙江人民出版社,1994.

[122]庄锡昌．二十世纪的美国文化[M]．杭州：浙江人民出版社,1994.

[123]朱维之．希伯来文化[M]．杭州：浙江人民出版社,1994.

[124]顾晓鸣．犹太——充满悖论的文化[M]．杭州：浙江人民出版社,1994.

[125]汉尼希,朱戚烈．人类早期文明的木乃伊——古埃及文化求实[M]．杭州：浙江人民出版社,1994.

[126]刘文龙．墨西哥：文化碰撞的悲喜剧[M]．杭州：浙江人民出版社,1994.

[127]王家骅．儒家文化与日本文化[M]．杭州：浙江人民出版社,1994.

［128］金重远．炮火中的文化——文化和第二次世界大战［M］．杭州：浙江人民出版社，1994.

［129］董进泉．黑暗与愚昧的守护神——宗教裁判所［M］．杭州：浙江人民出版社，1994.

［130］纳忠，朱凯，史希同．传承与交融：阿拉伯文化［M］．杭州：浙江人民出版社，1994.

［131］刘祖熙．斯拉夫文化［M］．杭州：浙江人民出版社，1994.

［132］项英杰．中亚：马背上的文化［M］．杭州：浙江人民出版社，1994.

［133］朱龙华．罗马文化与古典传统［M］．杭州：浙江人民出版社，1994.

［134］宁骚．非洲黑人文化［M］．杭州：浙江人民出版社，1994.

［135］全增嘏．西方哲学史［M］．上海：上海人民出版社，1995.

［136］伏尔泰．论世界各国的风俗与精神［M］．上海：上海商务印书馆，1995.

［137］班固．汉书全译［M］．贵阳：贵州人民出版社，1995.

［138］俞久洪．外国文化史［M］．天津：天津社会出版社，1997.

［139］姜奇平．21世纪网络生存术［M］．北京：中国人民大学出版社，1997.

［140］孙中原．墨学与现代文化［M］．北京：中国广播电视出版社，1998.

［141］伊东忠太．中国建筑史［M］．上海：上海商务印书馆，1998.

［142］杨周翰．奥德修纪［M］．北京：人民出版社，1999.

［143］丁祯彦．中国哲学史教程［M］．上海：华东师范大学出版社，2001.

［144］乐黛云．跨文化交流［M］．北京：北京大学出版社，2002.

［145］陈建民．当代中东［M］．北京：北京大学出版社，2002.

［146］张今，罗翊重．东方辩证法［M］．郑州：河南人民出版社，2002.

［147］陈佛松．世界文化史［M］．武汉：华中科技大学出版社，2004.

［148］张岱年，方克立．中国文化概论［M］．北京：北师大出版社，2004.

［149］梁思成．中国建筑史［M］．北京：中国建筑工业出版社，2005.

［150］叶奕乾．心理学［M］．上海：华东师大出版社，2005.

［151］孙隆基．中国文化的深层结构［M］．桂林：广西师大出版社，2007.

［152］蕾切尔·卡森．寂静的春天［M］．上海：上海译文出版社，2008.

附 录

附一：世界近代文化史应以文艺复兴为开端

上古文化是指人类原始社会到奴隶社会的文化,中古文化是指人类封建社会的文化,近代文化是指资本主义社会的文化,现、当代文化是指 20 世纪十月革命开始的社会主义与资本主义同步发展(互相对立又互相渗透)的文化。

东、西方文化发展的时间不同,比如中世纪封建社会的终结在英国以资产阶级革命夺取政权为标志,在中国则以 1911 年的辛亥革命为标志。但对中世纪文化的清算在欧洲以文艺复兴为标志,在中国以 1919 年"五四运动"为标志。世界近代史以英国资产阶级革命为开端,中国近代史则以鸦片战争中国沦为半殖民地半封建社会为开端。人类历史与文化的发展并不一定是同步的,并不一定成正比。

世界史与世界文化为何以西方国家的发展阶段为标准,比如公元 5 世纪西罗马帝国的灭亡作为上古文化的结束,中古时代的历史也以公元 5 世纪到 17 世纪英国资产阶级革命(5—17 世纪)为止?

这是因为:一是西方欧洲的进程各国大体一致,自 15 世纪哥伦布发现新大陆后,美洲也紧随欧洲的步伐。东方则各国进程不一,封建社会皆时间漫长,沦为殖民地半殖民地之后发展尤其缓慢,文化一直处于落后于西方的状态。二是西方从中古后期开始,发展进程已在世界前列。三是我国史学界对外国历史及文化的研究大多参照西方和前苏联的史料运用马克思主义观点做出较为科学的划分。

近代文化是指资本主义思想体系的文化。世界近代史开始于 17 世纪英国资产阶级革命,世界近代文化史则开始于文艺复兴运动(14 世纪初—17 世纪初)。无论世界近代史和世界近代文化史,都是与资产阶级、资本主义的产生、发展密切相联系的。

资产阶级文化以欧洲文艺复兴为开端,是与中世纪欧洲封建主义文化截然不同的两大体系,前者属于资产阶级文化体系,后者属于封建主义文化体系。

资本主义文化可以分为四个时期:资本主义萌芽时期的文化(14—17世纪初期);自由资本主义时期的文化(17世纪初—19世纪末期);垄断资本主义时期的文化(19世纪末期—20世纪中期);信息资本主义(后资本主义)时期的文化;前两个时期的文化属于近代文化的范畴,后两个时期的文化则属于现、当代文化的范畴。

国内各种版本的世界通史、世界中古史,几乎都把文艺复兴列在中世纪后期,这是正确的、较为科学的划分。但近代文化史应从文艺复兴文化作为开端,则更符合人类文化史发展的进程。

庄锡昌先生《世界文化史通论》一书把"欧洲文艺复兴运动"作为专章论述,虽未作中古与近代范畴的划分,只是提到"十四至十七世纪,是西欧国家从中世纪迈向近代的关键时期。在这一时期中,首先是在意大利,产生了辉煌的资产阶级文化运动,这就是史家所说的'文艺复兴运动'"。"文艺复兴的核心的内容是人文主义,它是初步登上历史舞台的欧洲资产阶级的精神体现"(见该书214页浙江人民出版社,1989年),这段话实际上已揭示了文艺复兴文化的实质。

"文艺复兴"是资产阶级文化的开端,是资产阶级文化体系的一个首要环节。文艺复兴开创了资产阶级文化的新时代,可以作为近代文化史的开端。

在世界历史上,就世界范围上讲,资产阶级第一次取得政权是1640年的英国资产阶级革命。但新的资本主义生产关系和新兴的资产阶级在此之前的200多年间,就已在中世纪末期的欧洲封建社会内部逐渐形成和发展起来。

从经济上看,14世纪的欧洲已有了很大的发展。马克思认为,在十四和十五世纪,在地中海沿岸的某些城市已经稀疏地出现了资本主义生产的最初萌芽。恩格斯则指出:"意大利是第一个资本主义民族",(《马克思恩格斯选集》第1卷,《共产党宣言》249页,恩格斯《1893年意大利文版序言》)。

14世纪产生了资本主义性质的手工业工场,出现了雇佣资本家和资本主义生产关系,佛罗伦萨、威尼斯、米兰、罗马都是手工业工场生产的著名城市。如佛罗伦萨1338年约有200多家从事呢绒生产的手工工场,有3万名左右的毛纺织工人,一年织成的毛呢,可达10余万匹。它的纺织业、银行业居于全欧之首,它们和皮毛业,律师、医药、毛织业和布业组成7大行会,控制了佛罗伦萨的经济命脉,它们都属于资产阶级性质的企业(陈小川等编《文艺复兴史纲》第21页中国人民大学出版社,1986 年)。

从政治上看,"在中世纪欧洲某些经济最发达的地区,城市具有政治上的独立性,正是这一事实促进了早期资本主义关系在这些城市里的诞生"(《文艺复兴欧洲艺术》上册,第 2 页,人民美术出版社 1985 年)。如意大利的佛罗伦萨从1115 年成立城市公社,1187 年击败神圣罗马帝国皇帝,获得自治权。13 世纪初出现了 7 大行会和 14 个工匠小行会。"1293 年贝拉任执政,颁布《正义法规》,剥夺贵族担任执政的权力,由大行会代表 7 人和小行会代表 2 人组成最高权力机关","共和国向民主政体发展"(见《中国大百科全书·外国历史》I,331 页中国大百科全书出版社,1990 年),成为世界上首批资产阶级城邦共和国之一(威尼斯 10 世纪末独立,热那亚 1100 年建立议会)。16 世纪后期尼德兰则爆发了推翻西班牙统治的民族革命(1581 年),建立了以资产阶级为首与封建贵族联合的荷兰共和国。

从思想文化上讲,意大利新兴资产阶级掀起的文艺复兴运动拉开了近代资本主义文明的序幕,法国、德国、尼德兰、波兰、西班牙、英国相继把文艺复兴推向深入。这场文化运动先后遍及欧洲许多国家。这场新兴资产阶级反封建专制、反教会神学统治的思想文化解放运动前后延续了 300 多年,对后世发生了巨大而深远的影响。

但是,从政治文化上看,由于欧洲各国封建势力仍然强大,新兴资产阶级的力量相对薄弱,产生了近代文化的文艺复兴 300 年实际上只算是封建社会向资本主义社会过渡的思想文化准备时期。只有到了 17 世纪英国资产阶级正式登上世界政治舞台(欧洲各国资本主义这时有了普遍的发展),世界近代史才有了它真正的开端。

史学家们认为:马克思的分析充分证明了这一划分的科学性。他认为尼德兰第一次革命成功是地方性革命(欧洲资本主义处于萌芽时期),而英国革命和后来的法国大革命才是"欧洲范围的革命","反映当时整个世界的要求"(《马克思恩格斯全集》第 6 卷,马克思《资产阶级和反革命》125 页 1961 年人民出版社)。

从东、西文化发展的比较上看,更能证明文艺复兴是近代文化史的开端,是资产阶级文化体系的一个重要环节和组成部分。从奴隶社会的上古文明走向封建社会的中古文明,东方国家走在了西方国家的前头,但是从封建社会向资本主义社会迈进的近代文明中,西方国家却远远地走在了东方各国的前头。

文艺复兴为开端的近代文化首先在欧洲几个先进国家的生产力和经济发展的基础上产生和发展起来,反过来又推动了整个欧洲资本主义的发展,为资产阶级文化发展扫清了障碍,开辟了道路。

这场声势浩大的思想解放运动启蒙的结果,是相继爆发的德国宗教改革运动和农民战争(1517—1525年)。它也是一定经济基础的产物,德国金银开采在"1470—1530年""处于欧洲首位","使它成为以宗教形式出现的第一次资产阶级革命的中心"(《马克思恩格斯全集》第37卷,恩格斯《致卡尔·考茨基》267页人民出版社1971年)。接着是尼德兰资产阶级革命(1581年),1640—1688年的英国资产阶级革命,1775—1783年的美国独立战争,1789—1794年的法国大革命,1848—1849年的欧洲大革命和民族解放运动,1861—1865年的美国废除农奴制的南北战争,1861年的俄国废除农奴制等等,它们都是近代史,近代文化史上建立资本主义文明的重要标志,并且都先后进行了工业革命。资本主义制度的建立和工业革命,促使欧美各国生产力迅猛发展和社会面貌发生变化。

正如马克思、恩格斯的《共产党宣言》一文中在谈到资本主义世界发生的巨大变化时指出的:"资产阶级,由于一切生产工具的迅速改进,由于交通的极其便利,把一切民族甚至最野蛮的民族都卷到文明中来了","资产阶级在它的不到一百年的阶级统治中所创造的生产力,比过去一切世代创造的全部生产力还要多,还要大"(《马克思恩格斯选集》第1卷,255、256页人民出版社1975年)。

从15世纪哥伦布发现新大陆时期,西方就开始了殖民侵略,资本主义的发展是同殖民主义分不开的,尽管上古、中古时期已出现过殖民侵略,如古希腊的殖民城市、亚历山大对欧亚非三洲交界诸国的侵占、罗马帝国的扩张、十字军东征、阿拉伯人的扩张、拜占庭帝国的统治等等,但是资本主义时期的侵略扩张却是面向全世界的。

15世纪葡萄牙人绕过非洲发现好望角并开辟了通往印度洋的新航线,哥伦布发现美洲新大陆和麦哲伦的环球航行,使"旧的世界的界限被打破了,只是在这个时候才真正发现了地球,奠定了以后的世界贸易以及手工业过渡到工场手工业的基础(手工业作坊已日益不能满足世界市场的需要),而工场手工业又是现代大工业的出发点(它毕竟促使技术革新和科学革命),教会的精神独裁被摧毁了"(《马克思恩格斯选集》第3卷,445页,恩格斯《自然辩证法·导言》)。

欧美资产阶级"使未开化和半开化的国家从属于文明的国家,使农民的民族从属于资产阶级的民族,使东方从属于西方"(《马克思恩格斯选集》第1卷,255页《共产党宣言》)。整个世界的格局发生了很大的变化。如果说上古、中古时代东方文明遥遥领先,那么文艺复兴之后的西方文明却走在了世界的前列。

　　新航路的发现,使西方资产阶级在剥削本国劳动人民的同时,竭力向海外扩张,疯狂掠夺亚、非、拉美及大洋洲各国。在东方,由于日本及时在 1868 年实行了"明治维新"的改革措施,因此成为近代东方唯一的资本主义国家外,其他广大亚非拉各国相继沦为殖民地或半殖民地半封建的国家。因此,东方许多国家或者近代史时间很短暂,或者几乎没有资本主义发展的历史(始终是封建王国或殖民半殖民统治下的封建王国),东方许多国家的近代史其实是备受屈辱的历史,东方近代文化史也是反侵略反压迫反封建的斗争史。

　　在亚非大陆上的文明古国,如埃及、印度、波斯、阿拉伯、中国,其社会内部虽早已或多或少地孕育着资本主义萌芽,如中古阿拉伯商业贸易发达,巴格达曾成为国际贸易中心,《一千零一夜》中也表现了这一点。

　　又如中国明代的资本主义萌芽,也许是历史的巧合,明代(1368—1644 年)恰逢欧洲文艺复兴时期,文坛上也出现了《三国演义》、《水浒传》、《西游记》、《牡丹亭》等大胆表现反封建精神(如孙悟空形象)与民主精神的小说、戏剧,诗文。

　　还有明末李贽、袁宏道的诗文,所提倡的个性解放("独抒性灵"),反对封建束缚与盲从的先进意识;讽刺那些不看现实,以孔子是非为是非的儒生的迂腐观念,"儒先臆度而言之,父师沿袭而诵之,小子朦聋而听之。万口一词,不可破也;千年一律,不自知也"(见李贽《题孔子像于芝佛院》见《中国文学史》(三)第 929 页,人民文学出版社,1984 年)。

　　他们的反封建精神那么类似于文艺复兴中反封建反教会的思想:用人权反对神权,用理性反对蒙昧,用个性解放爱情自由反对禁欲主义,拥护开明君主、反对暴君统治。

　　有了先进的思想意识,还必须有先进的政治加以引导,有先进的经济基础作坚强的后盾,文化才能得以发展。东方各国由于封建经济关系的力量过于强大,封建专制政治的禁锢,这些资本主义萌芽经济及市民追求平等、民主、自由的先进文化意识被扼杀了;所以同样属于资本主义萌芽的经济与文化意识,在东方这些国家仍属于封建社会的文化体系,西方的先进国家则冲破了封建势力的禁锢和扼杀,终于渐渐发展成为强大的资本主义阵营。

　　当资本主义在西方迅猛发展的时候,这些东方国家市民阶级始终没有发展成为强有力的资产阶级。由于科学技术不受重视,生产力始终不能得以发展,农民起义也不能像德国宗教改革与农民起义那样成为资产阶级革命的一部分,而仍然摆脱不了封建文化意识,只能成为封建势力包围中的新皇帝(或终至失败)。

在许多东方国家,只是当已经沦为西方殖民地或半殖民地以后才在西方资本主义的刺激下出现软弱的民族资产阶级和工业。这种"东方从属于西方"的近代史状况,也极大地影响了东西方近代文化的状况。近代的东方文化主要偏重于翻译介绍先进的西方文化,同时也反映东方各国的经济、政治及市民生活的发展变化。

东方文化在近代的相对落后,除了东方各国封建专制势力的强大和封建经济的支配地位外,西方帝国主义对东方的殖民扩张和掠夺,也是造成亚非各国长期经济文化落后的一个重要因素。此外,近代东方各国也没有发生和掀起类似文艺复兴、启蒙运动那样具有世界声誉和影响的反封建运动,没有对封建主义进行过深刻全面的批判。在思想文化领域没有发生过像西方那样范围广、影响大的摆脱封建专制和宗教桎梏的解放运动。中国这样大的运动还是在十月革命影响下的"五四"运动才开始进行的,并成为中国现代史的开端,成为世界现代史和现代文化史的一部分。

如果说,每一历史时期都有超前文化、同步文化、衰落文化这三种文化形态的话(列宁有进步文化与没落文化"两种文化说"),文艺复兴文化在近代文化和整个世界文化的长河中都应属于超前文化。这种超前文化又是建立在超前的资本主义萌芽基础上的(所谓"超前",无非是指一事物在普遍没有发生的情况下首先产生,并在将来预示了这一事物将成为一种普遍的客观存在)。意大利是世界上最早发展资本主义的国家,但由于15世纪大西洋新航路的开发,地中海贸易受到冷落,意大利经济出现倒退,加上政治上不统一,各城邦自行其是,又受外来侵略,意大利资本主义没有得到充分发展。但文艺复兴时期资产阶级提出的思想观点和任务直到300年后仍在许多国家重新发生和完成(其反封建的任务)。所以,世界近代文化史以文艺复兴运动为开端,世界近代史以英国资产阶级革命为开端,这样划分是有道理的。

(该文发表于《中州大学学报》1996年第4期,冯辉)

附二：意大利成为文艺复兴发源地原因浅论

意大利是欧洲文艺复兴运动的发源地。其原因学者及史学家都认为包括五个方面：一是经济原因：意大利是世界上"第一个资本主义民族"。二是意大利是古罗马文化的直接继承者。三是意大利又是古代大希腊文化（古罗马，埃及等地曾是古希腊的殖民地）中的一部分。四是人文主义者的倡导与启蒙宣传。五是吸收引进了先进的东方文化（包括中国四大发明）。

以往的外国文学史教科书都强调指出文艺复兴的首要任务是反封建反教会，罗马教皇更成为人文主义学者与文学家们揭露抨击的主要对象。但据杨子竟先生 1990 年 12 月出版的《外国图书馆史简编》一书提供的资料表明，意大利各先进城邦的文艺复兴同当时的罗马教皇及意大利城邦统治者的扶持也有密切关系。

本文试从以上诸方面论述意大利成为文艺复兴发源地的原因，以表明一个文化运动的兴起繁荣与经济基础，政治上的扶持，科技发展都是分不开的。

一、"意大利是第一个资本主义民族"[①]

史学家们认为：意大利的几个主要城邦约在 10—12 世纪已出现了经济繁荣。如第一次十字军东征时（公元 1096 年—1099 年），比萨、热那亚、威尼斯为十字军提供船只和海军，参加攻掠沿海城市，分享战利品，在被占城市中获取三分之一的土地。

第四次东征（公元 1202 年—1204 年）时，承担运送十字军的威尼斯船队，促使十字军改变进攻埃及的计划，攻陷亚得里亚海岸的萨拉城，攻占拜占庭，他们从中索取巨额运费，平分战利品，并分得拜占庭八分之三的土地，包括君士坦丁堡的一部分，占领达 50 年之久，成为地中海的商业霸主，取代了拜占庭和阿拉伯在地中海的商业霸权，扩大了西欧在东方的市场。

13—14 世纪，以意大利的威尼斯、热那亚、比萨为中心的地中海区域成为当时欧洲南北两大商业区之一，是南部贸易中心。经济贸易促进了城市的繁荣。意大利 14 世纪出现了资本主义的工场作坊。威尼斯、佛罗伦萨、热那亚、米兰、波伦亚、罗马都以手工工场生产而著名。

佛罗伦萨 1338 年约有二百多家从事呢绒生产的手工工场，有三万名左右的毛纺织工人，一年织成的毛呢，可达三万余匹，其纺织业、银行业居全欧首位，它们和皮毛业、律师、医药、毛织业和布业组成的 7 大行会,控制了佛罗伦萨的经济命脉。

威尼斯拥有 20 万人,船队包括三千艘商船,水手 2.5 万人,造船厂每年制造一千多艘船只,它的毛织业、纺织、玻璃制造和武器制造驰名全欧。②

经济的发展必然要求政治保障。开明、进步的政治必然会推动经济文化的发展。"在中世纪欧洲某些经济最发达的地区,城市具有政治上的独立性,正是这一事实促进了早期资本主义关系在这些城市里的诞生。"③

威尼斯共和国建立于公元 687 年,隶属于拜占庭帝国,10 世纪末独立。热那亚 1100 年建立市议会。佛罗伦萨从 1115 年成为独立的城市公社,13 世纪初出现了 7 大行会和各种工匠组成的 14 个小行会。7 大行会直接掌握市政大权,封建贵族只有加入行会组织才能担任公职。1293 年的《正义法规》以宪法形式明确固定了资产阶级在佛罗伦萨的统治。④

新兴资产阶级根据实际需要,创办了许多市俗学校及大学,12—15 世纪,手工业者联合会创办了行会学校,商人联合会创办了市俗学校,培养学生学习计算、几何、文法、语言、修辞等,神学已成为次要科目。

欧洲第一批大学是意大利萨莱诺医科大学(11 世纪为医科学校,12 世纪改为大学),博洛尼亚法律大学(原为法律学校,1158 年改为大学),接着是法国巴黎大学(12 世纪末)、英国牛津大学(1168)、剑桥大学(1209)的建立,这些学校为文艺复兴的发展及科技发展作了人才上的准备,到 1500 年,全欧已有 80 所大学,1600年发展到 108 所。⑤

没有 10—14 世纪五百年来的经济繁荣与发展,没有资本的原始积累,就没有意大利城邦共和国的繁荣,没有这个经济基础与政治保障,就没有更高的文化需求,没有与教会学校相对立的市俗学校及大学的建立,也就不会产生那么多有贡献的文化巨人,也就不会有文艺复兴的繁荣。

当下层市民还在为生存、温饱挣扎之时,只有受过教育,经济条件优越的新兴资产阶级才有闲暇去搜求古籍,才有精力与条件创造发明,才有能力有信心宣传新兴资产阶级的人文主义主张,掀起文艺复兴的热潮,以开发民智,建立一个与中世纪教会统治下完全不同的崭新的世界。

二、意大利是古罗马文化的直接继承者

古罗马文化是意大利民族古老的文化。政治上,古罗马三权分立互相监督互相制约的民主共和政体,对近现代许多国家都有影响。

法律上,十二铜表法(公元前452年—前450年)对奴隶主贵族权力作了一定的限制也具有一定的民主性,其法学研究对西方各国法律有很大影响,如在东罗马皇帝查士丁尼(公元527年—565年在位)主持下编写了罗马法典《查士丁尼法典》(12卷)、《法学汇纂》(50卷)、《法学阶梯》(又译"法学总论"),565年又有《法令新编》,这四部法典总称查士丁尼民法大全。[6]

罗马法律对世界各国的立法有很大的帮助与借鉴作用,拿破仑所制定的《民法》,很大一部分是参照古罗马法律而制定的。以后各国制定法律时又常常参照拿破仑的民法[7]。

建筑上,屋大维黄金时代的城市大道、城门、神庙、剧场、浴场、宫殿、凯旋门、纪功柱成为继古希腊之后西方世界建筑史上第二高峰,古罗马的万神殿对意大利文艺复兴时期的教堂建筑有借鉴作用。

哲学上,出现了杰出的唯物论与无神论者卢克莱修(前99年—前55年)、琉善(公元125年—200年)。

文学上出现了著名的喜剧家普图劳斯(前254年—前184年)、散文家西塞罗(前106年—前43年)、大诗人维吉尔(前170年—前19年),著名文艺理论家贺拉斯(前65年—前8年)、大诗人奥维德(前43年—公元18年)、小说家阿普琉斯(公元124年—175年)等。

他们都对欧洲及世界具有广泛的影响,尤其对意大利文艺复兴有直接的影响。

三、意大利是古代大希腊文化中心的一部分

希腊化时期(前334年—前30年),亚历山大王统一希腊,并建立了跨欧亚非三洲的大帝国(东到印度河流域、南括埃及、北抵中亚),埃及亚历山大城成为当时西方世界的文化中心,此外亚历山大王在"12年征战中建立了70多个新的希腊式城市","希腊的神庙、剧场、文学、艺术、科学、哲学、商业手工业以及希腊的殖民者,遍布帝国各处,帝国分裂后,仍受这种影响,因此,西方史学家就把这些国家称为希腊化国家",直到前30年埃及托勒密王朝被罗马征服为止。[8]

据史学家记载,早在公元前1000年—前800年间,希腊爱琴海的岛民,小亚细亚(今土耳其南部沿海地区)的伊达拉里亚人进入意大利并带来了希腊文化,如较先进的农具、排水设备、神庙与住室建筑、服装、执政的标志木棒与战斧、保护制度、税制等。希腊的神也被罗马人所接受。他们把从希腊殖民城市库米学到的希

腊字母传给罗马人（即"罗马数字"），连罗马城的名字也出自伊达拉里亚语⑨。

公元前 8 世纪—前 6 世纪希腊人又在意大利建立了许多殖民城市，给罗马带来希腊文化。公元前 2 世纪后半叶，古罗马成为地中海强国，取代了古希腊的海上霸权，成为跨欧亚非三洲的大帝国。正如庄锡昌先生所说："在军事上罗马征服了希腊，但在文化上是希腊征服了罗马。"⑩

古罗马人继承了古希腊文化，成为西方上古文明与中古文明的桥梁。

从宗教上看，罗马人信奉多神教，并吸收了希腊神话与宗教思想，许多希腊神也成了罗马神话中的神。

从哲学上看，罗马哲学家、诗人卢克莱修的《物性论》（6 卷），是古罗马传至今日的唯一系统完整的哲学长诗，主要阐述希腊化时期哲学家伊壁鸠鲁（前 341 年—前 270 年）的原子论，也包括认识论与伦理学。⑪

从文学上看，古罗马的第一位诗人安德罗尼库（前 284 年—前 204 年）是被俘的希腊奴隶，他第一个把荷马史诗译成拉丁文，改编了希腊悲剧和喜剧，使希腊的史诗，戏剧在罗马得以传播。喜剧家普图劳斯深受希腊化时期米南德喜剧的影响，写了 120 部喜剧，流传至今的有 21 部。被称为"散文之父"的西塞罗的哲学思想也受到希腊哲学的影响，成为折中主义的代表。"他第一次把许多希腊哲学的专门术语译成拉丁文"，"西欧通用的拉丁文哲学术语有许多就是沿用了西塞罗的翻译。"⑫。

屋大维统治的"黄金时代"的大诗人维吉尔创作的史诗《伊尼特》叙述了特洛亚老英雄的一个儿子伊尼特的船队逃出被攻破的特洛亚城，历经艰难，在意大利重建国家的事迹。在艺术结构上可以看出希腊史诗的影响，内容上又是"荷马史诗"的继续与发展。与维吉尔，贺拉斯同时代的大诗人奥维德的诗体故事《变形记》是集古希腊神话之大成的神话集。被称为"小说之父"的阿普琉斯的《金驴记》，讲一个青年误吃了魔术师的药水变成驴，历经劫难，皈依神之后又变人形的故事，书中也引用了希腊神话故事。上述事例说明古希腊文化对古罗马文化的影响是很广泛的。

中世纪欧洲基督教教会因反对多神教而排斥古希腊文化，因崇奉希伯来圣经文化而压抑古希腊文化，但古希腊文化影响在民间仍绵延不绝。

1438 年罗马教皇在费拉拉主持召开会议，宣布罗马教会同希腊教会合并，之后许多通晓古希腊语的学者从希腊进入意大利，一部分学者乘此机会到瑞士、法国、德国的一些修道院中收集古希腊古罗马的手抄本⑬。

史学家们还指出：1458 年东罗马帝国拜占庭首府君士坦丁堡被土耳其人攻

陷,大批希腊古典学者携带书籍逃往意大利避难,在各大城市办学校以讲授古典为业,促进了意大利人早已开始的希腊文化的学习与研究。当时的新兴资产阶级到处搜求寻找手抄本、工艺品,大量翻译和印行古典著作,在佛罗伦萨还建立了"柏拉图学院",掀起了一个空前的"希腊热"。

正如恩格斯所说的:"拜占庭灭亡之时抢救出来的手抄本,罗马废墟中发掘出来的古代雕像,在惊讶的西方面前展示了一个新世界——希腊的古代,在它的光辉的形象面前,中世纪的幽灵消逝了,意大利出现了前所未有的繁荣,这种艺术繁荣好象是古典古代的返照,以后就再也不曾达到了。"[14]

四、一些教会中人,城邦统治者和人文主义学者的提倡与支持

佛罗伦萨是意大利文化中心,她哺育了文艺复兴早期的"文学三杰":但丁、彼特拉克、卜迦丘,晚期的"艺术三杰":达·芬奇、米开朗琪罗、拉斐尔。这六位文化巨人是这座城市的骄傲。同时这个城市的文化繁荣与美第奇家族为代表的统治者的提倡、保护、扶持也有密切关系。这个家族以经营毛织业起家,15世纪中叶控制了城邦政权,统治近二百年,杰出代表是科西莫·美第奇和罗伦佐·美第奇。

科西莫(1389—1464)被史学家称为"杰出的政治家"、"文艺保护神",他和另外一个大商人乔凡尼·卢西莱依两人都拥有超过一百万佛罗林的家产,可算是全欧最大的富翁[15]。科西莫执政30年间,提出了"和平、繁荣和文化"的口号。对外实行和平外交,对内缓和阶级矛盾。他的宫廷广揽人才,与许多著名的人文主义学者与艺术家友好往来。大兴土木,修建宫殿、教堂、图书馆、桥梁、城堡等。在良好的和平繁荣的环境中,佛罗伦萨一跃而为欧洲经济文化最发达的地区,科西莫也被称为"国父"[16]。

据杨子竟先生《外国图书馆史简编》一书提供的最新资料,我们知道了许多过去鲜为人知的信息:科西莫本人爱好古籍,派人广泛收集手稿,曾在巴底亚修道院建立图书馆,雇用45名抄写员,以22个月的时间抄出图书约二百卷,又先后在威尼斯、佛罗伦萨建立图书馆,后来当选教皇的教士尼古拉曾为他管理过图书,人文主义者尼利洛·尼科利曾说服科西莫从卢贝林修道院购进普林尼的最佳手抄本。尼科利本人则收有价值6千金币的图书800卷,后归罗伦佐图书馆[17]。

罗伦佐是科西莫之孙(1449—1492),他执政时开办了一所雕塑学校,发现了米开朗琪罗的才能,并给予了重视和培养。他还委托拉努斯等人搜求图书与手稿,在他所建立的"柏拉图学院"中设置图书馆,他死后的1494年美第奇家族的统

治被推翻,图书移往罗马,由其子乔凡尼保管,乔凡尼于 1513 年当选为罗马教皇(即利奥一世),随后罗伦佐佺侄子朱里奥也于 1523 年当选教皇(即克里门特七世),将上述藏书迁回佛罗伦萨。

教皇尼古拉五世、利奥十世等人对于搜集与保护古代珍本,提倡学术研究也起了积极作用[18],意大利枢机主教贝萨里昂(1400—1492)也曾托人遍访希腊及小亚细亚,曾以三万金币购买 600 卷濒于毁坏的手抄本,1468 年转赠给威尼斯市[19]。

八十年代改革开放以来,我国的翻译事业有了迅猛的发展。这些翻译到中国的资料启发我们:任何事物都具有一般性与特殊性的差别,事物间的千差万别又构成了它的复杂性。

众所周知,罗马教皇为首的教会及 12 世纪建立的宗教裁判所、代表了中世纪最黑暗最反动的统治。遭到了人文主义者及欧洲各国进步人士的猛烈的批判与抨击。特别是宗教裁判所对不同信仰与异端的迫害的残酷性更是不得人心,为世人所憎恨所唾弃。

据史家统计,1483—1820 年,受害者达 30 多万人,三分之一被处火刑[20]。著名的科学家也惨遭迫害,如发现了血液循环的西班牙医学家塞尔维特(1511—1553),奠定了解剖学基础的比利时医生维萨留斯(1515—1564),宣传日心说的意大利哲学家布鲁诺(1548—1600);世界上第一个用自制望远镜观测天体,证明日心说正确的意大利科学家伽利略(1564—1642)被软禁,著作被禁;被迫流浪贫病早逝的天体力学奠基人德国科学家开普勒(1571—1630),等等;都是被宗教裁判所烧死或被迫害早逝的。

意大利诗人但丁在《神曲》中把教皇打入地狱,也与当时十字军东征失败之后,欧洲人普遍对教皇不满,教皇威风扫地大有关系。

德国哲学家伊拉斯谟在他的讽刺作品《愚人颂》中抨击教皇、各级僧侣都是不学无术、迷信、淫荡、腐败的人。封建国王昏庸无能,达官贵人奴颜婢膝。他的文章成了德国宗教改革运动中反教皇的武器。

德国骑士起义的领袖,人文主义者胡登与哲学家勒克林合写的《愚人书信集》及他 1520 年发表的一系列著作主要反对教皇与诸侯的腐败无能,指出他们是阻碍进步的重要原因,这些进步的人文主义者在批判封建专制,揭露教会罪恶方面作出了重要的贡献。

具体到个人,一些教皇,红衣主教已经看到了历史发展的潮流不可阻挡,他们也以自己的实际行动为新兴阶级助威,或给予保护和扶持。如法国人文主义文学家拉伯雷之所以没有被烧死,全靠在教会中的朋友的保护,他才得以逃脱。

　　哥白尼经过 30 多年通宵达旦、风雨无阻的观察和计算写成的"日心说"巨著《天体运行论》一书直到死前才拿出去发表。他在序中写道:打消他的顾虑支持他出版这部书的是他的两个搞科研并负有盛名的朋友红衣主教尼古拉和台德曼主教,他们极力敦促他把藏了 30 多年的科学著作拿出发表[21]。

　　类似这样的例子不少。不少科学家及人文主义者都曾进过教会,正是修道院及教会的学术研究使他们把精力花费在创造发明及研究古籍上。

　　文艺复兴的产生,在中世纪后期(11—13 世纪)已作了准备与酝酿。如前所述的 11—13 世纪大学的成立及教育的普及和发展;又如主张把哲学、科学从神学中分离出来,主张个别先于一般,反对盲从权威,主张一切事物通过实验论证的英国教士、科学家罗吉尔·培根所做的思想启蒙,为此他受尽教会迫害,入狱长达 14 年之久[22]。

　　正如美国史学家所说的:中世纪这一名词臭不可闻,它已成为反动或者停滞的同义语,但这只是因袭的观念,其实 9—13 世纪的欧洲曾经出现过文化繁荣[23]。

　　一些具有进步意识的教皇、主教顺应历史潮流,参与了扶持文化复兴文化的工作。

　　15 世纪罗马教皇在梵蒂冈建造了图书馆和西斯廷礼拜堂。16—17 世纪初重建的圣彼得大教堂是意大利文艺复兴时期规模宏大的建筑。

　　达·芬奇、米开朗琪罗、拉斐尔等文艺复兴名人都参加了这些建筑的设计、装饰工作。宫廷收集了大量文艺复兴以及古罗马时期的珍贵艺术品和图书文献[24]。一些文艺复兴参加者与文化巨人也未能完全摆脱历史的局限及中世纪教会统治的生活局限,为教皇服务。如意大利文化巨人布鲁涅列斯奇,设计建造了举世闻名的佛罗伦萨圣玛丽大教堂(整个建筑高 107 米,屋顶是世界上最大的不用支撑的圆屋顶之一,高 30 多米,直径 40 米)。

　　著名画家建筑家米开朗琪罗继他之后又完成了罗马圣彼得大教堂的圆屋顶的设计与建造(周长 71 米,直径 42.75 米),圆顶外部采光塔和十字架高达 137.8 米,成为罗马的最高点[25]。

　　天才画家拉斐尔的《西斯廷圣母》闻名世界,他为梵蒂冈宫创造的一系列宏伟壁画达到了登峰造极的艺术水平,即弘扬了基督教文化,也表现了人文主义思想。如在《雅典学院》绘画中表现了崇尚古希腊文化的思想,描绘了古希腊以来的 50 多位科学家、哲学家的形象。在教皇签字厅窗户两侧的壁画《皇帝查士丁尼颁布罗马法典》和《教皇格里戈利颁布教会法》中表现了作者主张教权与皇权平等的思想,这是人文主义宣传的内容之一。在完成了教皇宫廷四个大厅的系列壁画之后

（历时十年），他又接受了教皇给的新任务：设计 10 块大挂毯的图案，两年之后病累而死，享年 37 岁[26]。

这些著名的大艺术家虽然是文艺复兴中的文化巨人，实际上也成了罗马教皇的得力工具。

意大利音乐之王帕莱斯特里纳所创作的著名乐曲中也大都是教会音乐，有 100 首弥撒曲，250 首经文歌，许多圣母颂歌，他写的《耶稣复活》被人认为是充满生活情趣的舞曲性音乐，他的世俗牧歌节奏活泼，曲调清新，歌词常采用人文主义诗人彼特拉克的抒情诗，是他突出的新成就[27]。

在这由中古向近代过渡的时期，也始终存在着古希伯来文化与古希腊文化的对立与交融。如裸体雕刻源于古希腊，是奥运会体育竞赛者健美的象征，《掷铁饼者》即为成功的一例。取材于希腊神话史诗的《拉奥孔》（公元前 1 世纪）也突出表现了人体美艺术。

文艺复兴的艺术家继承了古希腊绘画与雕刻的技法，大多采取了裸体绘雕形式。如米开朗琪罗的《大卫》雕像，堪与古希腊雕刻相媲美，当教皇请他在西斯廷教堂作壁画《末日审判》时，他根据《新约·启示录》、但丁《神曲》构思画面，从地狱、祭坛到天堂，许多裸体人物处于腾空运动状态。

根据基督教中人的说法：人在上帝面前都是裸体的，这种方式才被教皇所接受[28]。

当反对派教皇掌权后则认为这是亵渎神圣，又委任米开朗琪罗的学生在裸体上添上遮盖布[29]。

这说明教皇之间的矛盾与斗争也是很激烈的，基督教教会中人们的思想也并不完全一致，他们中有相信科学、坚持进步的教士，也有反动保守迂腐固执的教士。

如哥白尼临死前才发表了他的日心说著作，罗马教皇斥责他的学说是不合圣经的异端邪说，将他的书列为禁书，御用义人则编出剧本咒骂丑化哥白尼，德国宗教改革的领袖马丁·路德也指责他是亵渎圣经的疯子[30]，加尔文成了新宗教的首领之后变为扼杀进步的刽子手，把科学家塞尔维特活活烤了两个钟头[31]（同时被烧的 50 多人）。

当伽利略用自制的第一架天文望远镜发现太阳上有黑子、月亮上有山谷、木星有四个小卫星，银河是由许多恒星组成的，因而轰动了欧洲。他请教会人士用望远镜观测天象时，他们拒绝了，还说望远镜是魔鬼的发明。直到 19 世纪中期还有教士说化石是上帝（或魔鬼）埋藏在地下以考验人们的信心[32]。直到 1979 年 11 月，罗马教皇才正式承认对伽利略的审判是不公正的㉝。

世间任何事物都没有绝对的一致性,连最反动最黑暗的中世纪教会内部也存在着进步与落后,先进与腐朽的矛盾与斗争,这种斗争常常又是错综复杂的,进步与愚昧交织在一起的。

除了城邦统治者的提倡与扶持外,人文主义者在搜求手抄本方面也作出了努力。15世纪上半期意大利有12位人文主义者去国内外学习、旅行,带回不少抄本,包括古希腊三大悲剧家的戏剧,希罗多德等人的史著,亚里士多德的作品。

诗人彼特拉克私人藏书三百卷,他发现了遗失的西塞罗演说辞手稿,兴奋地认为这是他一生中最值得高兴的大事。

小说家卜迦丘遍访各个修道院,发现了不少珍本,或面临损坏,或被删改,经他发掘的抄本还有古罗马史学家塔西佗的作品,古罗马小说家阿普琉斯的著作㉞。

德国科学家、哥白尼学说的先驱者、哲学家尼古拉也在一家修道院发现了12部古罗马喜剧家普劳图斯的喜剧原稿㉟。他们的工作对文艺复兴运动的开展与深入都起了一定的促进作用。

五、意大利人吸收引进行了先进的东方文化

意大利人吸收引进的先进的东方文化,主要是阿拉伯、中国、印度等国的先进文化。当时的古希腊罗马文化大多是由阿拉伯人的翻译才保存下来,包括科学家、医学家、哲学家、文学家的著作,后来又被先进的欧洲人译成拉丁文、希腊文及其他文字在欧洲传播。

中国文化对意大利文艺复兴起了更大的推动作用,中国的四大发明通过阿拉伯人传给了欧洲,也加快了文艺复兴思想的传播。造纸术712年由中国传入阿拉伯,12世纪以后传入欧洲,在此之前欧洲人文字写在羊皮纸、骨器、木板、石器上等等,"中世纪羊皮纸等材料抄写书稿,费时而且书价昂贵,一部祈祷书竟相当于一个葡萄园的价格"。㊱

15世纪以前,欧洲所有书籍皆为手抄本。11世纪中国宋代毕昇发明活字印刷术,1450年,德国人古腾堡首次使用活字印刷,15世纪末欧洲印刷厂有一千多家。城市印书:佛罗伦萨179册、米兰228册、威尼斯1491册。㊲

被马克思称为"英国唯物主义和整个现代实验科学的真正始祖"的佛朗西斯·培根称赞中国的指南针、印刷术、火药三大发明改变了地球的面貌并引起难以数计的变化。㊳

被恩格斯称为"画家、铜板雕刻家、雕刻家、建筑师"㊴的德国艺术家丢勒(1471—1528)的教父科贝格曾建立了享誉欧洲的一家出版印刷所,拥有 24 台印刷机,1493 年出版了附有大量插图的《世界编年史》。丢勒的老师夏埃尔和画家汉斯为此书配了 2000 幅木刻,木刻插图在德国迅速推广,丢勒创作的一批铜版画以它艺术的高超轰动了欧洲艺坛,德国美术史称之为"丢勒时代"。㊵

中国四大发明中,对意大利经济起副作用的是指南针,哥伦布靠指南针发现新大陆开辟了新航路,成为意大利经济衰落的一个重要原因(还有意大利城邦之间的斗争及长期分裂,法国、西班牙的侵略)。地中海贸易中心经过了五、六百年的繁荣开始转向了大西洋。

16 世纪中期,意大利商人与企业家开始从受冷落的工商业中抽出资金,购置田产,资本转入农业,又回到落后的封建制度,在各城邦民主基础上诞生的人文主义思想和人文主义学者也受到封建文化的排挤。

14 世纪 30 年代—16 世纪 30 年代二百年的文艺复兴在意大利结束了。意大利的这一文化历史命运和佛教、基督教的命运十分相似,当它们在国内衰落时,它们的思想开始向国外与欧洲传播,向全世界传播,一直到 20 世纪还能看到文艺复兴深远的影响。

任何一个民族伟大的文化运动都不是凭空产生的,都与它的经济、政治(包括政体与统治者的扶持)、文化的延续与发展、外来先进文化的影响与推动有着千丝万缕的密切的联系。

注释:

①恩格斯:《共产党宣言》《1893 年意大利文版序言》,马恩选集第一卷,249 页,人民出版社 1975 年出版。

②陈小川:《文艺复兴史纲》第 21 - 22 页,中国人民大学出版社 1986 年。

③《文艺复兴欧洲艺术》上册第 2 页,人民美术出版社 1985 年出版。

④陈小川:(文艺复兴史纲),第 415 页。

⑤《中国大百科全书·外国历史》Ⅱ,第 734 页,中国大百科全书出版社 1990 年。

⑥《中国大百科全书·外国历史》Ⅰ,第 167 页。

⑦庄锡昌:《世界文化史通论》,第 149 页,浙江人民出版社 1989 年出版。

⑧全增嘏:《西方哲学史》上册,222 页,上海人民出版社 1995 年出版。

⑨[美]爱德华,拉尔夫·林顿:《世界文明史》第一卷,商务印书馆 1987 年。

⑩庄锡昌:《世界文化史通论》,第 139 页。

⑪《中国大百科全书·外国文学》Ⅰ,第 621 页,中国大百科全书出版社 1985 年。

⑫全增嘏:《西方哲学史》上册第 257 页。

⑬张世华:《意大利文学史》,第 55 页,上海外语教育出版社 1986 年出版。

⑭恩格斯:《自然辩证法》导言,493 页,马恩选集第 3 卷,1975 年版。

⑮[美]坚尼·布鲁克尔:《文艺复兴时期的佛罗伦萨》朱龙华译,第 113 页,三联书店 1985 年。

⑯吴泽义:《文艺复兴的巨人》,第 7 页,人民出版社 1988 年。

⑰杨子竞:《外国图书馆史简编》第 53 页,南开大学出版社 1990 年出版。

⑱⑲同上,第 53,54 页。

⑳《中国大百科全书·外国历史》Ⅱ,第 1158 页。

㉑哥白尼:《天体运行论·原序》,李启斌译,科学出版社 1973 年出版。

㉒《西方文化百科》第 38 页,吉林人民出版社 1991 年。

㉓[美]爱德华,拉尔夫·林顿:《世界文明史》中古部分,第 391 页。

㉔《中国大百科全书 – 外国历史》Ⅰ,第 294 页。

㉕㉖吴泽义:《文艺复兴时代的巨人》,第 378 页。

㉗《中国大百科全书·音乐舞蹈》第 682 页,中国大百科全书出版社 1992 年。

㉘《世界美术史》,朱伯雄主编,山东美术出版社 1990 年。

㉙㉚吴泽义:《文艺复兴时代的巨人》第 207、278 页。

㉛恩格斯:《自然辩证法·导言》、马恩选集第 3 卷 446 页。1975 年人民出版社。

㉜[英]丹皮尔《科学史》,第 366 页,李珩译,张今校,商务印书馆 1975 年。

㉝吴泽义:《文艺复兴时代的巨人》第 299 页。

㉞杨子竞:《外国图书馆史简编》第 53、54 页。

㉟[苏]索柯洛夫:《文艺复兴时期的哲学概论》第 54 页,1983 页。

㊱㊲杨子竞:《外国图书馆史简编》第 56 页。

㊳[苏]索柯洛夫:《文艺复兴时期的哲学概论》第 163 页。

㊴恩格斯:《自然辩证法·导言》,马恩选集第 3 卷,第 494 页,1975 年。

㊵《世界美术史》第 6 卷,第 573 页,山东美术出版社 1990 年。

《杨子竞的外国图书馆史简编》一书为笔者在南开大学中文系做访问学者时,俞久洪先生所提供,在此特表示感谢。)

(该文发表在《中州大学学报》2000 年 1 期,冯辉)。